W9-CIG-437

WITHDRAWN

J. C. Onetti:
La salvación por la forma

C. E. CRUMLEY LIBRARY
SALEM COLLEGE
WINSTON-SALEM, N. C.

PQ
8519
.O59
Z66

Marilyn R. Frankenthaler

J. C. Onetti:
La salvación por la forma

ABRA
EDICIONES

NEW YORK

DALE H. GRAMLEY LIBRARY
SALEM COLLEGE
WINSTON-SALEM, N. C.

Library of Congress Catalog Card Number: 77-82825
ISBN: 0-87139-241-0

© Marilyn R. Frankenthaler
Ediciones Abra
37 Union Square West
New York. N. Y. 10003

Depósito legal: M. 43684-1977
ISBN: 84-399-7942-8

Printed in Spain

Impreso por Selecciones Gráficas
Carretera de Irún, km. 11,500
Madrid

INDICE

«Porque los hechos son siempre vacíos, son recipientes que tomarán la forma del sentimiento que los llene.»

(El pozo, p. 31)

«... que hay algo en esta tarea, algo de deber, algo de salvación.»

(Juntacadáveres, p. 172)

DEDICATORIA

A mi esposo Steve
que sin su cooperación y su alentador apoyo no habría sido posible
llevar a cabo este trabajo.

Al Profesor José Olivio Jiménez
cuya valiosa enseñanza orientó mis primeros estudios en la literatura hispanoamericana.

Al Profesor Luis Mario Schneider
le quedo agradecida por el impulso que me dio en los estudios onettianos y por toda su ayuda como director de mi tesis doctoral. Poniendo en práctica el sentido del verbo latín *educāre*, guía e inspira para que el pensamiento crítico original pueda florecer.

DALE H. GRAMLEY LIBRARY
SALEM COLLEGE
WINSTON-SALEM, N. C.

INTRODUCCION

La narrativa de Juan Carlos Onetti plantea la problemática de la existencia del hombre. De esta manera testimonia las preocupaciones más hondas de nuestra época. En la literatura y en la filosofía, el existencialismo es el movimiento que mejor ha logrado sintetizar la situación del hombre contemporáneo. Este estudio nace de la necesidad de enfocar la obra onettiana a base de la concepción existencialista y de compararla con la de los pensadores más destacados de ese movimiento en Europa.

En siglos anteriores, al hombre le sostenía la fe en la religión o en el poder de la razón. Las variadas circunstancias individuales, nacionales y mundiales que minaron las bases de aquellas certidumbres han dejado un vacío. El movimiento existencialista ha intentado describir este vacío y hasta cierto punto sugerir guías para la restauración de algún equilibrio por medio de la creación de nuevos valores. A este respecto vale la observación de Manuel Lamana de que «el existencialismo es un emergente que responde a una exigencia contemporánea.»[1] El existencialismo europeo, especialmente el francés, es distinto al hispanoamericano. Leo Pollmann apunta el enfoque más teórico e intelectual de los europeos y lo contrasta con las causas más prácticas a las que responde el existencialismo hispanoamericano.[2] Hay que tener en cuenta además la visión singular de cada escritor dentro de semejantes categorías generalizadas. A lo largo de este estudio, se explorará el mundo propio de la concepción existencialista de Juan Carlos Onetti, bastante particular aun entre los hispanoamericanos.

Para comprender la obra onettiana es preciso localizarla en el contexto rioplatense. Por eso, se explorará primero la contribución de posibles precursores a su cosmovisión. Onetti nació en Montevideo en 1909. Pertenece a las letras uruguayas por haber vivido allí más de la mitad de su vida y por haber realizado en Montevideo

---

[1] Manuel Lamana, *Existencialismo y literatura* (Buenos Aires: Centro Editor de América Latina, S. A., 1967), p. 14.
[2] Leo Pollmann, *La «nueva novela» en Francia y en Iberoamérica,* Traducción de Julio Linares (Madrid: Editorial Gredos, S. A., 1971), pp. 65 y 89.

DALE H. GRAMLEY LIBRARY
SALEM COLLEGE
WINSTON-SALEM, N. C.

una parte de su labor periodística y narrativa. Pero también hay que incluirlo entre los escritores argentinos. Onetti ha pasado muchos años en Buenos Aires y esta ciudad ha sido el escenario de muchas obras suyas. Además ha publicado en la Argentina la mayoría de sus novelas. Será necesario explorar, por lo tanto, posibles precursores uruguayos y argentinos.

En la literatura uruguaya anterior a la generación en la que se inscribe Onetti faltaron una tradición novelesca y una temática urbana. Hay una tradición cuentística bastante rica en el Uruguay, pero su temática tiende a lo rural o a lo gauchesco. Además, la importancia del hombre todavía estaba supeditada a la descripción ambiental del mundo exterior. De ahí que Angel Rama reconoce a Onetti como «iniciador de la dominante preocupación urbana de las letras ... [de] la generación del 40 y las siguientes ...», y señala a José Pedro Bellán y a Manuel de Castro como pioneros en la narrativa citadina.[3]

Los relatos de José Pedro Bellán (1889-1930) suelen situarse en la ciudad. Pero no es el ambiente mismo el que se destaca sino más bien el retrato interior de los personajes, especialmente en lo sexual y lo amoroso. En «Doñarramona», por ejemplo, se cuenta la historia de los cuatro hermanos de la familia de los Fernández y Fernández y el ama de llaves Doñarramona, a través de las obsesiones sexuales de cada uno. José Pedro Díaz observa que entre las hermanas, «... la menos intensa como personaje es Dolores, que es la única impulsada por un erotismo normal, ...»[4] el erotismo de un noviazgo. Concepción, que lee a escóndidas libros eróticos, aun siente los efectos ante una imagen de Jesús:

> En muchos momentos su naturaleza constituía un verdadero mal. Ante el Señor se sentía tentada. Le mareaba una ola lúbrica. Apetitos bestiales, palabras sin decencia, explosiones como espasmos, que la tornaban pálida y ojerosa. (p. 32)[5]

La raíz del problema de Concepción se remonta a la necesidad de enmascarar sus pensamientos a causa del pudor de las convenciones sociales. La hermana mayor, Amparo, sufrió: «el único noviazgo de su vida, terminado de un modo desastroso, con sus esperanzas burladas y un hijo en el vientre que fue necesario malograr.» (p. 50)

---

[3] Angel Rama, *La generación crítica: 1939-1969. 1. Panoramas* (Montevideo: Arca Editorial S.R.L., 1972), p. 124.

[4] José Pedro Díaz, Prólogo a *Doñarramona* de José Pedro Bellán (Montevideo: Biblioteca Artigas, 1954), p. XXXIII.

[5] Las citas textuales de los cuentos de *Doñarramona* en esta parte del capítulo se refieren a la edición citada en la nota 4.

Browsing

DAY, Clarence
Life with father. Wash. Sq.
1963

A

A + T

PQ

Frankenthaler
J. C. Onetti: La salvation por la forma.

Gift

Alfonso, el hermano, es el único hombre que vive en la casa. Está totalmente enamorado de Doñarramona. El prurito moral se mezcla con el deseo sexual en la relación entre ellos, desde el rozarse las rodillas durante todas las comidas hasta el espiarse por la cerradura todas las noches. A Doñarramona le obsesiona tanto la imagen de los pelos del pecho de Alfonso, que sufre ataques en los que siente la presencia de una bola que le sube hasta la garganta y parece sofocarla. Va a un cura para confesarse, pero encuentra que él mismo es libertino. Por fin se entrega a Alfonso. Unas horas más tarde, vuelve a establecerse la apariencia de «la rectitud inconfundible de Doñarramona» (p. 123), cuando los dos se encuentran frente a frente en el comedor.

Además de la ubicación del cuento en un ambiente urbano, hay otros elementos que se desarrollarán, aunque de una manera distinta, en la narrativa onettiana. El anticlericalismo, representado por el cura libertino en «Doñarramona» se convertirá en una ausencia de todo elemento religioso. La herencia naturalista permite que se presente aquí el tema sexual junto con el del pudor convencional. Además, la extensión de este cuento, de más de cien páginas, se asemeja a la de varias novelas cortas de Onetti.

En otro cuento de *Doñarramona*, «Sine qua non», se da énfasis a la incomunicación no remediada por la relación sexual, uno de los temas frecuentes en Onnetti. Un grupo de amigos de la ciudad pasa un día en el campo. Dos de ellos buscan refugio durante un ciclón y sus «... cuerpos se poseyeron en una entrega suprema.» (p. 138) Pero resulta ser un simple episodio, sin trascendencia. A su regreso, la protagonista sólo quiere saber si se nota que ha llorado.

La ilusión fracasada al chocar con la realidad, que siempre está presente en la obra onettiana, entra en la cuentística de Bellán en «La Señora del Pino». Se trata del caso de la hija única de la Señora del Pino, muerta el día antes de casarse. La madre no puede enfrentarse con su muerte. En un intento de ayudarla, un hermano suyo hace construir un cuerpo de cera idéntico al de la hija. La ilusión se quiebra cuando la muñeca cae. Pero la Señora aún no puede vivir sin su hija y dice al final que nadie la verá más. El cuento onettiano «Un sueño realizado» también trata el tema de una mujer que no puede vivir sin sus ilusiones.

Se observa el contraste entre la vana existencia y el goce de la vida en «En el Prado», el último cuento de Bellán que integra el volumen. Uno de dos antiguos compañeros de escuela vive y disfruta de la vida paseando, aunque no gana mucho. El otro, que había ganado su dinero como un canalla, sólo existe como un autómata. Confiesa éste:

—Como de prisa, bebo de prisa, vivo de prisa. El tiempo me asedia de tal modo que, aun cuando no tengo nada que hacer, no puedo desprenderme de esta rara sensación de vencimiento o plazo fijo. (p. 144)

... ...

—Yo me casé con las manos vacías. Todo iba bien; pero la llegada de nuestro primer hijo trajo consigo la primera turbación seria. Fue como si la vida me dijera: «soy un conjunto de necesidades: hay que llenarme, hay que darme. De lo contrario no confíes en mí». (p. 145)

Así, ve no sólo su propia vida sino el de su hijo también en forma de actos mecánicos. De la misma manera muchos personajes de Onetti viven en un vacío, fruto de una vida mecanizada.

Manuel de Castro (n. 1896), el otro antecedente uruguayo importante de Onetti, describe una vida que está compuesta de actos mecánicos e inútiles en *Historia de un pequeño funcionario*. —En verdad, ya no soy nadie (pp. 100 y 115)[6] es el *leitmotif* con que el personaje principal, Santiago Piñeyro, subraya la anonimidad en que vive. A semejanza de los cuentos de Bellán, en esta novela se conoce el ambiente montevideano más por el tono de la obra que por descripciones explícitas.

Don Santiago tipifica al hombre medio de vida monótona:

Helo ahí, solo, en medio de la espaciosa oficina, ... Don Santiago llega invariablemente a su empleo con cuarenta y cinco minutos de anticipación al horario general. La primera línea del libro de registro le pertenece por derecho de antigüedad, adquirido en espacio de varios años. (p. 9)

Según el existencialismo, la repetición rutinaria de los actos en forma automática les priva de sentido. Ocurre lo mismo en la vida de don Santiago. Por eso necesita refugiarse en los juegos de su imaginación. Piensa en su pasado como antiguo Juez de Paz. A semejanza de la narrativa onettiana, el pasado a que se desea volver está alterado. En realidad, esta llamada «... época de oro» (p. 69) terminó con un sumario merecido, entre otras cosas, por «'haber manejado indebidamente los fondos públicos'.» (p. 70) Don Santiago aparenta ser una persona de gran importancia en su posición actual. Dice que sigue trabajando en esta posición porque tiene:

—... el compromiso moral de acompañar al primer jefe durante el término de su gestión administrativa. (p 12) El jefe no tiene idea de ello y si lo supiera tampoco le importaría.

[6] Las citas textuales en esta parte del capítulo se refieren a la siguiente edición: Manuel de Castro, *Historia de un pequeño funcionario*, 2.ª ed. (Montevideo: Banda Oriental, 1930).

Don Santiago hace una distinción entre dos aspectos de su personalidad: el funcionario y el amigo. A lo largo de la novela, está derrotado en ambos papeles. Sus compañeros lo torturan con sus bromas. Recibe un ascenso de posición pero lo pierde al intentar cobrar un soborno a un jovenzuelo. Este lo denuncia y a don Santiago se le levanta un sumario. A la vez muere su hijo. Se da cuenta de los pocos amigos que tiene al verse cada vez más solo durante el tiempo del luto. Su mujer ayuda a hundirlo cuando, en vez de echar a la novia de su hijo, decide rezar con ella por el alma del hijo. Exclama don Santiago: — ¡acababan de herir mi dignidad de funcionario y de padre! (p. 112)

Los altibajos en el orgullo y la dignidad de don Santiago ocurren en proporción inversa a los empeños de su imaginación para esconderse a sí mismo su falta de importancia:

> Hay seres que sólo pueden vivir engañándose a sí propios. ... El contraste entre los sueños de grandeza con que alimentan sus almas, y las solicitaciones de una realidad oscura, anodina, les hace sufrir todas las alternativas de un cruel espejismo. (p. 67)

Los momentos de lucidez, en los que se ve como oscuro funcionario son los que le hacen exclamar: —En verdad, ya no soy nadie. (p. 115) La novela termina después de uno de esos momentos reveladores. Enloquece del todo. Así, no tiene que enfrentarse con la derrota total.

José Pedro Bellán y Manuel de Castro son antecedentes aislados. Onetti mismo, escribe sobre semejante pobreza de la literatura uruguaya:

> ... el conjunto de preguntas que forman la encuesta de *Marcha* induce a creer que existe una literatura uruguaya. No hay nada todavía que se aproxime a eso y se trata de un motivo más para que se siga escribiendo. Si algún día logramos fabricarla habremos hecho algo menos o más: Literatura rioplatense.[7]

Además del uruguayo, el otro elemento de una literatura rioplatense es el argentino. Aquí, por contraste, existe toda una tradición novelesca citadina a la que se puede asociar la narrativa de Juan Carlos Onetti.

Todo examen de los novelistas argentinos que pueden vincularse a Onetti tiene que rastrearse en la generación del ochenta, la que integran, entre otros, Lucio V. López (1848-1894), Eugenio Cambaceres (1843-1888), Julián Martel —seudónimo de José María

---

[7] Juan Carlos Onetti, «Encuesta literaria de *Marcha:* Contesta J. C. Onetti», *Marcha* (Montevideo), Año XXI, N.° 1010 (27 de mayo de 1960), p. 23. [Respuesta a una encuesta anónima.]

Miró (1867-1969)— y Francisco Sicardi (1856-1927). Según Rodolfo Borello, el grupo llegó a registrar los momentos históricos que vivía aunque no afirmó ningún programa. Al rescatar el pasado bonarense pudo sublimar la angustia del tiempo presente.[8]

La gran aldea de Lucio Vicente López sirve de ejemplo. En la primera parte del libro se asientan las transformaciones de la ciudad de Buenos Aires, a través de los recuerdos del protagonista Julio:

> ¡Cómo habían cambiado en veinte años las cosas en Buenos Aires! ...
> En fin, yo, que había conocido aquel Buenos Aires en 1862, patriota, sencillo, semitendero, semicurial y semialdea, me encontraba con un pueblo con grandes pretensiones europeas, que perdía su tiempo en «flanear» en las calles, y en el cual ya no reinaban generales predestinados ... . (pp. 62-63)[9]

Los defectos mismos de la ciudad se atenúan con la lejanía temporal. Por contraste, en la segunda parte del libro se describe el Buenos Aires contemporáneo. Aquí Julio se enfrenta con personajes de indiferencia moral semejantes a los que poblarán la narrativa onettiana muchas décadas después. Julio trabaja durante un tiempo en el escritorio de don Eleazar de la Cueva, un especulador sin escrúpulos. Se encuentra con Blanca de Montifiori, quien no puede vivir sin lujos. Para obtenerlos, ella decide «... venderse a un viejo valetudinario, a un hombre sin talento, sin espíritu, sin fuerzas...». (p. 113) El viejo resulta ser el tío del propio Julio. Al final de la novela, éste se encuentra completamente solo:

> ¡Sentí la desesperación, la horrible desesperación que se siente ante lo imposible, ante la muerte, ante lo irremediable, y pensé si el alma podría arrancarse del cuerpo y arrojarse como inútil estorbo de la vida! (pp. 135-136)

En la obra se hace una crítica general del Buenos Aires contemporáneo que lleva al crítico Zum Felde a resumir: «... se desarrolla y transforma demasiado aprisa apropiándose de las modalidades exteriores europeas y yanquis, ... y padeciendo por ello una depresión de los valores espirituales.[10] Hay también un anticlericalismo explícito, mucho más exacerbado que en «Doñarramona», el cuen-

---

[8] Rodolfo Borello, «Los escritores del 80», *Revista de Literatura Argentina e Iberoamericana* (Universidad Nacional de Cuyo, Mendoza), Año I, N.° 1 (1959), pp. 35-42.

[9] Las citas textuales en esta parte del capítulo se refieren a la siguiente edición: Lucio López, *La gran aldea* (Buenos Aires: Centro Editor de América Latina, S. A., 1967).

[10] Alberto Zum Felde, *Indice crítico de la literatura hispanoamericana*, Tomo II (México: Editorial Guarania, 1959), p. 166.

16

to de Bellán. A la muerte de la tía de Julio, se describe de la siguiente manera al fraile que reza sobre el cadáver:

> ... obeso, vestido de colores llamativos, impasible como una foca, gordo como un cerdo; el rostro achatado por el estigma de la gula y de los apetitos carnales, la boca gruesa como la de un sátiro, ... y eructó sobre el cadáver, en latín bárbaro y gangoso, algunos rezos con la pasmosa inconciencia de un loro. (p. 94)

Andrés, personaje principal de *Sin rumbo* de Eugenio Cambaceres, es un producto extremo del negativismo ante todo valor y toda relación con otro ser humano. Esta actitud es parte del consumo tan rápido de cultura importada a que alude Zum Felde en el párrafo anterior. Hastiado de todo, Andrés proclama en su pesimismo cínico:

> «Dios no es nadie; la ciencia un cáncer para el alma.
> Saber es sufrir; ignorar, comer, dormir, y no pensar, la solución exacta del problema, la única dicha de vivir.
> En vez de estar pensando en hacer de cada muchacho un hombre, hagan una bestia... no pueden prestar a la humanidad mayor servicio.» (p. 60)[11]

La novela documenta la degradación total hacia la que se arrastra fatalmente este personaje que no puede encontrar la razón de su existencia. El título mismo de la novela alude a esta situación personal, a la vez que refiere al país —la realidad— en un orden más general.

A diferencia de Julio en *La gran aldea,* Andrés no evoca ningún pasado nostálgico que contraste con su desarraigo. No puede asimilarse ni a la sociedad del campo ni a la de la ciudad, adonde huye en un intento de escaparse de las consecuencias de haber seducido a una chinita. En la ciudad, expresa la sinrazón de la existencia de un modo muy semejante a la de Aránzuru, personaje onettiano: «Nada en el mundo le halagaba ya, le sonreía; decididamente nada lo vinculaba a la tierra. Ni ambición, ni poder, ni gloria, ni hogar, ni amor, nada le importaba, nada quería, nada poseía, nada sentía.» (p. 110) La amistad sólo es un instrumento para Andrés. La utiliza para lograr seducir a la prima donna la Amoroni. Después de la conquista misma, Andrés se hastía de la relación sexual con la Amoroni y decide volver a su estancia. Le persigue la imagen de su hijo ilegítimo con la chinita, quien pudiera darle una razón de vivir y luchar. El hijo resulta ser hija, y su existencia le da una razón para «... su estéril, eterna lucha contra lo imposi-

---

[11] Las citas textuales en esta parte del capítulo se refieren a la siguiente edición: Eugenio Cambaceres, *Sin rumbo* (Madrid: Anaya, S. A., 1971).

17

ble, ...». (p. 172) Pero la fatalidad impone que la hija tiene que morir de crup. Luego se suicida Andrés, abriéndose la barriga, arrancándose las tripas para finalmente rematarse con un tiro.

El final de *La gran aldea* tampoco es agradable. La hija de don Ramón, el tío de Julio, y de Blanca muere abrasada y don Ramón se vuelve idiota y paralítico al ver el cadáver. Este feísmo de raíz naturalista se generaliza en *Sin rumbo* hasta ser lo característico de toda la obra. Representa, así, un ejemplo máximo del aprovechamiento hispanoamericano del naturalismo europeo. Cambaceres se sirve, más que de la técnica, de la actitud naturalista menos restringida que permite la presentación de los aspectos feos y miserables de la condición humana. Se describen todos los detalles de la enfermedad de la hija de Andrés y del suicidio de éste. El papel de la fatalidad en los hechos humanos obedece, según el naturalismo, «... a las leyes de herencia, de instintos y tendencias, y a la influencia del medio.»[12] Pero Andrés siente, por lo menos, la necesidad de preguntarse la razón de su existencia. El personaje onettiano también será arrastrado por la fatalidad hacia un desenlace necesariamente sin salvación. Pero su descreimiento ante el mundo llegará a tal nivel que aceptará pasivamente el sinsentido de su existencia en este mundo.

La ciudad de Buenos Aires que se protagoniza en *La Bolsa* de Julián Martel ya no es la de *La gran aldea*. Al principio de la novela se destaca «... la blanca esfera del reloj, sereno e imperturable como el ojo vigilante del destino; ... lo único que permanecía inalterable en aquel lugar ». (p. 14)[13] La ciudad se revela como un campo salvaje creado por los hombres. Aunque parece ser la «... tierra de promisión» (p. 20) esta ciudad resulta, en última consecuencia, un conglomerado de especuladores degenerados. Martel se propone describir la ruina económica del país. El doctor Glow observa, en la novela, que el oro lo corrompe todo: «Allí donde el dinero abunda, rara vez el patriotismo existe. Además de eso, el cosmopolitismo, ... nos trae, junto con el engrandecimiento material, el indiferentismo político, ...». (p. 116) La Bolsa llega a penetrar, así, en muchos niveles de la sociedad bonarense. La honra se vende, la amistad se convierte en negocio y el amor se hace imposible. El doctor Glow no puede menos de contaminarse de la fiebre de la especulación económica. Con el derrumbe de la Bolsa, Glow enlo-

---

[12] Santiago González, et. al., *El 80. 1. Visión del mundo* (Buenos Aires: Centro Editor de América Latina, S. A., 1968), p. 54, nota 83. [Los otros autores: Hortensia Lemos, Abel Posadas, Nannina Rivarola y Marta Speroni.]

[13] Las citas textuales en esta parte del capítulo se refieren a la siguiente edición: José María Miró, *La Bolsa* (Buenos Aires: Ediciones Estrada, 1955). [Firmado: «Julián Martel».]

quece. Su pesadilla final es la de un monstruo que abre la boca y declara: —Soy la Bolsa. (p. 280)

Libro extraño de Francisco A. Sicardi, trata un Buenos Aires posterior al de las otras novelas de la generación del ochenta. Se intenta desarrollar, como observa desde el Prólogo «... todas las afectuosas soledades del espíritu...». (Prólogo, Tomo I, p. IX)[14] La novela comienza con el suicidio que intenta Carlos Méndez, quien se siente desilusionado como médico y frustrado como poeta. Genaro, sirviente del doctor, llama al curandero don Manuel de Paloche. Estos personajes representan distintos aspectos de la ciudad, como apunta Alberto Blasi: «Genaro y don Manuel reflejan la ciudad y la raza en formación, Méndez la ciudad realizada.»[15] La vida de Méndez mejora con el casamiento. La existencia de don Manuel y de su familia va degradándose cada vez más. Fracasa en su profesión de curandero cuando intenta relacionarla con la medicina. Su hija Clara es mujer de mala vida y su hijo tiene un desequilibrio congénito. La suerte de Genaro es parecida a la de don Manuel. Se ve condenado por haber dado muerte borracho a su hermana y a Enrique Valverde. A diferencia del doctor Méndez y su familia, ni Genaro ni don Manuel logran integrarse en la sociedad; están marginados. Al final de este primer tomo de la novela, Genaro muere en lucha sangrienta peleando con el hijo de don Manuel.

En el segundo tomo se observan los beneficios dudosos de lo que se llama progreso a través de los cambios en la ciudad de Buenos Aires:

> Es la repetición de la vieja y triste historia de los sacrificados por la civilización, que ha entrado aquí á saltos violentos, apurada por la Europa que todo lo ha modificado. (Tomo II, p. 5)
> Buenos Aires es una jaula. La electricidad lleva y trae el pensamiento humano; ... . Se habla un extraño lenguaje, una mezcla de palabras de todos los idiomas. (Tomo II, p. 6)
> La gente no se apercibe. Corre y trabaja y donde las calles se estrechan, se conglomeran carros, carruajes, hombres y caballos que patalean para arrancar en medio de gritos, choques y blasfemias. Todo está mezclado, hacinado y confundido. (Tomo II, p. 7)

Los personajes que representan la ciudad en formación no corren mejor suerte que los del primer tomo. Se ahogan cada vez más

---

[14] Las citas textuales en esta parte del capítulo se refieren a la siguiente edición: Francisco A. Sicardi, *Libro extraño,* Tomos I y II (Barcelona: F. Granada y Ca. Editores, 1910).

[15] Alberto Blasi, *Los fundadores* (Buenos Aires: Ediciones Culturales Argentinas, 1962), p. 101.

19

con el paso de los años. Enrique Valverde había dejado para su hijo Germán unas *Memorias* en las que le habla de la falta de virtud en el mundo, de que no existe un sentimiento puro sino sólo la necesidad del sexo y de varias perversiones del amor entre las mujeres. Escribe, por ejemplo: «¿Qué les importaba si no habían hecho otra cosa que ir muriendo? La virgen no había existido nunca; la mujer era una loba en su despeñadero.» (Tomo II, p. 482) Goga, una prostituta, cae bajo la influencia de Germán. Este es anarquista y muere como tal. Goga muere también, a pesar de haberse arrepentido de su vida anterior.

La filiación naturalista en *Libro extraño* se revela, a semejanza de *Sin rumbo,* en la inclinación para explorar cualquier ambiente, por desagradable y anormal que sea. Se observa determinantemente en la obra el poder de la herencia. La suerte de los hijos se asemeja a la de los padres. Así sucede con los Paloche y los Valverde. También es el caso del hijo del doctor Méndez. Igual al padre, intenta suicidarse y luego se regenera. Llega a casarse y se vuelve defensor militante del catolicismo. Sicardi y los otros autores del ochenta asociados con el naturalismo solían enfocar su obra en términos de un estudio sociológico. Esta tendencia no llegó hasta la narrativa de Juan Carlos Onetti. Pero la selección de ambientes no usados con anterioridad y de personajes que no llegan a integrarse en la sociedad pueden asociarse al mundo de Onetti. Además del influjo naturalista, el aporte fundamental de la generación del ochenta fue el descubrimiento del ambiente urbano como el más adecuado para un desarrollo de la problemática del hombre desajustado con su medio.

La obra de Manuel Gálvez (1882-1962) desarrolla la temática de raíz urbana trazada por la generación anterior. En 1935, Gálvez registra las siguientes impresiones de la vida bonaerense:

> No conozco una ciudad más monótona, más espiritualmente pobre que Buenos Aires. (p. 105)
> Carecemos de vida interior y no nos interesa la vida interior que puedan tener los otros. (p. 152)
> En Buenos Aires cada hombre está solo. ... Nadie quiere verdaderamente, hondamente, a nadie. Nos reúne un interés común o la elemental necesidad de juntarnos los unos con los otros. (p. 153)
> La amistad exige muchas horas inútiles... El amor desaparece en efímeras aventuras. (p. 154)
> El porteño no es triste, pero sí incapaz de verdadera alegría. Hay entre nosotros indiferencia, escepticismo, hasta un poco de fatalismo; pero no precisamente tristeza. (pp. 159-160)[16]

---

[16] Todos los números de página en esta cita se refieren a «La tristeza en

A lo largo de su narrativa, Gálvez enfoca la realidad citadina desde muchas perspectivas. Las dos obras en las que Gálvez mejor ejemplifica el camino narrativo argentino que nos conduce a Onetti son *Nacha Regules* y *Hombres en soledad*.

Las semejanzas entre *Nacha Regules* y la narrativa onettiana son esencialmente temáticas: la soledad del personaje Montsalvat y la prostituta Nacha. El tratamiento de estos temas difiere, sin embargo, en otras posteriores del propio Gálvez. Hay comunicación posible y realizada entre la mujer caída, Nacha, y Montsalvat. Se puede vencer el destino de la mala vida. Se presenta la prostitución en términos de lo que pueda provocar la piedad y no de su sordidez. En *Nacha Regules,* novela de buenos contra malos, hasta la descripción de la soledad se tiñe de una falsedad romántica: «La joven intentó una sonrisa, ventana por donde el hombre solitario vio el pozo interior de su padecimiento.» (p. 7)[17] La novela tiene lugar antes de la Primera Guerra Mundial. Según Montsalvat, lo peor de la guerra no serán los millones de muertes sino que «... destruye una de las más bellas inlusiones que soñaron los hombres de corazón.» (p. 207)

Hombres en soledad presenta el Buenos Aires sin ilusiones, el de posguerra. El libro es, como ya se expresa en el título, un estudio de la soledad en toda la sociedad bonarense:

> —La soledad nace de la importancia para salir de nosotros mismos, para vivir los sentimientos de los otros y penetrar en el fondo de sus almas. ... Cada ser vive aislado de los otros, unido a los otros por exterioridades o por intereses. Pero las almas no se ven entre ellas. Los cuerpos, al revistirlas, las ocultan. La soledad es el anticipo de la muerte o la realización de la muerte en medio de la vida. (pp. 213-214)[18]

Gervasio Claraval vive la soledad del hombre y del artista, de la mutua incomprensión entre el escritor y la sociedad. Pero su soledad hace que se sienta superior a lo que le rodea. No logra hacerse comprender por su esposa Andrea; por eso se separan definitivamente. El padre de Gervasio se encierra en su propia soledad al no poder comunicarse con sus hijos. Manda que su hija Casilda rompa su compromiso. Así, ella vive la soledad física y también la del

los argentinos» en Manuel Gálvez, *La Argentina en nuestros libros* (Santiago de Chile: Editorial Ercilla, 1935).

[17] Las citas textuales en esta parte del capítulo se refieren a la siguiente edición: Manuel Gálvez, *Nacha Regules* (Buenos Aires: Centro Editor de América Latina, S. A., 1968).

[18] Las citas textuales en esta parte del capítulo se refieren a la siguiente edición: Manuel Gálvez, *Hombres en soledad* (Buenos Aires: Editorial Losada, S. A., 1957).

encierro en la misma casa con su padre. Roig, escritor, defiende su soledad íntima. Melchor Toledo encuentra que la soledad equivale al aburrimiento. Castriota, empleado jubilado, va a velorios en búsqueda sin éxito de amigos; vive dándose cuenta de lo inútil que ha sido toda su vida. Brígida se ve condenada a la soledad por haberse separado de su esposo; se siente aislada por sus amigas. El hecho de ser mujer intelectual la condena doblemente a la soledad. Al final de la novela queda la imagen de Gervasio y Brígida: —que seamos dos islitas chiquitas, pegadas la una junto con la otra, lejos de todas las demás, en medio del infinito océano del mundo. (p. 360)

A diferencia de los personajes que cultivan su soledad, como Roig o Gervasio Claraval, Martin Block es un ser atormentado cuya soledad resulta de una falta de amor, amistad y propósito en la vida. Se siente imposibilitado en el trato con otro ser humano. Su relación con Brígida, por ejemplo, fue una mezcla violenta de odio y de amor. La mayoría de los personajes de la novela echan la culpa de su soledad a la ciudad de Buenos Aires y ven a Europa como una evasión que les ayuda a solucionar sus problemas. Pero Block sabe que no es cuestión de paisaje: —Porque yo en Europa, ¿qué haría? Sería el mismo atormentado de siempre, el mismo sujeto insociable, un inaguantable en perpetuo desacuerdo conmigo. Hay que cambiar el hombre, y es lo que estoy en camino de conseguir. (p. 97) En esperanza de este cambio interior del espíritu argentino, Block se entrega totalmente a la revolución. Pero únicamente cambia en forma exterior, al escoger la acción en vez de la la pasividad. Al terminar la revolución, Block se queda sin salvación espiritual y se suicida. Si bien la obra de Onetti difiere sustancialmente del propósito enjuiciador de la novelística de Gálvez, es posible sin embargo emparentarlos en ese instante de crisis que muestran en ciertos momentos los personajes en actitudes descreídas con el medio.

Por la temática desarrollada en su narrativa, Roberto Arlt (1900-1942) es el antecedente más cercano a Juan Carlos Onetti. Arlt escribe en una época de crisis, de duda y de confusión. La Primera Guerra Mundial pone punto final a toda estabilidad basada en los antiguos valores. La situación política en la Argentina de los años treinta les da su apodo de la «década infame». Pero lo fundamental de Arlt está al margen de esos problemas inmediatos. Se trata más bien de la problemática del hombre agobiado por la vida citadina que le acosa. Onetti dice de la visión arltiana de la ciudad: «Hablo de un escritor que comprendió como nadie la ciudad en que le tocó nacer. Más profundamente, quizá, que los que escribieron música y letra de tangos inmortales.»[19] Lo más importante de la ciudad es su significación en la vida del hombre. El personaje arltiano vive enajenado de la ciudad. La vida urbana le perjudica al intentar imponerle la anonimidad. El hombre sólo ha podido crear cosas y, a su turno, ha sido cosificado por ellas. Erdosain, por ejemplo, el protagonista de *Los siete locos* y *Los lanzallamas,* se da cuenta de su falta absoluta de importancia:

> Se desmorona vertiginosamente hacia una supercivilización espantosa: ciudades tremendas en cuyas terrazas cae el polvo de las estrellas, y en cuyos subsuelos, triples redes de ferrocarriles subterráneos superpuestos arrastran una humanidad pálida hacia un infinito progreso de mecanismos inútiles. (*Los lanzallamas,* p. 34)[20]

Los personajes que pueblan este Buenos Aires arltiano están desarraigados, tanto por su actitud ante el mundo como por su condición de extranjeros frente a la sociedad. No pueden soportar la burguesía cuya ética es el bien y erigen, frente a ella, una contrasociedad del mal.[21] El Astrólogo, otro de los personajes, refleja esta inversión de valores al proponer la mentira como base de la nueva sociedad que quiere crear:

> —Los hombres han perdido la costumbre de mirar las estrellas. Incluso, si se examinan sus vidas, se llega a la conclusión de que viven de dos maneras: unos falseando el conocimiento de la verdad y otros aplastando la verdad. ... ¿qué es la verdad?, me dirá usted. La Verdad es el Hombre. El hombre con su cuerpo. (*Los lanzallamas,* pp. 21-22)

Al final de *Los siete locos,* Erdosain le dice al Astrólogo: —¿Sabe que usted se parece a Lenin? (p. 265) El Astrólogo le contesta en la primera página de *Los lanzallamas:* —Sí... pero Lenin sabía adónde iba. (p. 13) El Astrólogo, por contraste, sólo ve el sin sentido y el sin rumbo en la vida. De ahí que desea destruir la sociedad tal como es, creando un nuevo tipo de escala de valores, igual a lo que propondrán los existencialistas.

19 Juan Carlos Onetti, «Semblanza de un genio rioplatense» en *Nueva novela hispanoamericana II,* Jorge Lafforque, compilador (Buenos Aires: Editorial Paidós, 1972), p. 376.

20 Las citas textuales en esta parte del capítulo se refieren a las siguientes ediciones: Roberto Arlt, *Los siete locos* (Buenos Aires: Compañía General Fabril Editora, S. A., 1968) y Roberto Arlt, *Los lanzallamas* (Buenos Aires: Compañía General Fabril Editora, S. A., 1968). Se considerarán juntas las dos novelas porque la segunda es una continuación del argumento de la primera.

21 Oscar Massota, *Sexo y traición en Roberto Arlt* (Buenos Aires: Jorge Alvarez Editor, 1965), pp. 41 y 46.

Los personajes arltianos desean también creer en Dios pero algo los imposibilita. Les perturba mucho que Dios sólo existe como un anhelo o como nostalgia del pasado. En *Los siete locos,* el Astrólogo discurre sobre Dios y la religión:

> —¡Tan infelices son los hombres que hasta a Dios lo han perdido! (p. 95)
> —La humanidad, las multitudes de las enormes tierras han perdido la religión. Me refiero a todo credo teológico. (p. 139)
> —La felicidad de la humanidad sólo puede apoyarse en la mentira metafísica ... . (p. 140)
> — ... inventaremos unos dioses hermosos ... supercivilizados ... . (p. 259)

En la narrativa de Onetti, distinta a la de Arlt, los personajes se preocuparán menos conscientemente por la falta de Dios. Vivirán más la ausencia religiosa.

Otro de los conceptos que minará la literatura arltiana y posteriormente la onettiana es el de la verdad misma. En *Los siete locos,* Erdosain comunicó su confesión a un narrador que la transmite. Su conocimiento de los sucesos depende de las impresiones de Erdosain, otro personaje ficticio. Así, es un narrador subjetivo. En la narrativa onettiana se ampliará esto hasta que lleguemos a dudar de la existencia de los hechos mismos de que se compone la obra.

Se ha aludido a la importancia de la angustia en Arlt, tanto como la soledad en *Hombres en soledad* de Gálvez. La angustia arltiana es algo concreto que se medita, se respira y hasta se reflexiona. Es tan poderoso como un dolor físico. Erdosain, por ejemplo, la siente en cada centímetro de su cuerpo cuando su mujer le abandona por otro. Llega a localizar una zona de la angustia a cierto nivel sobre las ciudades. La angustia de Erdosain es el resultado de una constante autointerrogación. Por contraste, la angustia de que hablan los existencialistas es la fuerza vital que le empuja al hombre para crear su vida. Relacionada con la angustia está la necesidad de humillación. Este afán masoquista proviene de que el personaje se siente ontológicamente degradado. Jaime Giordano la denomina la metafísica del siervo porque éste carece de «... voluntad, inteligencia práctica e, incluso, afecciones hacia algo externo o hacia sí mismo ...».[22]

El afán de humillarse pertenece también al campo de las relaciones entre personajes. Erdosain habla con su mujer de sus relaciones con una muchacha de veinticinco años. Confiesa que nunca sen-

---

[22] Jaime Giordano, «El espacio en la narrativa de Roberto Arlt», *Nueva Narrativa Hispanoamericana* (Garden City, New York), Vol. 2, N.º 2 (septiembre de 1972), pp. 119-120.

tirá el amor pero le gustan las humillaciones que ella le proporciona. Todo trato entre personajes es negativo. Se caracteriza por la delación, el crimen o la incomunicación. El amor sólo existe en la zona de lo inalcanzable. El personaje en el mundo real sólo se hunde en la impureza del ámbito burgués o del prostíbulo. Así, para Erdosain el amor ideal con la millonaria carecería de todo contacto sexual. En su vida real domina un elemento de prurito moral enorme. Al casarse, se acostó la primera noche con los pantalones puestos. El Astrólogo pretende también suprimir todo deseo en sus relaciones con Hipólita, pero por motivo distinto puesto que obedece a un sentido de castración.

El elemento sexual en Arlt tiene poco que ver con la comunicación y mucho menos con el amor. Haffner, cuyo negocio son los prostíbulos, los instalará como base económica de la nueva sociedad propuesta por el Astrólogo. Según Haffner la prostituta pertenece al peldaño más bajo de la sociedad: —No hay mujer más dura, más amarga que la mujer de la vida. *(Los siete locos, p. 53)*

La relación entre marido y mujer siempre está enfocada en términos despectivos. Erdosain, por ejemplo, al imaginarse casado con la Bizca, piensa:

> La revé en una casa de inquilinato, desventrada y gorda, leyendo entre flato y flato alguna novela que le ha prestado la carbonera de la esquina. Holgazana como siempre, si antes era abandonada ahora descuida por completo su higiene personal, emporcando con sus menstruaciones sábanas que nunca se resuelve a lavar. ... Y pensar —continúa él— que éste es el plato de todos los días, el amargo postre de los empleados de la ciudad ... . Un panorama lividecido por los flujos blancos de todas esas hijas de obreros, anémicas y tuberculosas, cuya juventud se desploma como un afeite bajo la lluvia a los tres meses de casados. *(Los lanzallamas, pp. 196-197)*

Arlt ha conseguido asentar lo que Onetti desarrollará como el contraste entre muchacha y mujer.

Erdosain es un hombre sin amigos. Se une con el Astrólogo en el proyecto de la nueva sociedad para salir de su aburrimiento. El ideal colectivo surge de la necesidad de buscar otra sociedad ya que ha perdido toda relación con la suya. Haffner también está aburrido. Dice: —¿Usted sabe por qué el «cafishio» se juega toda la plata que la mujer trabaja? Porque se aburre. Sí, de aburrido. *(Los lanzallamas, p. 44)* La empresa colectiva les proporciona a todos estos «locos» una actividad pero no un medio de entablar relación con otros seres humanos, ni siquiera ellos mismos.

Erdosain desea «ser» y para ello lo intenta de varias maneras. Comete actos gratuitos como el asesinato de la Bizca. Está dispuesto a tomar parte en el asesinato de su primo Barsut y también desea «ser» por el camino de la fantasía. Esta evasión proviene por una excesiva angustia de la vida mecanizada de la gran urbe. Al concluir que no pueden modificiar la realidad circundante, los personajes de Arlt se entregan a sus ilusiones. Erdosain imagina a la millonaria. El Astrólogo postula su nueva sociedad. No hay una delineación precisa entre el sueño y el ensueño. El propio Onetti prefiere evocar a Arlt en el contexto de la fantasía: «puedo imaginar su risa ... frente a los que siguen pagando, con esfuerzo visible, el viaje inútil y grotesco hacia un todo que siempre termina en nada. Arlt, que sólo era genial cuando contaba de personas, situaciones y de la conciencia del paraíso inalcanzable.»[23] Siempre hay una desilusión, una quiebra que pone punto final al sueño. En la mayoría de los casos, se sabe de antemano lo que va a ocurrir. El nombre mismo del Astrólogo tiene que ver con el destino. Oscar Masotta, a este respecto, apunta una diferencia fundamental con los existencialistas. No se ven a los personajes en el momento de la elección sino después, ya «... coincidiendo con el destino ...».[24]

A veces, el deseo de «ser» incluye la muerte. Puede ser la muerte de otra persona o el suicidio como en el caso del propio de Erdosain, donde también se destaca la inutilidad de la muerte. Es la última acción absurda. Culmina sus actos destructivos, ya que ha agotado sus intentos de «ser» en la vida. Pero la única importancia de su suicidio para los otros es que semejante suceso permitirá que se vendan más periódicos la mañana siguiente.

Vista dentro del conjunto de la narrativa rioplatense la obra de Juan Carlos Onetti representa a la vez un punto de partida y una culminación. Con relación a la narrativa uruguaya, Onetti es el iniciador. En la literatura argentina es en cierto sentido un continuador. En la obra de Roberto Arlt hay muchas concordancias con las preocupaciones existencialistas que tanto importarán en la obra de Onetti. Si los dos realizan una literatura de evasión es por exceso de la realidad que oprime. Roberto Arlt representa el punto de partida con respecto a Onetti. Ocurre algo que se asemeja al cuento «Bienvenido, Bob» de Onetti, donde Bob se convierte en Roberto; las ideas apuntadas en la obra de Arlt llegan a su madurez en el mundo adulto en Juan Carlos Onetti.

Con relación a las letras argentinas, Juan Carlos Onetti continúa el camino emprendido por generaciones anteriores. Con respecto a la literatura uruguaya y a la generación de 1945 a la que pertenece, representa un cambio radical. Angel Rama resume muy bien las

[23] Onetti, «Semblanza...», *op. cit.*, p. 371.
[24] Masotta, *op. cit.*, p. 17.

oposiciones que causan la polémica entre esa generación y las anteriores:

> Contra el régimen de indiscriminada fraternidad que estatuía el partido de tipo tradicional decretándose rector del destino espiritual de la nación, opuso el aislamiento individualista, la marginación que desconfiaba de los cantos exultantes ... . Contra el intento de celebración que, de la sociedad a la literatura, transformaba todo en rosa perfecta, opuso el análisis desintegrador que ve las espinas, el marchitarse del color, la caducidad de las formas, así como lo grotesco del arrebato celebrante. Contra el idealismo terca y fraudelantemente anclado en el futuro al que cree contemplar desde la ola contemporánea, opuso la inserción en el tiempo, el fluir de la vida, la historia como obsesión, la recuperación del pasado como necesidad de interrogación a las raíces, el sentimiento de la inseguridad y precariedad de la existencia. Contra las formas brillantes que han devenido herméticas no por necesidad interna sino porque nada tienen que comunicar, opuso la grisura y la sencillez, el coloquialismo despojado, la verdad vecinal y concreta.[25]

Así, la generación de Onetti se acerca a la problemática de la existencia del hombre en el mundo que se denomina existencialista en la literatura mundial. Juan Carlos Onetti es el novelista más completo e importante de su generación y a pesar de la existencia de antecedentes parciales, su óptica es única y nueva.

La generación de Onetti estaba en condiciones de abrirse más fácilmente al clima intelectual universal que las anteriores. Una de las razones principales era la gran cantidad de traducciones de literatura mundial, entre ellos, Kafka, Proust y Dos Passos, no asequibles mucho antes a los escritores latinoamericanos.[26] Sin intentar atribuir influencias directas, habría que señalar además una misma temperatura histórica. El Uruguay recibe y palpita el mismo clima histórico y cultural de la Europa de antes y después de la Segunda Guerra Mundial. Los autores denominados existencialistas intentaban describir o solucionar el dilema del hombre desubicado en sentido cósmico. En este mismo contexto, muchos críticos se refieren a Onetti como novelista existencialista.[27] El propio Onetti escribe:

---

[25] Rama, *op. cit.*, p. 34.

[26] Zum Felde, *op. cit.*, p. 425 y Romualdo Brughetti, «Una nueva generación literaria argentina 1940-1950», *Cuadernos Americanos* (México), Año XI, Vol. LXIII, N.° 3 (mayo-junio de 1951), p. 273.

[27] Los siguientes son ejemplos de los muchos críticos que señalan el enfoque existencialista de Onetti: Pollmann, *op. cit.*, p. 62 incluye a Onetti en la fase preparatoria o existencialista de la «nueva novela». Yvonne Perier Jones, *The Formal Expression of Meaning in Juan Carlos Onetti's Narrative Art,* Tesis doctoral inédita, University of Washington, 1970, p. 48: «Onetti's world view reflects the philosophical attitudes of existentialism.» Luis Alberto

El acontecimiento literario más importante de esta mal despachada decena de años que vamos a considerar, continúa siendo, guste o no guste, el existencialismo. Sartre, escritor poco brillante dotado de un talento asombroso, se colocó lúcidamente en la posición que adoptan sin saberlo todos los hombres de letras que escriben para sí mismos y para cualquiera.[28]

Onetti rechaza, sin embargo, la ética existencial prometida por Sartre, llamándola «... un gracioso chiste» y «... una grosera trampa.»[29] En cierta forma, este juicio de Onetti es de doble filo: tener fe en Sartre sería negar que es existencialista.

Es indudable que la literatura de Onetti se problematiza en el orden de la existencia y que esta problematización responde a un debate de precisión histórica llevado a cabo en casi todos los países. No se podría decir que la obra de Onetti está inscrita o configurada en una teoría existencialista en particular, pues no existe en verdad un único existencialismo, aunque el de Jean-Paul Sartre ha sido el más difundido o propagado por el hecho de que conjugó la concepción de su pensamiento con la creación literaria. Onetti es existencialista a lo Onetti, como en cierta manera lo fueron el mismo Sartre, Albert Camus, Gabriel Marcel, Fydor Dostoevsky, Franz Kafka, John Dos Passos, William Faulkner, Louis-Ferdinand Céline, Karl Jaspers y Martin Heidegger.

Sánchez, *Proceso y contenido de la novela hispanoamericana,* 2.ª ed. (Madrid: Editorial Gredos, S. A., 1968), p. 257: Sitúa a Onetti entre los novelistas «... hacia el naturalismo... oscilando entre el suprarrealismo y el existencialismo.»

[28] Juan Carlos Onetti, «Nada más importante que el existencialismo», *Acción* (Montevideo), 22 de octubre de 1957, Suplemento Aniversario, p. 6.

[29] *Ibid.*

EL MEDIOAMBIENTE

Cuando José Ortega y Gasset habla del hombre circunstanciado, afirma que cualquier intento para comprender a éste debe incluir su situación en el mundo. Martin Heidegger denomina esta idea *sein-da* [estar ahí].[1] Karl Jaspers se refiere a la determinación histórica como una situación límite, dando énfasis a la época, al lugar, a la edad y al género como posibles límites a la libertad del hombre frente al azar. Por contraste, Jean-Paul Sartre acentúa la pura contingencia de toda relación entre el hombre y su situación. Estima que la conciencia es siempre conciencia de algo y la existencia ocurre en una situación, en un contexto. El para-sí sartreano no es otra cosa que el enfrentamiento entre la nada que cada individuo lleva dentro de sí y el mundo que lo rodea. También en sus estudios titulados *Situations,* Sartre destaca la relación hombre-mundo, especialmente en la literatura.[2] Queda patente en el pensamiento de todos los escritores existencialistas la importancia del medio, tanto el ambiente físico como el espiritual, moral y ético.

La ciudad es el ambiente por excelencia para desarrollar la problemática del hombre contemporáneo y en esto la literatura de Juan Carlos Onetti lo testimonia sobremanera. En la obra onettiana queda establecido el ambiente urbano en la primera frase del primer cuento que publica, «Avenida de Mayo-Diagonal-Avenida de Mayo»: «Cruzó la avenida, en la pausa del tráfico, y echó a andar por Florida.»[3] Suaid, el personaje a quien se alude, atraviesa la ciu-

---

[1] William Barret, *What Is Existentialism?,* 9th printing (New York: Grove Press, Inc., 1964), p. 52.

[2] Los siguientes libros demuestran el contraste entre el énfasis de Sartre y el de Jaspers: Jean-Paul Sartre, *El ser y la nada,* Traducción de Juan Valmar, 3.ª ed. (Buenos Aires: Editorial Losada, S. A., 1972), pp. 602-609 y Karl Jaspers, *Philosophie,* Vol. II, 3.ª ed. (Berlín: J. Springer, 1956), pp. 209-211, citado en Charles F. Wallraff, *Karl Jaspers: An Introduction to His Philosophy* (Princeton: Princeton University Press, 1970), p. 143.

[3] En el caso de una cita de cualquiera de las siguientes ediciones de las obras de Juan Carlos Onetti, se darán los números de las páginas citadas entre paréntesis en el texto mismo. Si la obra no es de la que se trata principalmente en esa sección, se incluirá entre paréntesis además el título. Cuando

dad pero no se relaciona con el ambiente cosmopolita, impersonal e indiferente a su destino. A lo largo del cuento, Suaid se defiende contra la ciudad anónima cerrando los ojos ante ella y amparándose en el sueño o en el recuerdo. Alternan las imágenes de Alaska, de

---

se utilizan otras obras del autor u otras ediciones, aparecerán en notas separadas:

«Avenida de Mayo-Diagonal-Avenida de Mayo», *Marcha* (Montevideo), Año XI, N.º 519 (17 de marzo de 1950), p. 14.

«El obstáculo», *La Nación* (Buenos Aires), Año LXVI, N.º 23.050 (6 de octubre de 1935), 2.ª sección, p. 3.

«El posible Baldi», *La Nación* (Buenos Aires), Año LXVII, N.º 23.398 (20 de septiembre de 1936), 5.ª sección, p. 2.

El pozo, 5.ª ed. (Montevideo: Editorial Arca, 1969).

«Convalescencia», *Marcha* (Montevideo), Año II, N.º 34 (10 de febrero de 1940), Suplemento Literario (N.º 4), [pp. 3-5]. [Firmado: «H. C. Ramos».]

Tierra de nadie, 3.ª ed. (Montevideo: Ediciones de la Banda Oriental, 1968).

Para esta noche, 3.ª ed. (Montevideo: Arca Editorial S.R.L., 1967).

«Nueve de Julio», *Marcha* (Montevideo), Año VII, N.º 314 (28 de diciembre de 1945), p. 14.

«Regreso al sur», *La Nación* (Buenos Aires), Año LXXVII, N.º 26.894 (28 de abril de 1946), 2.ª sección, p. 2.

La vida breve, 2.ª ed. (Buenos Aires: Editorial Sudamericana, S. A., 1968).

Los adioses, 4.ª ed. (Montevideo: Arca Editorial, 1970).

Para una tumba sin nombre en *Novelas cortas completas* (Caracas: Monte Avila Editores C.A., 1968), pp. 167-235.

El astillero, 2.ª ed. (Montevideo: Arca Editorial S.R.L., 1967).

Juntacadáveres, 3.ª ed. (Montevideo: Editorial Alfa, 1968).

«La novia robada» en *La novia robada y otros cuentos* (Buenos Aires: Centro Editor de América Latina, 1968), pp. 7-28.

«Matías el telegrafista», *Marcha* (Montevideo), Año XXXIII, N.º 1560 (10 de septiembre de 1971) pp. 30-31.

«Las mellizas» (Primera versión abreviada), *Crisis* (Buenos Aires), Año 1, Número 2 (junio de 1973), pp. 32-35.

La muerte y la niña (Buenos Aires: Ediciones Corregidor, 1973).

La lista anterior sigue el orden de publicación de la primera edición de cada obra. También se utilizarán citas textuales de las siguientes obras coleccionadas en *Cuentos completos* (Buenos Aires: Centro Editor de América Latina, S. A., 1967):

«Un sueño realizado», pp. 7-22.

«Bienvenido, Bob», pp. 23-30.

«Esbjerg, en la costa», pp. 31-39.

«La casa en la arena», pp. 40-51.

«Historia del Caballero de la Rosa y de la Virgen encinta que vino de Liliput», pp. 55-79.

«El álbum», pp. 80-94.

«Mascarada», pp. 95-99.

«El infierno tan temido», pp. 100-115.

Tan triste como ella, pp. 119-144.

La cara de la desgracia, pp. 145-172.

«Jacob y el otro», pp. 177-217.

«Justo el treintaiuno», pp. 218-222.

Yukon y de María Eugenia con las de los edificios, los anuncios automáticos, las calles y los semáforos. De cada fuga, fatalmente Suaid tiene que volver al ambiente urbano:

> La fuga se apagó como bajo un golpe de agua y Suaid quedó con la cara semihundida en el suelo, los brazos accionando en movimientos precisos el semáforo.
> —Esconderme...
> Pero se puso debajo de sí mismo, como si el suelo fuera un espejo y su último yo la imagen reflejada ... .
> Ahora caían las costras de indiferencia que protegieran su inquietud y el mundo exterior comenzaba a llegar hasta él. (p. 14)

A semejanza de la ciudad misma, la gente que la habita es una multitud indiferente y desconocida que no participa de la vida del individuo. Suaid piensa, al anochecer, en la reacción universal de la masa anónima: «En la Puerta del Sol, en Regent Street, en Boulevard Montmartre, en Broadway, en Unter den Linden, en todos los sitios más concurridos de todas las ciudades, las multitudes se apretaban, iguales a las de ayer y a las de mañana.» (p. 14) Onetti continúa, de esta manera, el tema tan reiterado de la narrativa de Roberto Arlt, el del hombre aplastado por la gran urbe.

«El obstáculo», el segundo cuento publicado por Onetti, presenta una imagen distinta de Buenos Aires y la razón es que el hombre que la piensa está desde hace diez años en prisión. La ciudad está lejana: «A veces, Buenos Aires era la gente rodeando el toldo rojo que ponían los sábados de tarde en San José de Flores; otras, una calle flaneada de carteles a todo color y luces movedizas, por donde paseaba la gente riendo y charlando en voz alta.» (p. 3) Más bien que la ciudad real en la que está perdido, Buenos Aires es en este caso una forma de escape semejante a los sueños de Suaid, uno de los mecanismos clásicos de evasión del mundo de Onetti.

El título mismo del cuento «El posible Baldi» revela que el doctor Baldi se refugia en los sueños de otras vidas posibles. A semejanza de Suaid, parte de su existencia citadina: «Baldi se detuvo en la isla de cemento que costeaban veloces los vehículos, esperando la pitada del agente, mancha oscura sobre la alta garita blanca.» (p. 2) El cemento transmite la impresión de frialdad e impersonalidad que caracteriza a lo citadino.

Estos primeros cuentos de Onetti pintan escenas aisladas de la ciudad y la falta de relación del hombre para con ella. *El pozo,* la primera novela de Onetti, es un cuadro mucho más completo, más detallado, de las memorias de un individuo en vivencia con lo urbano. Ya en su obra periodística, Onetti reconoce la obligación de explorar la realidad urbana: «Es necesario que nuestros literatos miren alrededor suyo y hablen de ellos y su experiencia. Que acepten la tarea de contarnos como es el alma de su ciudad.»[4] La ciudad a que alude Onetti es Montevideo. Precisamente aquí se sitúa *El pozo*. Aunque los cuentos anteriores y otras obras posteriores se desarrollan en Buenos Aires, lo importante en ambos casos es que se refleja el ambiente de una ciudad netamente rioplatense.

La urbe europea, con más tradición que la ciudad latinoamericana, tampoco llega a ser un hogar para el hombre. En el caso específico de una novela de arraigo existencialista, *La náusea* de Sartre, el personaje principal Roquentin se siente tan desterrado en una ciudad francesa como los personajes onettianos en una ciudad rioplatense. Ha decidido abandonar Bouville y trasladarse a París puesto que ha dejado de escribir la biografía del señor de Rollebon que fue la razón de su permanencia en Bouville. Después de varios años en la ciudad, todavía es extranjero: «Comprendo: la ciudad es la primera en abandonarme. No he salido de Bouville y ya no estoy. Bouville guarda silencio. ... Estoy entre dos ciudades: una me ignora y la otra ya no me conoce.»[5] No hay razón para creer que la extrañeza entre el hombre y la ciudad cambie porque sea París. *La náusea* del escritor europeo se asemeja a *El pozo* del escritor latinoamericano tanto por el ambiente urbano como los efectos que produce en el hombre en una misma época. Es interesante notar que *El pozo* fue publicado en 1939, un año después de *La náusea*. No es posible, sin embargo, imputar una influencia directa, puesto que *El pozo* fue escrito siete u ocho años antes, perdido y luego reescrito en 1939.[6]

Hay escasas referencias directas a la ciudad en *El pozo*. El título alude a varias razones posibles. Eladio Linacero, el protagonista, es un hombre que está perdido en el fondo de su soledad, de su incertidumbre, en su propio pozo. Además, la urbe misma es un gran pozo donde el individuo se ahoga. Se sobreentiende la presencia de la ciudad como motivo de la necesidad de Linacero de evadirse por el camino de la imaginación. Al final, Linacero mira a su alrededor y dice: —Yo soy un hombre solitario que fuma en un sitio cualquiera de la ciudad; la noche me rodea, se cumple como un rito, gradualmente, y yo nada tengo que ver con ella. (p. 48)

---

[4] Juan Carlos Onetti, «La piedra en el charco», *Marcha* (Montevideo), Año I, N.º 10 (25 de agosto de 1939), p. 2 [Firmado: «Periquito el Aguador».]

[5] Jean-Paul Sartre, *La náusea,* Traducción de Aurora Bernárdez (México: Editorial Epoca, 1970), p. 247.

[6] G[uido] C[astillo], «Ahora en Montevideo», *El País* (Montevideo), Año XLIV, N.º 14.024 (28 de enero de 1962), p. 6. También mencionado en Juan Carlos Onetti, «Por culpa de Fantomas», *Cuadernos Hispanoamericanos* (Madrid), N.º 284 (febrero de 1974), p. 223.

Buenos Aires es la urbe donde tiene lugar casi toda otra obra de Onetti hasta la creación mítica de Santa María. Mucho más populosa y cosmopolita que Montevideo, por lo tanto posibilita más la idea de una metrópoli aplastante. Aunque estos rasgos sean de una ciudad más tipo europea que latinoamericana, en línea general no fueron presentados como una cualidad positiva en los escritores que la describieron. Así en 1935, Manuel Gálvez presenta a Buenos Aires en los siguientes términos:

> Porque si alguna ciudad sin belleza ni sugestiones existe en el mundo, ésta es nuestra capital. (p. 182)
> No conozco una ciudad tan pobre de sugestiones espirituales. No se le exige que sea 'un hogar para el alma', como dijo Barrés que era Toledo. Ninguna ciudad de dos millones y medio de habitantes puede serlo. ... Nada hay para el espíritu. Nada para el alma. (p. 194)[7]

En esta ciudad tiene lugar *Tierra de nadie,* la segunda novela de Onetti. La tierra de nadie a que se refiere en el título es la ciudad misma, un lugar deshabitado en el sentido cósmico. Quizá esto se deba al crecimiento tan rápido de las ciudades latinoamericanas. Por contraste con las raíces de las ciudades europeas, Buenos Aires es: «Una ciudad abierta, todo lo barre el viento, nada se guarda. No hay pasado.» *(Tierra de nadie,* p. 129)

La comparación entre *Tierra de nadie* y *Manhattan Transfer* de John Dos Passos surge del cuadro caótico de la vida citadina ejemplificado en su estructura fragmentaria. En *Tierra de nadie,* por ejemplo, se describe esta ciudad «... donde se hundían cosas y seres y desde donde otros saltarían desesperados.» (p. 35) La ciudad misma es otro personaje desvinculado: «Lejos, alrededor, como aprisionado en una caja, zumbaba la ciudad.» (p. 50) A diferencia de la obra de Dos Passos no hay descripciones extensas de la urbe misma. Como se ha visto también en los escritores rioplatenses desde Bellán, lo más importante no es la visión exterior, edílica, sino el efecto que causa el ritmo de la ciudad en los seres que la habitan: «Buenos Aires está lleno de tipos así, individuos infinitamente más pequeños que aquello que se proponen hacer. Sí, y también están los otros, los que tienen la fuerza de hacer cualquier cosa y se pudren despacio, aburridos.» (p. 52) La ciudad empapa a los habitantes de su propia enajenación. Aránzuru, protagonista de la novela:

> Pensó que estaba perdida la amistad del hombre con la tierra. ¿Qué tenía de común con los colores del cielo, los árboles raquíticos de la ciudad, sus multitudes oscuras y alguna luz de ven-

---

[7] Las páginas entre paréntesis en la cita se refieren a Gálvez, *La Argentina en nuestros libros, op. cit.*

tana, sola en la noche? ¿Qué tenía de común con nada de lo que integra la vida, con las mil cosas que la van haciendo y son ella misma, como las palabras hacen la frase? (p. 15)

Casal, otro personaje, piensa en el regreso de Balbina: «... llegaría de un momento a otro, nueva por algunos minutos, distinta, casi extraña, envuelta por el aire de la calle, cubierta de miradas y ruidos que se irían separando lentamente de ella, hasta morir en el piso y dejarla otra vez igual.» (p. 68)

En un cuento que escribe Onetti por esta época, «Convalescencia», se destacan también los efectos del ambiente urbano en la mujer. La protagonista está en la playa, adonde ha ido para recuperar sus fuerzas. Ya no está enferma pero no quiere retornar a la ciudad y cuando regresa forzosamente a su vida citadina se siente envejecer. Entonces su enfermedad vuelve a carcomerla.

Es casi un lugar común en la crítica sobre Onetti vincularlo con Louis-Ferdinand Céline. Al margen de otras innegables afinidades, la imagen de la noche posibilita una conexión entre ambos. En la novela *Voyage au bout de la nuit* de Céline, todo el viaje del protagonista Ferdinand Bardamu, por el mundo y por la vida, resulta ser una pesadilla nocturna. La noche, en sentido más literal, es concurrente en la mayoría de las obras de Onetti. Suaid piensa en el fenómeno universal del anochecer. Linacero la siente como un rito con el que nada tiene que ver. Aránzuru, al final de *Tierra de nadie* está solo en el nocturno en la ciudad. La noche es una pesadilla en *Para esta noche.* Toda la obra transcurre entre el crepúsculo y el amanecer. Ossorio, el protagonista, se siente irremediablemente atrapado en la ciudad: «'Paso a paso en la noche voy a meterme conscientemente en la trampa sólo por miedo de morir solo en la noche.'» (p. 49) Es una trampa real en situación revolucionaria. Sus enemigos lo cazan y tiene que buscar salida. Pero al final de la obra corre calle arriba hacia el centro de la ciudad para hallar la muerte en vez de dirigirse hacia el puerto donde estaba la única posibilidad de salvación.

Juan María Brausen, el protagonista de *La vida breve,* también está aislado, solo en medio de la multitud bonaerense. Por la noche, sentado en un café con su compañero Stein, ve pasar a la gente, pensando en ella como una densa masa anónima. A semejanza de Suaid, Baldi, Linacero y otros personajes onettianos de obras tempranas Brausen busca un mundo en que pueda integrarse por la vía de la imaginación. Pero a diferencia de los sueños de aquéllos el de Brausen orientará casi toda la narrativa posterior de Onetti hacia la ciudad que su imaginación ha ayudado a crear, Santa María.

Los adioses, la novela inmediatamente posterior a *La vida breve* es, dada la preeminencia de Santa María, una excepción. Tiene lugar en un pueblo serrano adónde ha. ido un ex-deportista. Cualquier ciudad serviría de contraste con el lugar montañés en que se encuentra el atleta; no se sabe si su propósito fue curarse o morirse. Sigue vistiéndose con su traje de ciudad, «... con corbata y sombrero, distinto, inconfundible...». (p. 11) La ropa le ayuda a mantener distancia entre su pasado y su enfermedad actual. Además, baja a la ciudad próxima para enviar sus cartas a la capital, aunque puede despacharlas fácilmente en el almacén del pueblo donde vive; es otro nexo con su pasado urbano. A semejanza del prisionero de «El obstáculo», la ciudad no es un lugar contaminado sino un lugar agradable por el hecho de servir de contraste con su situación actual.

Las otras referencias cosmopolitas en la narrativa onettiana siempre ocurren en contraposición con Santa María puesto que esta ciudad representa el nuevo eje de referencia. En *Para una tumba sin nombre*, Buenos Aires es el lugar adónde fueron Jorge Malabia y Tito Perotti para terminar sus estudios. Jorge compara a Buenos Aires con Santa María: —Pensaba en Buenos Aires, afuera y rodeándome, intentaba enumerar mis motivos de asco por la ciudad y las idiosincrasias de la gente que la ocupa. Esto, claro, sin olvidar una enumeración semejante para Santa María. (p. 191) Jorge no toma partido por ninguna de las dos ciudades. Buenos Aires también sirve de trasfondo a sus relaciones con Rita. Allí están los cuartos sucios en que viven, a pesar del dinero que los padres de Jorge le envían desde Santa María. Para Tito, Buenos Aires tampoco es un lugar muy deseable y prefiere quedarse en Santa María aunque ahí «... no se puede ser abogado en serio, no se pasa de procurador.» (p. 224)

En «Justo el treintaiuno», Frieda vive forzadamente en la ciudad de Montevideo después de haber sido expulsada de Santa María. El hombre que está con ella en vísperas del Año Nuevo mira la ciudad y anota las siguientes impresiones:

> Cuando toda la ciudad supo que había llegado por fin la medianoche yo estaba, solo y casi a oscuras, mirando el río y la luz del faro desde la frescura de la ventana mientras fumaba y volvía a empeñarme en buscar un recuerdo que me emocionara, un motivo para compadecerme y hacer reproches al mundo, contemplar con algún odio excitante las luces de la ciudad que avanzaban a mi izquierda. (p. 21)

La extrañeza entre el hombre y la ciudad es tan inmensa que no es capaz de emocionarse ante ella, ni aun instalado en el odio.

El cuento más recientemente escrito por Onetti, «Las mellizas», da énfasis al ambiente nocturno. El narrador se encuentra con dos prostitutas en un café a horas de madrugada. Describe su relación

con una de ellas denominada la «... primera y definitiva ...» (p. 32)
y decide acompañarla: «... a una amueblada sucia, de habitaciones
enormes y techos de yeso en relieve que imponían la soledad particular, que nos hacían inermes y exhibidos, que proclamaban con
prolongados ecos toda tentativa de intimidad.» (p. 34) Además de
la imagen de la noche, la preponderancia de lugares cerrados, sucios y carentes de emoción humana a lo largo de la narrativa onettiana es evidente. Semejantes lugares reflejan la situación de encierro
de los personajes, tanto en el orden físico como en el espiritual.
Se refuerza así la soledad que la noche misma le impone al hombre
que se haya atrapado.

El cuarto impersonal se contrasta con el calor humano de un
hogar familiar. En *La náusea,* el desarraigo de Roquentin también
se refleja en la falta de hogar. Su propio cuarto en el hotel de
Bouville, a pesar de que ha vivido allí tres años sólo sirve para
reforzar su condición de forastero en la ciudad. Cuando va a París
para visitar a su antigua novia Anny, lo que más le disgusta es la
impersonalidad de su cuarto de hotel. En sus reuniones anteriores
con Anny, ésta siempre había intentado recordar a través de los
objetos de su cuarto los momentos perfectos que habían pasado
juntos. Ahora él y Anny tienen que enfrentarse con la falsedad de
los instantes recordados con ternura pero ahora carentes de sentido.
El café tampoco contribuye a un sentimiento de calor humano y
aunque es un lugar público Roquentin siente igualmente la náusea
allí. Resulta ser otro lugar cerrado que sólo comprueba su aislamiento.

Esta imagen del lugar cerrado se destaca también en la obra teatral de Sartre dando título a la pieza *A puerta cerrada* que tiene
lugar en un cuarto en el propio infierno. Representa el extremo de
la clausura, pero, hacia el final de la obra los personajes tienen la
oportunidad de salir, no saben adónde dirigirse y todos optan por
permanecer allí. Esta idea de optar por un infierno se asemeja al
final escogido por Ossorio cuando elige la muerte al correr hacia el
centro de la ciudad.

En otra obra teatral de Sartre, *Los secuestrados de Altona,* la
imagen de encierro y clausura es también característica. El hermano
mayor, Frantz, no puede enfrentarse con los crímenes que había
cometido durante la guerra y decide vivir encerrado en su cuarto,
intentando con esto protegerse contra el mundo exterior. En sentido más amplio toda la familia Gerlach vive encerrada en la casa
familiar. La empresa de que el padre es jefe, pero sólo como títere,
también define el mundo cercado en que vive. La clausura se extiende también a la suegra Johanna como parte de la familia. Ella también se impone su propio encierro, a semejanza de Frantz, y prefiere instalarse en la mentira a enfrentarse con la vida tal como es.

En la narrativa onettiana la idea del encierro físico puede rastrearse en el caso del prisionero de «El obstáculo». El hecho de que esté cautivo hace que aun Buenos Aires parezca agradable puesto que sólo tiene presencia en su imaginación. Eladio Linacero también está «... solo y entre la mugre, encerrado en la pieza.» (p. 8) Aunque no vive literalmente debajo del suelo, como el hombre del subsuelo de Dostoevsky, su encierro resulta tener el mismo efecto. En vez de cristales la ventana está forrada de hojas de periódicos y por toda la novela Linacero se presenta como un hombre que vive en permanente ocultamiento.

La causa que la ciudad entera se convierta en una trampa que sea una cárcel puede ser tomado en un sentido literal o figurado y responde a un desajuste del hombre para con su medio. La ciudad no tiene por qué ser Buenos Aires puesto que no se trata de una ciudad en particular sino de un trastorno espiritual total. Martín Block, en *Hombres en soledad* de Manuel Gálvez, notó que sería el mismo atormentado en Europa como en Buenos Aires; lo que importa es el espíritu del hombre y no el lugar. En *Tierra de nadie* Llarvi está en un hotel de la ciudad de Rosario y por su propia falta de relación con el medio se siente atrapado: «'Estoy aquí en una ciudad cualquiera.' ... Era como estar en una casa cercada, en la trampa sin esperanza de huir.» (p. 120) La ciudad es indiferente a su obsesión de encontrar a la prostituta Labuk. En *Para esta noche,* la trampa puede ser una anticipación de la época peronista en Buenos Aires pero también puede referirse a los años de la guerra civil española como propone Jorge Ruffinelli y es probable que la ciudad nocturna sea Valencia.[8] Se amplía de esta manera la extensión del desajuste entre el hombre y su medio. Cualquier ciudad puede servirle de cárcel a Ossorio.

En el cuento «Regreso al sur» hay múltiples manifestaciones de lugares cerrados. La zona del sur de Buenos Aires, la zona extranjera que empieza en la calle Rivadavia y es la línea que marca la separación de la pareja formada por el tío Horcio y Perla. Horacio se niega a ir a la zona del sur porque Perla se trasladó allí después de abandonarlo. Perla regresa para verlo a Horacio en el momento de su muerte y luego inicia su regreso solitario al sur. La ciudad misma da énfasis a la separación entre esos dos seres y todo tiene lugar por la noche: la certidumbre de Horacio de que Perla lo había dejado, las reuniones en los cafés, la propia muerte del tío Horacio, el regreso de Perla y su reencuentro con el sur. Toda la ciudad es una cárcel cuyo microcosmos son los innumerables sitios en clau-

---

    8 Jorge Ruffinelli, «La ocultación de la historia en *Para esta noche* de Juan Carlos Onetti», *Nueva Narrativa Hispanoamericana* (Garden City, New York), Vol. III, N.º 2 (septiembre de 1973), pp. 145-150.

sura: la pensión de Horacio y la pieza de Perla —ambas sin presencia de calor humano— y los muchos cafés de los que parece componerse este Buenos Aires nocturno.

El escenario preferido de la obra onettiana a partir de *La vida breve* es Santa María dejando de ser la urbe de Buenos Aires. Se ha especulado mucho sobre la simbología del nombre Santa María y la posible localización geográfica de alguna ciudad real que haya servido de modelo. En una conversación con Onetti, Emir Rodríguez Monegal le pregunta si el origen del nombre Santa María está sacado del nombre original de Buenos Aires, Santa María del Buen Aire. Luego postula el crítico que, dados los viajes hechos por personajes onettianos entre las dos ciudades, Santa María sería más bien una ciudad compuesta de rasgos de otras ciudades también. A todo esto responde Onetti: «Tal vez. Pero todo esto no me importa.»[9] De acuerdo con la respuesta de Onetti, no importa intentar relacionarla con alguna realidad extraliteraria sino explorarla como ciudad y aun como país.

Se ha comparado a Santa María con el condado faulkneriano de Yoknapatawpha. Ambos lugares sirven de escenario y enlace a toda una serie de narraciones y además ambos autores repiten personajes en varias obras, lográndose así un sentido de continuidad que responde tanto a los lugares como a los personajes. Pero es necesario hacer también hincapié en las diferencias. El ciclo faulkneriano es rural; se trata de una región llena de historia y de tradiciones, la del sur de los Estados Unidos. Hay toda una genealogía faulkneriana; se trata de la presencia de varias generaciones familiares que concuerda con el ambiente tradicionalista. Por contraste, la narrativa onettiana es urbana y está localizada en la región rioplatense; se observa en su obra la falta de historia, de generaciones con geneología y aun de pasados individuales.

Santa María no representa el primer intento en la narrativa onettiana de evadirse del mundo insoportable hacia otro que quizá sea mejor, o por lo menos distinto. Suaid y Linacero pensaron en Alaska y el Yukon como posibles escapes. En *Tierra de nadie* el esfuerzo se amplía a la isla de Faruru soñada por Aránzuru. Es un paso hacia la creación de Santa María porque se trata de un lugar imaginario que es una visión agradable mantenida a lo largo de la novela como una alternativa a la ciudad agobiante. La idea de la isla surge de discusiones entre Aránzuru y el embalsamador Pablo Num. Aquel comparte su creación secreta con sus muchos conocidos a lo largo de la novela. Pero la isla no pasa de ser un sueño deseado; hasta llegan a dudar de su existencia misma.

---

[9] Emir Rodríguez Monegal, «Conversación con Juan Carlos Onetti», *Eco* (Bogotá), Tomo XX/5, N.º 119 (marzo de 1970), p. 452.

La creación de Santa María nace de un intento razonado y consciente por parte de Juan María Brausen y surge de la idea para un argumento cinematográfico que le había pedido Julio Stein, para quien trabaja Brausen. Al principio, no parece sobrepasar en importancia las evasiones intentadas sin éxito en obras anteriores. Brausen se acuerda de que «... había sido feliz allí, años antes, durante veinticuatro horas y sin motivo». (p. 18) Se suman otros recuerdos y circunstancias actuales: su esposa Gertrudis con una ampolla de morfina para atenuar el dolor que le había producido una operación en el pecho y el contrapunto de la Gertrudis joven de hace años en Montevideo. De ahí surge la historia de Díaz Grey, médico de Santa María que vende morfina y en cuyo consultorio está Elena Sala, en busca de la droga para sí misma y para su marido.

Poco a poco se desarrollan las características de la sociedad, de los habitantes y de los edificios de la ciudad de Santa María. Hay una inversión y hasta una fusión entre creador y creación. Brausen, en su disfrazada personalidad de Arce, protege a Ernesto, el que había matado a la prostituta de nombre Queca; lo hace porque piensa que él mismo había tenido deseo de matarla y el crimen entonces le pertenece. Los dos buscan refugio en aquel pueblo. La ciudad recibe así concretización geográfica, porque Brausen había comprado un mapa en el Automóvil Club en busca de la mejor ruta para llegar allí. Aún después de entrar en Santa María, Brausen sigue pensando en la ciudad como producto de su creación: «Todos eran míos, nacidos de mí, y les tuve lástima y amor; amé también, en los canteros de la plaza, cada paisaje desconocido de la tierra». (p. 267) Ahora la creación ya incluye al creador en su seno, o quizá los términos creador y creado no sean apropiados, puesto que lo que enfoca Brausen es una ciudad y gente que nacen maduras sin tener pasado explícito. Hay, además una escena al final de *La vida breve* que se enlaza con *Juntacadáveres,* una de sus novelas más recientes. Brausen la visualiza aunque no tiene nada que ver con ella. La creación sobrepasa los límites del control personal del creador. Santa María es, al final de *La vida breve* un lugar donde son posibles la felicidad y la salvación:

> Puedo alejarme tranquilo; cruzo la plazoleta y usted camina a mi lado, alcanzamos la esquina y remontamos la desierta calle arbolada, sin huir de nadie, sin buscar ningún encuentro, arrastrando un poco los pies, más por felicidad que por cansancio. (pp. 294-295)

La ubicación cronológica de *Juntacadáveres* en la historia de Santa María es imprecisa. Por una parte es contemporánea a la huida de Brausen a Santa María. La escena en la que Larsen y las prostitutas discuten en un café la orden del gobernador que los expulsa de Santa María corresponde casi exactamente a la escena que observa Brausen al final de *La vida breve*. Por otra parte, entre la publicación de ambas novelas Onetti escribió otras obras ubicadas en Santa María y que registran el desarrollo de la ciudad. Así, aunque no hay ninguna referencia en *Juntacadáveres* a Brausen como un personaje ya existente se tiene la impresión de que la novela se ubica en una época posterior. Surge en *Juntacadáveres* la presencia de la comunidad citadina como una fuerza en contra del prostíbulo que llega desde afuera. El papel de los sanmarianos como defensores de la moral convencional demuestra que Santa María ha empezado a contaminarse de las características del mundo exterior. Se continúa, así, la reacción burguesa contra todo elemento fuera de lo común que Bellán había descrito muchas décadas antes.

La Santa María salvadora vislumbrada al final de *La vida breve* está creciendo y evolucionando, destinada a contagiarse del mundo real que corrompe. En el cuento «El álbum» es una ciudad que ya tiene puerto, lo cual será el punto de partida para las situaciones que relacionan a Jorge Malabia con una extranjera. Pero por las actitudes convencionales de los sanmarianos, ya demostradas en *Juntacadáveres,* se parece más a un lugar provinciano que a una ciudad. Jorge se da cuenta de ello:

> Estaba seguro de que la mujer había sido rechazada o disuelta por la imbecilidad de Santa María simbolizada con exactitud por los artículos de mi padre: «Una verdadera afrenta, no trepidamos en decirlo, hecha por señores consejales a los austeros y abnegados laborantes de las colonias circunvecinas que han fecundado con su sudor, generación tras generación, la envidiable riqueza de que disfrutamos.» (pp. 82-83)

Se alude aquí a varias generaciones de sanmarianos. Esto comprueba la impresión registrada en *La vida breve* de que Santa María es una ciudad que nace madura, pero sin que jamás se explique su pasado.

Igual a Buenos Aires o a cualquier otra ciudad falta la tibieza de un hogar en Santa María y a pesar del reducido número de habitantes cuenta con los mismos elementos característicos que posee una ciudad populosa, aunque en grado menor: pensiones, hoteles, cafés. A Risso, por ejemplo, el protagonista de «El infierno tan temido» sólo le quedan memorias de un hogar y de su familia. Su segunda esposa lo había dejado, reemplazando así con un infierno de fotos obscenas lo que antes fue un hogar familiar. Risso está solo en la noche, como Linacero, Aránzuru y otros muchos personajes onettianos. El escenario descrito difiere únicamente en que el nombre de la ciudad es Santa María: «Afuera la noche estaba pesada y las ventanas abiertas de la ciudad mezclaban al misterioso lechoso del cielo los misterios de las vidas de los hombres, sus afanes y sus costumbres.» (p. 113)

Brausen ya forma parte de la historia sanmariana en la «Historia del Caballero de la Rosa y de la Virgen encinta que vino de Liliput». Se hace referencia a la casa donde vivía la pareja, «... frente a la plaza vieja, circular, o plaza Brausen, o plaza del Fundador.» (p. 61) En el cuento, además, se aluden a la ruina del astillero y a Villa Petrus, lugares que serán los escenarios más importantes en *El astillero*.

La Santa María de *El astillero* es una ciudad totalmente corupta y Larsen la denomina «... la ciudad maldita.» (p 164) Se ve su decrepitud en la descripción del último viaje de Larsen a la ciudad: «Atravesó el círculo helado de la plaza del Fundador y caminó hacia el centro por una calle de muros leprosos, cubiertos casi todos por la espuma de las enredaderas; una calle de parques y caserones de sombras y ausencias.» (p. 177) *El astillero* se desarrolla sólo cinco años después de que Larsen fue expulsado de Santa María a causa de la instalación del prostíbulo, fracasando así el brillante negocio. Pero Brausen ya es estatua: «Miró la estatua y su leyenda asombrosamente lacónica, BRAUSEN-FUNDADOR, chorreada de verdín.» (p. 166) De ahí parte esa noción de la posterioridad que corresponde a *Juntacadáveres* con respecto a *La vida breve*.

La Santa María de «La novia robada» demuestra el crecimiento de la ciudad y ahora también es un país. Lo nota el médico cuando pone en el certificado de fallecimiento de Moncha Insaurralde: «Lugar de defunción: Santa María Segunda Sección Judicial. ... Nombre del país en que nació: Santa María.» (p. 28) La nueva ciudad de Santa María tiene carreteras excelentes como cualquier gran metrópoli. Los viejos sanmarianos echan de menos la ciudad del pasado: «Dentro de la ciudad que alzaba cada día un muro, tan superior y ajeno a nosotros —los viejos— de cemento o cristal, nos empeñamos en negar el tiempo, en fingir, creer la existencia estática de aquella Santa María que vimos, paseamos.» (p. 22)

Santa María importa poco en términos del esquema mundial. En «Matías el telegrafista» se describe una nueva línea de comunicación telefónica entre la América del Sur y Alemania. Se observa lo poco que cuenta Santa María por la manera casi cómica de describir la llamada de Matías a su supuesta novia habitante de esta ciudad. Jacob van Oppen, el boxeador alemán de «Jacob y el otro» que ha luchado por todo el mundo se encuentra ahora en Santa María. Lo ve como: «... un pueblito pequeño de Sudamérica que sólo tiene nombre porque alguien quiso cumplir con la costumbre de bautizar cualquier montón de casas.» (p. 205) Esta impresión peyorativa de Santa María no se limita a los que son extranjeros en la ciudad. Augusto Goerdel de *La muerte y la niña* es natural de la colonia cercana a Santa María. Vive ahora en Alemania, pero ha vuelto a Santa María por algunas semanas. La ciudad le parece poca cosa: «... lo que persisten en llamar ciudad, y sólo es un poblado del siglo dieciséis, y por los que tal vez sigan destripando terrones en la colonia que ya no es ni suiza ni alemana.» (p. 127) Lejos de la salvación ideal soñada por Brausen, es sólo una de miles de Santa Marías, algunas «... enormes en gente y territorio, o pequeñas como ésta que me había tocado la suerte.» (p. 118)

Se confirma que Santa María se ha contaminado de la corrosión de todo lo humano en un fragmento de la última novela aún no publicada de Onetti. Carner y Barrientos hablan de Santa María:

> —¿Usted cree que Santa María es un asco de ciudad? A veces se me ocurre.
> —No sé, comisario. No tengo mucho para comparar. Para mí debe ser como todas.[10]

El sueño que dio origen a Santa María se ha teñido de pesadilla. Se observan en Santa María todos los problemas y todas las tragedias que acosan al ser humano en cualquier parte de la tierra.

Aunque Onetti ha rechazado la llamada ética existencialista propuesta por Sartre existe a lo largo de su propia obra un interés por la desintegración de los valores políticos, patrióticos y nacionales. No se imputa ninguna crítica explícita ni intento alguno de escribir propaganda. Más bien es una extensión de la preocupación por la relación entre el hombre y su medio al nivel nacional y continental, tanto como un ahondamiento en lo individual. El ambiente moral no importa menos que el físico.

Al enfocar el nivel nacional se ve lo patriótico en términos bastante negativos. No es una falta de preocupación sino más bien el darse cuenta del vacío espiritual que reemplaza los posibles sueños anteriores. Onetti, en una entrevista, ha enfocado la realidad uruguaya del siguiente modo:

> J. C. O.: —Ahora que no lo veo como una búsqueda de nacionalidad. No creo que existe una nacionalidad uruguaya, sólo existe en los partidos de fútbol ... .
> Aparte de esto, viví la mitad de mi vida en Buenos Aires. ... no sería bueno que la gente de aquí se formara una imagen del argentino pensando en el porteño. No, no, la gente de provincias en Argentina es otra gente.

[10] Juan Carlos Onetti, «Mercado viejo», *Acción* (Montevideo), N.° 6.606 (10 de diciembre de 1967), p. 8.

J. C. O.: —Pero se te preguntas por la psicología del uruguayo. Es una cosa que me hace pensar en «el hombre que está solo
y espera», en esa cosa de frustración, de espiritualismo: es decir,
el uruguayo es un tipo que vive muy para dentro en general.[11]

La diferencia apuntada por Onetti entre los porteños y los demás
argentinos explica la contraposición de Santa María con relación a
Buenos Aires. Además, su análisis de la carencia de una nacionalidad uruguaya ayuda a explicar la falta de compromiso, por parte
de sus personajes, con cualquier causa exterior.

Ya desde *El pozo* se notaba la falta de interés en los proyectos
solidarios que caracterizara a los personajes onettianos. Lázaro al
observar la indiferencia de su compañero Linacero lo llama fracasado. Pero Linacero reflexiona:

> Fuera de todo esto, que no cuenta para nada, ¿qué se puede
> hacer en este país? Nada, ni dejarse engañar. Si uno fuera una
> bestia rubia, acaso comprendiera a Hitler. Hay posibilidades para
> una fe en Alemania; existe un antiguo pasado y un futuro, cual-
> quiera que sea. Si uno fuera un voluntarioso imbécil se dejaría
> ganar sin esfuerzos por la nueva mística germana. ¿Pero aquí?
> Detrás de nosotros no hay nada. Un gaucho, dos gauchos, treinta
> y tres gauchos. (p. 42)

Linacero es un habitante de la ciudad y sus raíces no son las regio-
nales, las del gaucho, pero tampoco encuentra otras que sean propiamente suyas. Puesto que no hay identificación posible con el
ambiente urbano se queda sin pasado, sin raíces. Hay en la cita
anterior, además de las referencias nacionales, reflexiones sobre la
situación internacional en vísperas de la Segunda Guerra Mundial.
Para Linacero el nazismo es algo exterior que sólo está en las
noticias periodísticas y en la radio y por lo tanto no llega a con-
moverlo.

El contraste entre América y Europa y la posibilidad de una
identificación americana son asuntos que se someten a discusión en
Tierra de nadie. En el Prólogo a la primera edición, Onetti hace
hincapié en la semejanza entre la joven generación americana actual,
la de los años cuarenta, y la generación anterior europea. La falta
de identificación sirve de enlace. Los personajes de la novela se
enfocan a sí mismos como seres indiferentes: —Acaso sea éste el
único pueblo de la tierra que no tiene fe y no cree en la inmortalidad. (p. 87) Mano a mano con la falta de una identificación americana es el verlo todo con criterio europeo. La razón, como se ex-

11 «De cómo Juan Carlos Onetti y Carlos Martínez Moreno se entrevistaron mutuamente en el nido de Cormorán», *Cormorán* (Santiago de Chile),
Año I, N.° 7 (abril de 1970), p. 10.

plica, es que «... quisiéramos ser una prolongación de Europa.» (p. 130)

También en sus artículos periodísticos, Onetti critica la disgregación de todo valor americano. Dice que la importación de lo europeo debe limitarse a «... lo que no tenemos —técnica, oficio, seriedad. Pero nada más que esto. Aplicar estas reglas a nuestra realidad y confiar en que el resto nos será dado por añadidura.»[12] En otro artículo Onetti nota que la desvaloración de lo propio lo ha convertido en «... un pueblo con espíritu de velorio. Adoptemos una filosofía adecuada y reconozcamos que 'no somos nada'.»[13]

En el Prólogo a la primera edición de *Para esta noche,* Onetti confesó que: «Este libro se escribió por la necesidad —satisfecha en forma mezquina y no comprometedora— de participar en dolores, angustias y heroísmos ajenos. Es, pues, un cínico intento de liberación.» (p. 7) La necesidad de buscar semejante participación vicaria implica la falta de estas emociones en lo rioplatense. Si se acepta la interpretación de Ruffinelli de que la situación descrita en *Para esta noche* es la de la Guerra Civil Española, se hace patente la distancia entre el hombre rioplatense y los sucesos que determinarán el futuro del mundo. Esta idea concuerda con la óptica de Eladio Linacero con respecto de la Segunda Guerra Mundial. El personaje onettiano no sólo está en desajuste con su propio ambiente sino también con lo que sucede en un nivel más amplio, en lo continental y lo mundial.

En su narrativa, la posterior a la Segunda Guerra Mundial Onetti se ciñe más a la problemática de su propio país. En *Juntacadáveres,* Díaz Grey recuerda que: «Era allá por el tiempo del golpe de estado.» (p. 97) Las referencias a la nación son mucho más amplias en *El astillero,* por lo menos según David Gallagher. Dice que el astillero es un símbolo de la decadencia del Uruguay.[14] El propio Onetti ha negado cualquier interpretación alegórica, prefiriendo enfocar la historia en términos del caso particular de Larsen.[15] De todas formas se pinta en *El astillero* una situación de indudable

[12] Juan Carlos Onetti, «La piedra en el charco», *Marcha* (Montevideo), Año I, N.° 10, *op. cit.,* p. 2.

[13] Juan Carlos Onetti, «¡Ay de los tibios!», *Marcha* (Montevideo), Año III, N.° 86 (28 de febrero de 1941), p. 5. [Firmado: «Grucho Marx».]

[14] David Gallagher, «The Exact Shade of Gray: *The Shipyard,* by Juan Carlos Onetti», *The New York Times Book Review* (New York), Vol. LXXIII, N.° 24 (june 16, 1968), pp. 4-5.

[15] Véanse, por ejemplo: Rodríguez Monegal, «Conversación...», *op. cit.,* pp. 463-464; «De cómo Juan Carlos Onetti y Carlos Martínez Moreno...», *op. cit.,* p. 8; «Juan Carlos Onetti: 'Un acto de amor' (Cuestionario)», *Crisis* (Buenos Aires), Año I, N.° 2 (junio de 1973), pp. 30-31. [Contestación a un reportaje anónimo.]

decrepitud en la que toda idea de nacionalismo se ha quedado muy rezagado.

La situación política en el Uruguay ha llegado a tener, el año pasado, un valor personal de testimonio en la vida del propio Onetti. Por haber formado parte de cierto juicio literario a que el gobierno no miró con favor, Onetti fue encarcelado. Así, si lo quería o no en su narrativa, en su vida real, Onetti testimonia la corrupción de ciertos aspectos de la situación uruguaya actual.[16]

En un artículo periodístico alude Onetti a «... Santa María, desde donde escribo, país subdesarrollado ... .»[17] Se encuentra la descripción más completa del país denominado Santa María en la última novela publicada por Onetti, *La muerte y la niña*. Ya se ha apuntado el reparo de Goerdel, a su vuelta de Alemania. Díaz Grey también llega a caracterizar el estado de Santa María cuando observa a Jorge Malabia, ya adulto:

> En otro orden decreciente, Jorge estaba aprendiendo a ser imbécil. Ahora tenía dos automóviles pero insistía en el uso del caballo semi árabe, en la evidencia del revólver para transmitir las noticias que juzgaba importantes. Tal vez se sentía, así, más gaucho y nacional. (p. 54)

Se confirma aquí lo que afirmó Linacero en *El pozo* hace tantos años. Lo gauchesco es el único modo de demostrar el nacionalismo, puesto que no se han desarrollado símbolos patrióticos de la sociedad urbana. Pero lo gauchesco ya no sirve y el hombre por consecuencia permanece sin raíces que lo sostengan.

La desintegración de valores se extiende también al nivel trascendental. Se trata de un mundo en el que la fe religiosa ya no

---

[16] Los siguientes artículos apuntan la situación actual uruguaya y el caso particular de Juan Carlos Onetti: Anónimo, «Uruguay, in Decline, Awaits Full Military Take-Over», *The New York Times* (New York), Vol. CXXIII, N.° 42.417 (March 13, 1974), p. 2. Anónimo, «El caso Onetti», *Cosmos* (Xalapa, México), N.° 7 (1974), pp. 1-7. Marilyn Frankenthaler, «On the Fate of a Novelist: To the Editor», *The New York Times* (New York), Vol. CXXIII, N.° 42.416 (March 12, 1974), p. 36. Albin Krebs, «Notes on People», *The New York Times* (New York), Vol. CXXIII, N.° 42.490 (May 25, 1974), p. 23. Suzanne Jill Levine, «Last Battle for a Free Press in Uruguay», *The New York Times Books Review* (New York), Vol. CXXIII, N.° 42.477 (May 12, 1974), p. 47. Emir Rodríguez Monegal, «On the Fate of a Novelist: To the Editor», *The New York Times* (New York), Vol. CXXIII, N.° 42.416 (March 12, 1974), p. 36. Emir Rodríguez Monegal and Seventeen Others, «Suppression in Uruguay: To the Editors», *The New York Review of Books* (New York), Vol. XXI, N.° 5 (April 4, 1974), p. 23. Maurice Schoijet, «Suppression in Uruguay: To the Editors», *The New York Review of Books* (New York), Vol. XXI, N.° 5 (April 4, 1974), p. 23.

[17] Juan Carlos Onetti, «Usted perdone, Guevara», *Marcha* (Montevideo), Año XXX, N.° 1420 (11 de octubre de 1968), p. 31.

responde a las necesidades espirituales del hombre. En la narrativa de Roberto Arlt se echa de menos a Dios en una forma mucho más consciente. Se asemeja a la búsqueda torturada de Kierkegaard o de Unamuno. Del mismo modo que la angustia arltiana se convierte en resignación en los personajes onettianos, la añoranza arltiana de Dios evoluciona a la ausencia de toda fe en el consuelo religioso en la narrativa de Onetti. El Astrólogo de *Los siete locos,* por ejemplo, vocifera su deseo por dioses supercivilizados. El hombre onettiano, por contraste, amplía su indiferencia ante la vida urbana y nacional hasta un exilio total de Dios. En una entrevista, Onetti explica la necesidad del hombre de aliviar la desolación que le causa la ausencia de Dios. Estima que: «... la pérdida del sentido a causa del alcohol, o a causa de estar escriibendo casi obsesivamente o en el momento en que se hace el amor, son hechos religiosos. La vida religiosa —en sentido más amplio— es la forma que uno quiere darle a la vida.»[18] Pero pocas veces el personaje onettiano llega al goce necesario para una especie de vida religiosa.

Según Sartre, el hombre está condenado a ser libre porque no hay valores divinos o superiores que rijan su conducta: «Este es el punto de partida del existencialismo. En efecto, todo está permitido si Dios no existe y en consecuencia el hombre está abandonado, porque no encuentra ni en sí ni fuera de sí una posibilidad de aferrarse.»[19] Queda implícita en esta libertad la responsabilidad de crear otros valores. El hombre onettiano difiere del que postula Sartre en que carece de la libertad y de la voluntad necesarias para la creación de nuevos valores. Además, Sartre habla aquí en términos filosóficos. Los personajes onettianos, como entes de ficción, expresan la ausencia del elemento religioso por medio de sus actos.

En *Tierra de nadie,* Casal caracteriza el nihilismo americano: —Un continente sin fe. Aceptar la muerte como un fin, el fin, la liquidación, el no hay más. Y comprender lo que esto tiene de espiritual, cuán por encima está de la inmortalidad. (p. 130) Aránzuru también repara en Dios y en el infinito: —Son cosas ajenas a nosotros. (p. 147)

Juan María Brausen, en *La vida breve,* siente la inutilidad de su propia existencia mezquina en la ciudad. Solo, de noche, oye las campanas de una iglesia. Pero lo religioso no le daría consuelo y se aleja: «... de la conservación, de la maniática tarea de construir eternidades con elementos hechos de fugacidad, tránsito y olvido.» (p. 73) Hay un elemento explícitamente religioso en la novela,

---

[18] «Juan Carlos Onetti», *Imagen* (Caracas), N.º 6 (1-15 de agosto de 1967), p. 4. [Contestación a un reportaje anónimo.]

[19] Jean-Paul Sartre, «El existencialismo es un humanismo», Traducción de Victoria Prati de Fernández, *Sur* (Buenos Aires), Año XVI, N.º 147-148-149 (enero-febrero-marzo de 1947), p. 255.

la visita de Díaz Grey y Elena Sala al obispo de La Sierra. Brausen afirma que hasta hoy no ha logrado comprender del todo su discurso. El obispo dice:

—Sólo el Señor es eterno. ... No lo ofrezco a los hombres. Blasfemia y absurdo: un Dios con memoria e imaginación, un Dios que puede ser conquistado y comprendido. Y este mismo Dios, esta horrible caricatura de la divinidad, retrocedería dos pasos por cada uno que avanzara el hombre. (p. 199)

El Dios trazado aquí es semejante al que describe Karl Jaspers. No se pueden atribuirle valores humanos porque es distante e incomprensible en sus términos para que el hombre pueda concebirlo.[20] Este Dios jamás le serviría de consuelo en sus preocupaciones mundiales y carece de significación posible para el hombre.

Hay en *La vida breve* otro concepto de Dios distinto, pero en cierto sentido paralelo al Dios tradicional. Es la relación entre creador y creación. A lo largo de la novela, Brausen piensa como toda la existencia de Santa María depende de él. Aunque lo creado se independiza del creador, en obras posteriores se repite la terminología de Bruasen-fundador-creador. Hasta se llegará a hablar de Dios-Brausen.

El nombre de Santa María tiene aparentes resonancias religiosas. La pureza con que la Virgen engendró a Jesucristo se extiende un poco a la ciudad del mismo nombre en la esperanza inicial de la salvación que acompaña la introducción de la ciudad en la narrativa onettiana. Pero aun en *La vida breve* se ve una indicación de que Santa María se corrompe de la realidad. Cuando se discute quién tiene la culpa en la clausura del prostíbulo, un viejo —que en *Juntacadáveres* resulta ser Lanza— dice: —Pero señora, no sólo del cura es la culpa. El airado sacerdote obedece al espíritu de esta ciudad donde por nuestros pecados estamos. (*La vida breve*, p. 273) Este relajamiento que sufre Santa María rememora en cierta forma la Sodoma bíblica.

Hay otro paralelo religioso en la «Historia del Caballero de la Rosa y de la Virgen encinta que vino de Liliput». El título alude a la supuesta semejanza con la historia del nacimiento de Cristo. Además, se puede pensar en las peregrinaciones de la pareja y el desprecio del pueblo sanmariano por los dos personajes. Pero nunca se sabe nada del niño nacido; únicamente lo conocemos como un feto grotesco que la llamada Virgen espera desde hace once meses. En un acercamiento a este cuento hay que tener presente el elemento humorístico que lo distingue del resto de la producción

---

[20] Karl Jaspers, *Von der Wahrheit* (Munich: R. Piper, 1947), pp. 1049-1050, citado en Wallraff, *op. cit.*, p. 22.

onettiana. Existe una observación interesante sobre cómo Dios hubiera ordenado el testamento de doña Mina. El perro de ésta heredó todo su dinero en vez de la pareja que la había cuidado. Especula un sanmariano: «Pero cuando pensamos a Dios nos pensamos a nosotros mismos. Y el Dios que yo puedo pensar —insisto en que dediqué mucho tiempo al problema— no hubiera hecho mejor las cosas ...». (p. 76)

La ausencia de Dios es patente al final de *La cara de la desgracia.* El protagonista es acusado injustamente de haber dado muerte a la muchacha que le dio tanta felicidad la noche anterior. Para el hombre, la acusación carece totalmente de sentido. Entonces le pregunta al policía si cree en Dios y éste no le responde directamente sino con otra pregunta: si el hombre sabía que la muchacha era sorda. Cuando el hombre vuelve a insistir en su pregunta el policía no hace más que mirarlo con una expresión que va de una sonrisa a una mueca. El silencio del policía sobre su creencia en Dios testimonia, por extensión, la falta de participación de Dios en los asuntos humanos. De la misma manera la sordera de la muchacha sólo revela el malentendido que resulta de todo esfuerzo de comunicación entre dos seres humanos.

En *El extranjero* de Albert Camus se encuentra semejante falta de importancia de Dios en los sucesos humanos. Meursault había matado a un árabe y en el interrogatorio se le da el apodo de «señor Anticristo» porque responde que no cree en Dios.[21] Ya condenado por su crimen, Meursault se niega tres veces a ver al capellán. Sin embargo cuando éste por fin logra verlo, no puede convencerlo de que la justicia que importa es la de Dios, porque Meursault no ve más allá de la justicia de los hombres, la que lo había condenado. El capellán tampoco puede hablarle de otra vida porque Meursault afirma no querer otra existencia más que desearía ser rico o tener un aspecto físico distinto. Si las explicaciones en *El mito de Sísifo* de Camus valen para Meursault no se está negando la existencia misma de Dios, lo cual sería una afirmación; más bien se niega el enlace entre Dios y los sucesos mundanales que le importan al hombre. Dice Camus: «Lo absurdo, que es el estado metafísico del hombre consciente, no lleva a Dios. Quizá se aclara si aventuro esta enormidad: lo absurdo es el pecado sin Dios.»[22] Meursault es el hombre absurdo en el sentido de que no ve relación alguna entre el hombre y un concepto de divinidad. Dios, igual que al final de *La cara de la desgracia,* está ajeno a las preocupaciones humanas.

---

[21] Albert Camus, *El extranjero,* Traducción de Bonifacio de Carril, 29.ª ed. (Buenos Aires: Emecé Editores, S. A., 1973), p. 104.

[22] Albert Camus, *El mito de Sísifo,* Traducción de Luis Echávarri, 7.ª ed. (Buenos Aires: Editorial Losada, S. A., 1973), p. 50.

Algunos personajes onettianos guardan el rito religioso de concurrir a la iglesia. La religiosidad de los sanmarianos, al escuchar las advertencias del cura Bergner cuando predica contra el prostíbulo en *Juntacadáveres,* destaca la crítica de su convencionalidad tradicionalista, cerrada a todo elemento extranjero. Frieda, en «Justo el treintaiuno», se hunde en los vicios de lunes a sábado, pero «... se mostraba más católica cada domingo ...». (p. 221) Jacob van Oppen es quizá el único personaje onettiano que reza con fervor. Pero su motivo es bastante terrenal. Lo que desea es una lucha verdadera.

Brausen, hombre real en *La vida breve,* ha pasado a la historia sanmariana sólo como una simple estatua en la plaza. Pero también existió el Brausen creador omnipotente. En esta forma se vuelve a insistir la presencia de Brausen en la narrativa onettiana, como Dios-Brausen. En «La novia robada» se refiere a la aceptación de la locura de Moncha Insaurralde por la comunidad sanmariana. Se dice: «Dios, Brausen, nos perdone.» (p. 17) Pero Dios es tan mudo en los asuntos humanos como Brausen estatua de la plaza. El papel de Dios-Brausen puede compararse con el de Dios en la creación de nuestro mundo que no reconoce con posterioridad a su propia creación. No puede controlar que pequen los hombres. En el mundo onettiano, Brausen permanece mudo. Hasta no reconoce la escena del café cuando se van Larsen y las prostitutas.

Brausen ha sobrepasado los límites de Santa María en *La muerte y la niña.* Se habla de «... Padre Brausen que estás en la nada ...». (p. 10) Hay muchas referencias a Brausen que hacen pensarlo como Dios:

> ... por voluntad de Brausen. (p. 32)
> ... como diría tu pariente Bergner: que Brausen te perdone. (p. 69)
> ... Nuestro Señor Brausen había accedido a dirigir su luz sobre el Padre Bergner. (pp. 105-106)

Por primera vez en la narrativa de Onetti los problemas de raíz religiosa y moral juegan un papel principal. Al principio de la novela se recuerda la niñez de Augusto Goerdel que «... creyó en la oportunidad y la buena suerte» (p. 35), por contraste con el cura Bergner que se fio de la inspiración divina. Pero Goerdel guarda, por lo menos, las leyes religiosas. Hay un problema serio cuando se averigua que su esposa Helga Hauser morirá si tiene a otro niño. Díaz Grey comenta que Goerdel no puede «... alquilar una prostituta porque eso significaría pecar contra Brausen.» (p. 13) Pero Helga tiene a otro niño y muere en el parto. Goerdel desea comprobar que no era responsable, echando la culpa a un amante de

Helga. Para apoyar su declaración de inocencia le entrega a Díaz Grey unas cartas. Al irse Goerdel Díaz Grey piensa: «La voz apagada se adhería al discurso autómata que había traído, también para mí, la voz cómplice del crepúsculo que empezaba a devorar la luz de todos los días que nos repetía Brausen, Juan María, casi Junta para los ateos.» (p. 121) En sentido tradicional Brausen como Dios se encarga de la luz de todos los días. La asociación entre Junta y los ateos tiene un paralelo en la falta de relación entre el hombre y Dios en la vida terrenal. Se puede pensar, específicamente, en el episodio en el café cuando Brausen no tiene nada que ver con la situación de Junta Larsen y las prostitutas.

Algunas de estas referencias a Dios-Brausen parecen una parodia cínica a la religión como tal. En obras anteriores se notó, por ejemplo, el aspecto cómico de la «Historia del Caballero de la Rosa y de la Virgen encinta que vino de Liliput». En *El astillero,* la estatua de Brausen estaba cubierta de verdín, un símbolo del desengaño de Larsen con toda la ciudad de Santa María. En *La muerte y la niña* la estatua del jinete Brausen comienza a «... insinuar rasgos vacunos. ... La dureza de bronce no mostraba signo alguno de formación de cuernos: sólo una placidez de vaca solitaria y rumiante.» (p. 50) Esta conversión del caballo en vaca nos hace pensar en otra parodia, esta vez de las estatuas religiosas. El símbolo vacuno también tendrá importancia en la vida de Goerdel. Nacido en la Colonia cerca de Santa María su obsesión de niño fue la de escaparse del olor vacuno, símbolo de la miseria de la vida allí. En cuanto a la muerte de su esposa, su única defensa contra la culpabilidad que lo achacan es el de haber sido cornudo.

La religión no tiene una función de salvación para el personaje onettiano, como tampoco la tenían los valores nacionales, continentales o la relación con el medio urbano. Sólo resta considerar lo que pudiera tener valor en el plano individual: la razón, el conocimiento, la verdad y la ética. Los existencialistas no niegan la existencia de la razón, pero reconocen la inutilidad de ella. El personaje sartreano no encuentra sentido alguno en el mundo. Roquentin, por ejemplo, siente la náusea al enfrentarse con la existencia totalmente contingente y bruta. El Sísifo de Camus encuentra lo absurdo en la relación entre el hombre y el mundo; la razón es insuficiente para explicarla.

Además de la eficacia de la razón, los existencialistas rechazan el conocimiento objetivo. Optan por el conocimiento subjetivo, la búsqueda individual de la verdad. Karl Jaspers coincide con Kierkegaard al concebir la verdad como una subjetividad: «No es, pues, una verdad objetiva y material, sino una sinceridad subjetiva y personal. Cada modo del comprendente tiene su propia verdad.»[23] Al final de *La náusea,* Roguentin se da cuenta de que cada individuo debe encontrar su propia verdad. Abandona la biografía del señor de Rollebon porque le parece trabajar con lo muerto, una vida ajena en la que le es imposible penetrar. Decide escribir otro libro en el que enfocará su propia vida. Esto resulta ser un truco de Sartre, porque este otro libro es precisamente el que se está leyendo, *La náusea.*

Onetti utiliza la técnica del punto de vista para comunicar la naturaleza subjetiva de la verdad y del conocimiento. El narrador no registra datos objetivos; más bien describe su propia impresión de los sucesos. El narrador arltiano de *Los siete locos* y *Los lanzallamas,* a semejanza del narrador subjetivo onettiano, presenta su versión de lo que le había comunicado Erdosain sobre lo acontecido. En la obra de Onetti se amplía esta noción hasta que se mina la idea misma de la verdad y aun de la existencia de la realidad. Linacero, en *El pozo,* le proporciona al lector únicamente aquellos sucesos o sueños que juzga más importantes en su intento por narrar la historia de un alma sola. Su confesión es necesariamente subjetiva.

La presencia de varios narradores, que reflejan distintos puntos de vista es otra manera de asentar la relatividad de la verdad. La novela *Tierra de nadie* está dividida en muchos fragmentos casi sin conexiones entre sí. Se presentan varios puntos de vista: Aránzuru sueña con la isla; Llarvi intenta el autoconocimiento y estampa sus esfuerzos en un diario. En *Para esta noche* hay también varios puntos de vista. Aquí se enfoca un mismo suceso. De esta manera se descarta aún más la posible existencia de una única verdad.

En *La vida breve* se pone en duda la realidad misma. Brausen vive varias vidas, fingidas o imaginadas. Escoge estas existencias en un intento por salvarse. Como creador, Brausen engendra un mundo en el que él mismo participa como habitante. Esta opción le da la misma libertad de un narrador que escoge lo que va a contar. Díaz Grey representa hasta cierto punto la deseada existencia de Brausen. En obras posteriores Díaz Grey se convierte en un ente distinto de su creador. A veces es un narrador-testigo que da su propia versión de los sucesos. En otras obras es un narrador explícito o implícito. En la «Historia del Caballero de la Rosa y de la Virgen encinta que vino de Liliput», por ejemplo, Díaz Grey especula sobre las razones por las que Specht había alejado a la pareja de su casa:

---

[23] Joseph Lenz, *El moderno existencialismo alemán y francés,* Traducción de José Pérez Rioseco (Madrid: Editorial Gredos, 1955), pp. 39 y 52-53.

Los echó porque se habían emborrachado; porque encontró al muchacho abrazado a la señora Specht; porque le robaron un juego de cucharas de plata que tenían grabados los escudos de los cantones suizos; porque el vestido de la pequeña era indecente en un pecho y en una rodilla; porque al fin de la fiesta bailaron juntos como marineros, como cómicos, como negros, como prostitutas. (p. 62)

Mucho antes de la exposición del concepto del lector-cómplice por Morelli, portavoz de Julio Cortázar en *Rayuela,* el lector onettiano tenía la opción y hasta la obligación de elegir entre varias posibles verdades, aunque sabía que ninguna sería definitiva o segura.

En *Los adioses,* todo conocimiento de los sucesos depende del almacenero. Es el narrador-testigo quien relata con la excepción de ciertos detalles que le proporcionan a él algunos personajes secundarios. A través de las observaciones del almacenero el lector sigue la historia del ocaso del atleta y de las dos mujeres con quienes sostiene relaciones. Hacia el final el almacenero viola unas cartas personales que no había querido entregar al deportista. Averigua, al leerlas que la muchacha no es amante del deportista sino su hija y que la otra mujer se siente intrusa en la relación entre ellos. El lector, igual al almacenero, siente vergüenza por haber participado en la creencia de relaciones anormales cuando en realidad se trata de una historia de devoción filial y amor de una mujer —probablemente su segunda esposa. Pero, poco después, el narrador afirma que no tenía importancia el lazo que unía al hombre con la muchacha, aun si hubiera interpretado mal la carta. De este modo, echa un espectro de duda sobre lo que había parecido la verdad por fin averiguada. El almacenero se siente en control del destino de los otros: «Me sentí lleno de poder, como si el hombre y la muchacha, y también la mujer grande y el niño, hubieran nacido de mi voluntad para vivir lo que yo había determinado.» (p. 70) Brausen asienta semejante impresión cuando llega a Santa María y piensa que todo eso fue su creación.

En *Para una tumba sin nombre* las dudas sobre lo que es la verdad someten a duda la existencia misma de los sucesos referidos. Díaz Grey intenta indagar la historia completa de Rita y el chivo. Se averigua, indirectamente, una participación de los acontecimientos de Godoy, el comisionista. Luego Jorge Malabia le narra a Díaz Grey; comenta que la mujer enterrada —la que había suscitado la curiosidad de Díaz Grey— no fue Rita sino una prima suya. Afirma que Rita había muerto antes. Cuando Tito, amigo de Jorge, cuenta otras partes de la historia, dice que la enterrada sí fue Rita. Al final, Jorge afirma que todo fue mentira:

—Tito y yo inventamos el cuento por la simple curiosidad de saber qué era posible construir con lo poco que teníamos: una mujer que era dueña de un cabrón rengo, que murió, que había sido sirvienta en casa y me hizo llamar para pedirme dinero. ... La dejamos así, como una historia que inventamos entre nosotros, incluyéndolo a usted. (p. 233)

Tito duda de la veracidad de lo afirmado por Jorge cuando le escribe a Díaz Grey desde Buenos Aires, contándole que había conocido a Ambrosio, un amante anterior de Rita. Así, la novela termina con un gran signo de interrogación.

La historia de Augusto Goerdel, en *La muerte y la niña* también sugiere muchas posibles variantes de la verdad. Al volver de Alemania trae cartas que parecen confirmar que sí había sido engañado por su mujer, pero que no era responsable de la muerte de ella. Díaz Grey y Jorge Malabia miran las cartas y descubren la imposibilidad de determinar la antigüedad de lo escrito porque eran fotocopias. Además, el estilo de cada carta es idéntica: grosera y pornográfica. La verdad queda pendiente de la especulación, sin comprobación posible.

John Deredita señala que Faulkner es un antecedente de Onetti respecto a la técnica del «... relator limitado y no fiable ...».[24] Pero al considerar la ética y la moral hay que señalar una diferencia entre el norteamericano y el uruguayo. Faulkner describe la decadencia moral del mundo sureño de los Estados Unidos. En el mundo de Onetti no existe ninguna huella de tradición unificadora del tipo faulkneriano, ni siquiera se habla de una contra-sociedad como en la narrativa de Arlt, sino de un mundo en que cualquier moral —inclusive la burguesa— ha dejado de tener vigencia.

Los filósofos existencialistas afirman que los únicos valores son los que crea el hombre mismo. Sartre se refiere a la invención necesaria de valores en su artículo «El existencialismo es un humanismo»: ... decir que nosotros inventamos los valores no significa más que esto: la vida, a priori, no tiene sentido. Antes de que ustedes vivan, la vida no es nada: les corresponde a ustedes darle un sentido ...».[25] El hombre postulado por los existencialistas debe proyectarse hacia el futuro creando sus propios modelos. Sartre también le reprocha a Gide la elección caprichosa, el acto gratuito. A este respecto, el hombre onettiano guarda más semejanza con el de Gide que con el de Sartre. No logra vislumbrar valores que juzgue pertinentes ni los crea conscientemente. Su moral es la del momento, la de la situación en que por casualidad se encuentra.

[24] John Deredita, «El lenguaje de la desintegración: Notas sobre *El astillero* de Onetti», *Revista Iberoamericana* (Pittsburgh), Vol. XXXVII, N.° 76-77 (julio-diciembre de 1971), p. 654.
[25] Sartre, «El existencialismo es...», *op. cit.*, p. 272.

En contraste con la teoría de Sartre, el Meursault de Camus se aproxima a la inconciencia del hombre onettiano. En el interrogatorio, cuando le preguntaron por qué había matado al árabe, podía contestar que lo había hecho en defensa de sí mismo —puesto que el árabe tenía cuchillo y era capaz de matarlo a él. Sin embargo, dijo que el resplandor del sol lo había provocado. Meursault no ve motivos que expliquen los actos porque, para él, simplemente no existen. Camus aclara esta actitud en *El mito de Sísifo:* «Lo absurdo no recomienda el crimen, eso sería pueril, pero restituye al remordimiento su inutilidad. Del mismo modo, si todas las experiencias son indiferentes, la del deber es tan legítima como cualquier otra.»[26]

En el Prólogo a *Tierra de nadie,* la falta de una ética se generaliza hasta incluir toda la generación contemporánea de los años cuarenta:

> Pinto un grupo de gentes que aunque pueden parecer exóticas en Buenos Aires son, en realidad, representativas de una generación; generación que, a mi juicio, reproduce veinte años después la europea de la posguerra. Los viejos valores morales fueron abandonados por ella y todavía no han aparecido otros que puedan sustituirlos. El caso es que en el país más importante de la joven América, crece el tipo de indiferente moral, del hombre sin fe ni interés en su destino. Que no se reproche al novelista el haber encarado la pintura de este tipo humano con igual espíritu de indiferencia.[27]

La generación europea, a la que se refiere Onetti, intentó llenar el vacío moral guiada por el pensamiento existencialista. En el mundo onettiano, no hay posibilidad de remedio para la disgregación de los valores, simplemente éstos carecen de importancia. Llarvi discute el honor con Casal y éste lo aprueba como un ideal. Pero Llarvi dice que el honor depende del caso práctico. La inteligencia, según Llarvi, tampoco vale: «... sólo sirve para no llegar a conocer nada.» (p. 31) Mauricio también se apoya en el descreimiento total, en la falta de sentido de la vida misma: —Somos un conjunto de cosas prestadas. A veces las robamos. (p. 44)

En «Bienvenido, Bob», el narrador alude a los valores adolescentes a que se había adherido el joven Bob. Se trata de un idealismo hipócrita por medio del que Bob «... planeaba ennoblecer la vida de los hombres. ... el Bob dueño del futuro y del mundo.» (pp. 29-30) Pero aun estas virtudes falsas desaparecen con la madurez, señalada por el cambio de nombre a Roberto. La bienvenida que le da el narrador al mundo decadente de los adultos, a la

---

[26] Camus, *El mito...*, *op. cit.*, p. 78.

[27] Citado en Juan Carlos Ghiano, «Juan Carlos Onetti y la novela», *Ficción* (Buenos Aires), N.° 5 (enero-febrero de 1957), p. 248.

muerte de los valores, es sintomática de la corrosión de todo por el paso del tiempo.

En *La vida breve*, Brausen adopta la moral de cada vida que elige. No hay valores en el mundo del sin sentido rutinario que caracteriza su primera identidad. Al adoptar el disfraz de Arce, de esposo y hombre de una sola mujer se convierte en amante de una prostituta, la Queca. Como Arce, Brausen también llega a proteger a Ernesto, el que mató a la Queca; ésta es una postura inaceptable en el mundo de donde proviene socialmente Brausen. Al asumir relativamente la identidad de Díaz Grey el mismo Brausen participa del negocio de vender morfina a sus clientes. La existencia de todas estas posibles éticas que pueden vivirse conduce a concluir que para Onetti no existe una moral definitiva.

La moral burguesa está en peligro en *Juntacadáveres* cuando Junta Larsen y las tres gastadas prostitutas llegan a Santa María para abrir un prostíbulo. Todas las fuerzas convencionales se unen contra ellos: el cura, los llamados buenos ciudadanos y la Acción Cooperadora. Cuando estos poderes tradicionales obtienen el éxito, parece ser que se haya restaurado la moral de la ciudad; sin embargo, ello es sólo una fachada. Tampoco existe una conducta prescrita en la relación entre Jorge Malabia y Julita. Todas las noches Jorge hace el papel de Federico, su hermano muerto, en una unión erótica con la viuda de su hermano. Marcos Bergner, otro de los ciudadanos de Santa María, está en la cama con la sirvienta Rita y resume muy bien esa carencia de sentido moral en la vida:

> —Una sola carne. Tiene que ser así, debe ser así porque si no todo el mundo se habría suicidado. Nadie podría aguantarlo. Todos somos inmundos y la inmundicia que traemos desde el nacimiento, hombres y mujeres, se multiplica por la inmundicia del otro y el asco es insoportable. Como dice mi tío el cura, se necesita el apoyo del amor en Dios, tiene que estar Dios en la cama. Entonces sería distinto, estoy seguro: se puede hacer cualquier cosa con pureza. (p. 205)

Por no seguir la fachada moralista sanmariana, Frieda, en el cuento «Justo el treintaiuno», ha sido expulsada de Santa María. El narrador relata que «... desde los catorce años ella se había dedicado a emborracharse y a practicar el escándalo y el amor con todos los sexos previstos por la sabiduría divina.» (p. 221) Aunque hay un claro predominio de lo que se suelen llamar vicios, el narrador está tan inmerso en este mundo que no intenta imponer ninguna valoración moral.

«Las mellizas» cuenta la historia de dos prostitutas. Por el contrario, en vez de desaprobar su conducta, el narrador hasta relata con simpatía y ternura esa profesión. Una de las mellizas no intenta justificarse, simplemente explica: —Trabajar y cobrar. Porque el señor sabe que uno no vive de lo que trabaja sino de lo que cobra. Es un negocio, una cosa por otra, y si uno lo hiciera gratis entonces sí es inmoral. (p. 33)

En *La muerte y la niña,* las siguientes palabras de Goerdel reflejan la constitución de una sociedad en base a la mentira, propuesta anteriormente por el Astrólogo de *Los siete locos:* —Como usted escucha, doctor, estoy usando el mismo lenguaje que le sirve a usted para mentir. Sin ofensa. Todos mentimos, aun antes de las palabras. Por ejemplo: yo le digo mentiras y usted miente escuchándolas. (p. 124) La ausencia de una ética que rija la conducta, expuesta por Goerdel, revela que Santa María ya comparte este vacío moral que caracteriza la vida de la gran urbe. La superficie de una conducta convencional y provinciana es lo único que se mantiene, pero solamente en apariencia. Díaz Grey rotundamente explica a Jorge Malabia: —El paraíso será un infierno común para nosotros. No búsquese pecados porque en realidad no existen. Ni siquiera nos dio Brausen oportunidad para inventarlos. (p. 67)

La falta de cualquier valor o sistema de ética que pueda tener significación en la vida individual ha llevado a la crítica a comparar el mundo onettiano con el de Louis-Ferdinand Céline. En el mundo infernal del autor de *Voyage au bout de la nuit* todo lo que se intenta para poder aproximarse a una virtud es postiza, como en el onettiano. Otro contacto entre ambos escritores radica en sus predilecciones por los aspectos desagradables de la existencia lo que ha servido para clasificarlos como neonaturalistas. También se le ha hecho este reparo a Sartre. En el caso de todos estos autores, la fealdad es una manera de hacer resaltar la condición humana en un mundo sin valores preestableicdos. Esta actitud no es un fin en sí mismo sino un procedimiento técnico. El naturalismo, como movimiento del siglo pasado, hacía hincapié en el poder de la herencia y del medioambiente en la determinación del destino del hombre. Por contraste, cualquier fuerza determinista en el mundo onettiano no puede rastrearse en la herencia, porque el hombre onettiano carece de raíces expuestas; tampoco en el ambiente, porque no llega a relacionarse con su medio.

Se ha responsabilizado a la tecnología del caos en el mundo contemporáneo. La máquina proporcionadora de aparente confort para el hombre sólo ha logrado desplazarlo de su lugar en la sociedad y en el universo. Al sentir que ha sido reemplazado por algo mecánico, el ser humano ya no puede creer que es necesario. Todo le resulta ser igual. En *El extranjero* de Camus, por ejemplo, el patrón de Meursault le pregunta si le interesaría mudarse a París, cambiando así de posición y de lugar. Pero Meursault es indiferente a la idea porque ha descubierto que la vida no cambia con sólo desplazarse a otro sitio. Cuenta: «Dije que sí, pero en el fondo me era indiferente. Me preguntó entonces si no me interesaba un cambio de vida. Respondí que nunca se cambia de vida, que en todo caso todos valían igual y la mía aquí no me disgustaba en absoluto.»[28] Lo que es evidente es que a Meursault no le desagrada en absoluto una existencia sin sentido. Este mundo tecnológico en que no quedan huellas ni de raíces ni de tradiciones es el de los personajes onettianos. Eladio Linacero, en *El pozo,* mira a su alrededor y concluye: «Toda la vida es mierda y ahora estamos ciegos en la noche, atentos y sin comprender. Hay en el fondo, lejos, un coro de perros, algún gallo canta de vez en cuando, al norte, al sur, en cualquier parte ignorada.» (p. 48)

Wylie Sypher enfoca nuestro universo en términos del concepto de la entropía. El mundo se originó en un orden, pero su irregularidad va creciendo y acabará en una especie de equilibrio que el crítico denomina inercia. Sypher propone una literatura post-existencialista. Alienta la posibilidad de que el ser mismo, ese ser concreto de quien tanto hablan los existencialistas, puede llegar a ser tan contingente que deje de existir. De esta manera, al carecer de un ser que sea el eje del mundo, ya no podría describirse la existencia. Pero Sypher siempre encuentra alguna reliquia, una permanencia del ser. En base a ello propone una anti-novela cuyo personaje principal será el anti-héroe.[29] De estos restos de la existencia se deriva el personaje onettiano.

---

[28] Camus, *El extranjero, op. cit.,* p. 64.
[29] Wylie Sypher, *Loss of the Self in Modern Literature and Art* (New York: Alfred A. Knopf, Inc., Vintage Books, 1962), pp. 67-68 y 73.

EL PERSONAJE

El personaje contemporáneo se siente exilado en la ciudad, en el país, en el mundo y aun en el ámbito de lo trascendental. La tecnología moderna lo ha desplazado, quitándole toda importancia a su vida individual. Ningún valor que había tenido vigencia para sus antepasados le sirve. Este ser humano es la preocupación central del movimiento existencialista. También es el eje de la narrativa onettiana. No corresponde al concepto tradicional del héroe, ni en sus cualidades ni en sus acciones. Hasta cierto punto se puede llamarlo anti-héroe, no porque luche contra el concepto tradicional del héroe sino porque carece de semejanza con el héroe ideal postulado en estéticas del pasado.

Al usar el término hombre, se estará refiriendo literalmente al personaje masculino puesto que es determinante en la obra de Onetti, como en la de Camus y Sartre, la presencia del protagonista masculino, atribuible esto, quizás, a un conocimiento más hondo de las reacciones masculinas por parte de estos autores.

El personaje onettiano, tanto como el de los existencialistas, puede denominarse extranjero o desarraigado. La expresión desarraigado se refiere a la falta de posible relación con cualquier medioambiente. Es extranjero muchas veces en sentido literal, al ser forastero y no pertenecer al medio en que se encuentra. Por ejemplo, muchos personajes onettianos son extranjeros en Santa María por haber llegado sólo recientemente de otros países; gran número tienen nombres extranjeros. En sentido más hondo, son extranjeros en el mundo porque no pueden integrarse a la sociedad. Es un desajuste con la vida y consigo mismos. Al extranjero le quedan dos opciones: evadirse hacia lo onírico o actuar en el mundo, ya cayendo en la rutina o buscando la existencia auténtica. Es preciso, primero, fijar con más precisión las características de los personajes, puesto que el tipo del desarraigado puede posibilitar una generalización demasiado vaga o abstracta.

En el existencialismo se pone en cuestión la existencia del hombre mismo, porque la vida de éste no es más que la suma de las posibilidades de las que él mismo se aprovecha. De ahí el concepto sartreano de que la existencia precede a la esencia. Sartre lo describe en términos del para-sí:

> Pero, en tanto que este para-sí, tal cual es, podría no ser, tiene la contingencia del hecho. Así como mi libertad nihilizadora se capta a sí misma por la angustia, el para-sí es consciente de su facticidad: tiene el sentimiento de su gratuidad total, se capta como siendo ahí *para nada,* como estando *de más.*[1]

Este sentimiento de estar de más en el mundo se remite a la idea del extranjerismo. Manuel Lamana hace referencia a los dos significados de la palabra francesa *étranger,* extraño y extranjero.[2] A Meursault, el ser por excelencia de Camus, se le pueden aplicar ambos sentidos. Es un forastero en todo el mundo porque no encuentra arraigo y porque llega a sentirse extranjero dentro de su propio proceso. Unicamente al final de la obra en la celda, cercano a la muerte, se siente liberado y quiere revivirlo todo. Se encuentra en una situación parecida a la de su madre vieja que había querido volver a gozar de la vida una última vez, inclusive con un novio en el asilo de ancianos, porque sentía que la muerte estaba próxima. Meursault declara que nadie tiene el derecho de llorar por el fallecimiento de su madre porque en definitiva todo carece de trascendencia. Sin embargo, siente que la indiferencia del mundo es una forma de ternura, sintiéndose menos extraño en la tierra.

Gregor Samsa, protagonista de *La metamorfosis* de Franz Kafka, está atado a la vida rutinaria tanto como Meursault. Su nombre en lengua checa puede ser una contracción de *sam* y *jsem,* que significa solo estoy, un grito de dolor. Como viajante de comercio no tiene hondas raíces; tampoco tiene mucho trato con su familia o su jefe. De nombre cosificado por la rutina se ha transformado en insecto, carente de toda característica humana. Samsa no tiene fuerzas para resistir su conversión en insecto. Por contraste con Samsa, el personaje de *Memorias del subsuelo* de Dostoevsky afirma:

> Les quiero decir ahora, señores, si quieren oírlo o no, por que ni siquiera pude convertirme en insecto. Les digo, solemnemente, que muchas veces he intentado convertirme en insecto. Pero hasta no me sentía con fuerzas para ello. Juro, señores, que el ser demasiado consciente es una enfermedad —una enfermedad real y cabal.[4]

---

[1] Sartre, *El ser y la nada, op. cit.,* p. 135.
[2] Lamana, *op. cit.,* p. 47.
[3] Franz Kafka, *The Metamorphosis,* Traducción de Stanley Corngold (New York: Bantam Books, 1972), Explanatory note to the Text, p. 64.
[4] Fyodor Dostoevsky, *Notes from the Underground,* Part I, Section II in Walter Kauffmann, editor, *Existentialism from Dostoevsky to Sartre,* 21st

En *La náusea,* Roquentin usa la palabra metamorfosis cuando se pregunta si es él o el mundo que sufre cambios constantes: «Creo que soy yo quien ha cambiado; es la solución más simple. También es la más desagradable. Pero debo reconocer que estoy sujeto a estas súbitas transformaciones. Lo que pasa es que rara vez pienso; entonces sin darme cuenta, se acumula en mí una multitud de pequeñas metamorfosis, y un buen día se produce una verdadera revolución.»[5] Roquentin descubre que los objetos también tienen su propia existencia; los enfoca como si estuvieran vivos. Roquentin al tocarlos siente la presencia de la náusea en sus propias manos. Sartre, en su obra filosófica, desarrolla el concepto de la existencia bestial de las cosas; lo denomina el en-sí. Se refiere a lo que tiene esencia pero ninguna posible relación con el mundo y que se distingue del para-sí que alude a la suma de posibilidades de que se compone la existencia humana.

Por la misma época en que Sartre escribe *La náusea* Nathalie Sarraute publica *Tropismos.* Describe situaciones semejantes a aquélla de *La náusea* en que Roquentin, sentado en un café con el Autodidacto, admira cómo la gente puede vivir una vida tan inauténtica. Ante momentos trillados se reacciona como si fuera un perro pavloviano, condicionado por la tecnología de la comunicación con las masas.[6] Debe haber una diferencia entre el mundo de las cosas y el del hombre. Pero estas dos entidades se acercan en la cosificación, en la atomización de todo lo humano. Sastre escribe que la conciencia es siempre conciencia de algo. La relación entre el hombre y el objeto se denomina la fenomenología. La cosificación del hombre es el resultado de una falta de esfuerzo para enfrentarse con el mundo.

En su obra posterior, Sartre desarrolla el concepto de lo *prático-inerte.* Se refiere a la idea de que el hombre, cuya tendencia natural es dominar al mundo para que éste sirva a sus fines, se encuentra petrificado por él; en otras palabras, el mundo ha negado los deseos del hombre y le ha quitado su libertad. La «praxis», que significa la acción o la actividad, se vuelve entonces pasiva, inerte, paralizada y se convierte en una «praxis» contra el hombre que fue el iniciador, el agente de la acción. En *Los secuestra-*

---

printing (Cleveland: The World Publishing Co., 1965), p. 56. Traducción de:

I want to tell you, gentlemen, whether you care to hear it or not, why I could not even become an insect. I tell you solemnly, that I have many times tried to become an insect. But I was not equal even to that. I swear, gentlemen, that to be too conscious is an illness —a real thoroughgoing illness.

5 Sartre, *La náusea, op. cit.,* p. 18.
6 Descrito en Sypher, *op. cit.,* pp. 88-89.

dos de Altona, la empresa del padre Gerlach ejemplifica lo *prático-inerte.* El hombre es el que debe dominar la empresa que es un producto del mundo. Pero la empresa se ha independizado de él. Gerlach sólo funciona como un títere.[7]

Al crecer el valor de las cosas se rebaja la importancia del hombre. En las ciudades se destaca mejor esta cosificación del individuo quien se ve atrapado por la rutina de un mundo impersonal. La cosificación del personaje onettiano puede achacarse a su falta de esfuerzo para entablar una relación fenomenológica con el mundo que lo rodea. Todo lo estático y lo inmóvil, inclusive las cosas, valen más que los actos del propio hombre.

La atomización del ser en la narrativa onettiana está presente ya en la primera página de *El pozo.* Al intentar evocar a una prostituta, Linacero no puede acordarse del rostro. Sólo visualiza el hombro izquierdo, «... irritado por las barbas que se le habían estado frotando, siempre en ese hombro ...». (p. 7) Además, se puede asociar la imagen de la barba sin afeitar con la fealdad y la suciedad características del mundo onettiano. En términos del mundo sartreano, lo viscoso es el peligro del para-sí del hombre, de que permanezca aprisionado o cosificado en el en-sí.

Quizá el ejemplo máximo en la narrativa onettiana de la atomización y la cosificación del hombre sea *Tierra de nadie.* Anteriormente se apuntó la semejanza con *Manhattan Transfer* de Dos Passos en la visión de la ciudad. La técnica de fragmentación cinematográfica, utilizada en ambas novelas, lleva también a la deshumanización de los personajes. Casal, por ejemplo, piensa en la extrañeza de Balbina cuando regresa de la calle, porque la ciudad le había contagiado sus características. Parecido a la mano de Roquentin, causante por primera vez de la presencia de la náusea, los habitantes de la tierra de nadie están descritos por las partes de sus cuerpos y el cuerpo mismo parece formar parte de una entidad distinta. Por ejemplo:

> El taxi frenó en la esquina de la diagonal, empujando hacia el chófer el cuerpo de la mujer de pelo amarillo. La cabeza, doblada, quedó mirando la carta azul que le separaba los muslos. ... La mano del hombre dormido colgaba junto al piso. ... Afuera, en la luz amarilla del corredor, otra mano avanzó, doblándose en el pestillo. (p. 9)

Aránzuru se fija en la nuca de Nené y la huele, porque en ese lugar encuentra lo único que resta de la pureza de la muchacha. El jui-

---

[7] Michel Contat, *Archives des Lettres Modernes. N.º 89. Explication des Séquestrés d'Altona de Jean-Paul Sartre* (Paris: Lettres Modernes, 1968), pp. 22 y 77.

cio del hombre ya no reside en lo racional; está, en este caso, en el olfato. También se refleja la cosificación del hombre en la repetición de actos mecánicos. Por ejemplo, Gary Haldeman ha registrado a personajes que aparecen fumando 45 veces en *Tierra de nadie*, 36 veces en *Para esta noche* y 39 veces en *La vida breve*. Haldeman se pregunta si pueden ser verdaderamente humanos estos personajes cuyas acciones se han reducido a actos automáticos.[8] Pablo Num, como embalsamador de pájaros y de animales, ejemplifica otro aspecto de la cosificación del hombre puesto que simboliza en su oficio una petrificación de la vida.

La anonimidad contribuye también a la cosificación del hombre, quitándole lo poco suyo que tenía en vez de universalizarlo. En *Tierra de nadie* muchas veces no está claro quién es el hablante en las distintas conversaciones porque precisamente esto es un modo de reafirmar que la vida individual carece de sentido. En el héroe clásico el nombre le proporciona identidad personal. Muchos personajes onettianos carecen de nombre, otra forma de recalcar la poca importancia del individuo. A los personajes de *Los adioses* sólo se les identifican como el hombre, la muchacha, la mujer, el niño y el almacenero. En la primera versión de *La cara de la desgracia*, publicada con el título «La larga historia», el protagonista tiene nombre, pero en la versión definitiva sólo se refiere a él como el hombre. Como se estudiará posteriormente, al personaje onettiano le faltan antecedentes y raíces familiares; todo esto, sumado a la ausencia de nombre, le convierte en un ser totalmente anónimo.

En *La vida breve* el nombre mismo no interesa porque Brausen lo modifica con cada nueva identidad que asume. Los objetos son en una instancia la única ayuda que tiene para concretar su propia existencia. En un momento de la novela, Arce entra en el departamento de la Queca cuando ella no está y, a través del desorden que encuentra en los objetos, llega a una visión de la vida de la mujer:

> «No es ella, no lo hace ella —me convencía—; son los objetos. Y yo los voy a acariciar con tanta intensidad de amor, que no podrán negarse, uno por uno, tan seguro y confiado que tendrán que quererme.» Iniciaba mis tentativas de seducción, repasando en silencio los nombres de las cosas; resolví que estaban divididas en dos categorías: las decisivas y las que nada podían en favor de la existencia de Arce. Lo más difícil era acertar con el estado de ánimo con que debían ser pensados los objetos y sus nombres. (p. 179)

---

[8] Gary A. Haldeman, *Juan Carlos Onetti y la evasión de la realidad*, Tesis inédita «Masters», University of Oklahoma, 1970, p. 63.

La existencia propia de los objetos inspira en Roquentin la náusea; sin embargo, en Brausen le ayudan a comenzar otra vida breve.

A semejanza de la empresa del viejo Gerlach en *Los secuestrados de Altona,* la de Petrus en *El astillero* ha dejado de pertenecerle. En el primer libro la empresa misma sigue funcionando, pero el astillero de Petrus sólo funciona en la imaginación de los personajes. El hombre ha perdido el control de su propia empresa en ambos casos. Larsen percibe la decrepitud del astillero:

> Ni siquiera hablaba un eco. El viento descendía en suaves remolinos y entraba ancho, sin prisas, por un costado del galpón. Todas las palabras, incluyendo las sucias, las amenazantes y las orgullosas, eran olvidadas apenas terminaban de sonar. No había nada más, desde siempre y para la eternidad, que el ángulo altísimo del techo, las costras de orín, toneladas de hierro, la ceguera de los yuyos creciendo y enredándose Tolerado, impotente y absurdamente móvil, como un insecto oscuro que agitara patas y antenas en el aire de la leyenda, de peripecias marítimas, de labores desvanecidas, de invierno. (p. 34)

El intento de continuar con una empresa ficticia en base a esa realidad que señala la cita también da por resultado la deshumanización de los personajes mismos.

En la cita anterior, Larsen piensa en sí mismo como un insecto. Esta imagen de procedencia kafkiana indica la inutilidad de todo el esfuerzo empleado para reorganizar el astillero. La imagen es recurrente en «La novia robada». Se describe a Moncha, vestida para un casamiento que jamás tendrá lugar porque el novio, Marcos, había muerto. Ella pasa todas las noches en la farmacia con el boticario y su ayudante:

> Como un insecto, se insiste, atrapado en la media luz pringosa por los extraños naipes que destilaban el ayer y el hoy, que exhibían confusos, sin mayor compromiso, el futuro inexorable. El insecto, con su caparazón de blancura caduca, revolteando sin fuerzas alrededor de la luz triste que caía sobre la mesa … . (p. 21)

La vida de Gregor Samsa carece de sentido porque se hunde en la rutina. La de Moncha es inútil porque no ve otra razón de su existencia que seguir reviviendo un casamiento imposible.

El desarraigo del personaje no se limita sólo a su atomización ni a su desnivel por contraste con la importancia de los objetos, como en los casos de Roquentin y de Meursault. En la narrativa rioplatense, los personajes de Roberto Arlt son antecedentes de los desarraigados onettianos por su desvinculación de la sociedad existente. Pero su deseo de crear otra indica que, por lo menos, combaten el sin sentido del mundo en que les toca vivir. A diferencia, los personajes onettianos se resignan, asemejándose al hombre del subsuelo presentado por Dostoevsky que vive desde hace cuarenta años literalmente debajo del nivel de la tierra. Se parece al pozo en que vive Eladio Linacero, prototipo del extranjero onettiano.

La vida cotidiana de Linacero es una suma de fracasos: en el matrimonio, en la amistad, con la prostituta y en el esfuerzo de solidaridad con Lázaro y otros individuos. No encuentra un sitio en donde pueda arraigarse y afirmarse en el mundo exterior. Ya a los quince o dieciséis años se sentía extranjero, marginado con relación a los demás: «Después de la comida los muchachos bajaron al jardín. (Me da gracia que escribí bajaron y no bajamos.) Ya entonces nada tenía que ver con ninguno.» (p. 10) Como adulto, no encuentra sentido en una existencia que se explica sólo por la rutina: «El trabajo me parece una estupidez odiosa a la que es difícil escapar. La poca gente que conozco es indigna de que el sol le toque la cara.» (p. 31) Al resignarse por el sin sentido del mundo, no tiene más remedio que el de terminar, como empezó: solo, en la ciudad, rodeado por la noche, ajeno a todo. Aun no tiene el chispazo final de Meursault, cuando la indiferencia del mundo le posibilita una apertura, o de Roquentin, cuando escucha una melodía de jazz que le entreabre una esperanza.

El personaje de indiferencia moral descrito por Onetti en el Prólogo a *Tierra de nadie* no logra entablar relación con otros seres en un nivel más hondo que el de la conversación en grupo. Aránzuru, al terminar sus relaciones con Nené, piensa:

> —Parece mentira. Así, sin pensarlo, de pronto, como viene la enfermedad. Uno tiene un montón de cosas que llama su vida, pero va rodando junto con ellas, nada más que eso. Ya no tengo nada que ver con mi vida, ya no es mía. Y de golpe, de esa manera, porque sí, como una fruta que estaba madura. Naturalmente. Y no he de preocuparme. Poco se ha de preocupar el árbol. Nada. Estoy tan tranquilo, fumando. ... Estoy tirado, desnudo, en la cama, fumando. (p. 36)

El final de esta relación lo lleva a reflexionar sobre su desvinculación con su propia vida, la cual se reduce al acto mecánico de sólo permanecer fumando en la cama. A diferencia de Roquentin quien siente la náusea ante el árbol que tiene su propia existencia, Aránzuru compara su vida con un árbol, el cual carece de sentimiento afectivo. Se asemeja a Linacero en la ausencia de emoción en la vida, pero tiene más contacto con el mundo real. Su profesión de abogado le obliga a relacionarse con otras personas. Además, conversa con seres desarraigados, pero todo este tratamiento no se puede denominar verdadera comunicación. Como Linacero, intenta evadirse, pero también desea integrar su isla de Faruru con la vida real. Estas diferencias entre los personajes de Onetti desvirtúan la idea de ciertos críticos quienes piensan que el escritor siempre crea un único tipo de personaje repetido sin variantes o sutilezas a lo largo de toda su obra.

Llarvi y Casal son dos contrapuntos en *Tierra de nadie*. Por su profesión de pintor es de suponerse que Casal buscaría su salvación por medio del arte, pero resulta que se contenta con la mediocridad. Aunque teóricamente acepta ciertos ideales como el honor, en la práctica no está dispuesto a renunciar las comodidades de la existencia burguesa. Llarvi intenta conocerse más que los demás. Su diario revela estos esfuerzos. Al padecer una existencia hueca, su única permanencia en la vida es a través de una obsesión: el recuerdo de Labuk, pero termina suicidándose, seguramente alentado por un rapto de lucidez al presenciar la inutilidad de su propia obsesión.

Juan María Brausen, en *La vida breve,* describe la vaciedad de su existencia y la imposibilidad de cambiarla:

> 'Entretanto, soy este hombre pequeño y tímido, incambiable, casado con la única mujer que seduje o me sedujo a mi, incapaz no ya de ser otro, sino de la voluntad de ser otro. ... Asceta, como se burla Stein, por la imposibilidad de apasionarme. ... Juan María Brausen, ... nadie en realidad; un nombre, tres palabras, ...'. (p. 53)

Al no poder modificar esta vida, intenta vivir otras. De ahí surgen Arce y Díaz Grey. Onetti, en una entrevista, explica que Brausen no quiere ser mejor: «lo que él quiere es ser otro, simplemente.»[9] Brausen no puede arraigarse en ninguna identidad. Nada le pertenece; hasta tiene que llegar a apropiarse del crimen cometido por Ernesto. Santa María tampoco le pertenece del todo, habiendo sobrepasado a su propio creador. Pero a pesar de todo Brausen conserva la misma alma, incambiable en cualquier identidad que asume. Y toda nueva identidad es siempre un contraste con la del héroe tradicional que siempre lucha y desea cambiar su vida, respetando su identidad.

Los adioses narra la historia de un hombre que había sido un héroe en el mundo de los deportes. Como enfermo se niega a formar parte del mundo. El almacenero cuenta con regodeo la caída del ex-atleta. El deportista no se resiste a su decadencia; más bien se resigna a su ocaso y decide que no vale la pena curarse.

Muchos personajes a lo largo de la narrativa onettiana son extranjeros en sentido literal. A menudo se destaca esta condición por los nombres: Owen, Macleod, Semitern, etc. Esta situación su-

---

[9] Rodríguez Monegal, «Conversación...», *op. cit.,* p. 465.

perficial refleja también un sentido más hondo. Kirsten, de «Esbjerg, en la costa», añora la pequeña parte de Dinamarca donde pasó su juventud. Díaz Grey se acuerda de Molly en «La casa en la arena». Su nacionalidad, inglesa, destaca su falta de afinidad con el mundo que recuerda Díaz Grey. En Santa María, la palabra extranjero cobra otra dimensión, pues también alude a los que no pertenecen a la comunidad sanmariana, o porque no son de allí o porque la comunidad no los acepta.

La mujer que relata sus aventuras a Jorge en «El álbum» es extranjera en Santa María. Sus cuentos resultan ser doblemente interesantes para Jorge en contraste con el ambiente sanmariano. Es ella quien rechaza las actitudes provincianas de los sanmarianos. Tampoco es de Santa María la segunda esposa de Risso en «El infierno tan temido». La extrañeza entre ella y Risso obedece a algo mucho más abismal: a la falta de comunicación real en la relación. La pareja de la «Historia del Caballero de la Rosa y de la Virgen encinta que vino de Liliput» representa un elemento extranjero en Santa María, tanto por su condición de forasteros como por su falta de arraigo ya que actúan como bohemios. Por todas estas razones, la comunidad sanmariana los rechaza. Orsini, el gerente italiano; Mario, apodado el turco: Jacob van Oppen, el boxeador alemán de «Jacob y el otro», son todos extranjeros en Santa María. En Jacob se destaca además un desarraigo mucho más metafísico, pues continuamente se pregunta: —¿Dónde estoy? ¿Qué estoy haciendo aquí? ... siempre estoy esperando.» (p. 186)

Junta Larsen se asemeja a los otros protagonistas onettianos por su condición de extranjero. Nunca logra que lo acepten en Santa María. Además, es extranjero también en otro sentido. En *Juntacadáveres,* se refiere a:

> ... la debilidad, la angustia de saberse distinto a los demás, la extraña vergüenza de mentir, de imitar opiniones y frases para ser tolerado, sin la convicción necesaria para aceptar su soledad. Mantenida alerta por la intuición de que su destino, aquella forma de ser que ansiaba y en la que creía vagamente, no podía cumplirse en la soledad. (p. 120)

Lo que distingue a Junta de otros personajes onettianos, con la posible excepción de Jacob van Oppen, es que lucha aun sabiendo que la lucha es inútil o absurda y la batalla que emprende contra la vida y el medio jamás lo calificaría como un héroe en el sentido tradicional, pues su lucha consiste en poder llegar a instalar un prostíbulo. En *El astillero* intenta poner en marcha una empresa fantasmal. En ambos casos todo esfuerzo resulta ser inútil. Junta es menos que un anti-héroe; siente, entonces, que ya no es nada.

A diferencia del ser auténtico sartreano, Junta, en su lucha, rehúye el enfrentarse con la vida misma. Al final de *El astillero* ve a la esposa de Gálvez, ahora viuda, sola y dando a luz y en vez de quedarse con ella se escapa a toda prisa. Esto después que durante mucho tiempo había pensado en la mujer como su única posibilidad de comunicación con otro ser humano.

La edad del personaje onettiano corresponde con pocas diferencias a los personajes de Sartre y Camus. Sin embargo, para Leo Pollmann esas distinciones sutiles son importantes, pues representan formas de comportamiento distintos. Sartre prefiere que sus personajes tengan entre los treinta y cinco y los treinta y ocho años; esta edad señala la descomposición que proviene de lo que llama la crisis existencial. Onetti prefiere los cuarenta años, cuando el hombre empieza su vida bajo una nueva orientación. Camus prefiere a los protagonistas mayores de los cuarenta años, actuando a pesar de saberse absurdos.[10]

Se fechan las memorias de Eladio Linacero a los cuarenta años: «Porque un hombre debe escribir la historia de su vida al llegar a los cuarenta años, sobre todo si le sucedieron cosas interesantes.» (p. 8) Para Linacero, lo que tiene más valor son los sueños y no los sucesos. Según el almacenero, el deportista de *Los adioses* también tiene alrededor de cuarenta años. Díaz Grey, en *Juntacadáveres,* piensa en su vida a esa edad:

> 'Saber quién soy. Nada, cero, una compañía irrevocable, una presencia para los demás. Para mí, nada. Cuarenta años, vida perdida; una forma de decir que no puedo imaginarla ganada. Algunos recuerdos que no es forzoso que sean míos.' (p. 97)

Los cuarenta años señalan no sólo la madurez sino la descomposición. Es hora de reflexionar sobre el vacío que se denomina vida. El paso del tiempo, que hace envejecer al hombre, es el agente de la degradación que necesariamente da por resultado una suma de fracasos. El hombr decae, no recibiendo la satisfacción del éxito a pesar de su largo aprendizaje de todos esos años.

Sartre, como filósofo, niega la influencia del pasado en la libertad actual del hombre: «... no soy mi pasado. No lo *soy*, ya que lo *era* ...».[11] El pasado es puramente gratuito, sin posible valor en la vida del para-sí que se proyecta hacia su futuro. Roquentin intenta recuperar los momentos perfectos de su pasado con Anny, pero resulta imposible; está totalmente inmerso en el mundo de la náusea. Este pasado está verdaderamente muerto como el del museo de Bouville o el de la biografía del señor de Rollebon. El personaje

---

10 Pollmann, *op. cit.,* p. 87 y p. 87 nota 13.
11 Sartre, *El ser y la nada, op. cit.,* p. 170.

sartreano, igual al onettiano, necesita comprobar que el pasado es irrecuperable.

Lo que Sartre critica en el enfoque de Bergson y de Proust sobre el pasado es el intento por parte de estos escritores de mantener conexiones con el presente. Sartre corta todo eslabón entre ambos tiempos, dada su noción de que un tiempo anterior no puede influir en el actual. Bergson habla de un recuerdo puro, que permanece en su lugar, eternizado, pero sin perder su esencia. Sartre lo cuestiona, puesto que Bergson nunca llega a manifestarlo como algo desvinculado del presente.[12] Los resultados de la búsqueda del personaje onettiano terminan dando la razón a Sartre, pero su intento de recuperar el pasado se asemeja a la idea de Proust. El método empleado por Onetti es distinto al monólogo interior proustiano —la búsqueda por medio de las sensaciones—, pero en ambos casos se enfoca al pasado en términos de su posible valor. Los personajes de William Faulkner también miran hacia atrás, en lo que Mario Benedetti llama un «enigma al revés», donde el misterio reside más en la revelación del pasado que en un futuro que carece de posibilidades.[13]

Este sentido del pasado se refiere al deseo de escaparse del presente en busca de una pureza perdida. El tiempo pretérito y el mundo onírico presentan al personaje onettiano con las únicas oportunidades de entablar la relación o la comunicación que son imposibles en el mundo cotidiano. Además de referirse a lo recordado, también se usa la palabra pasado para los antecedentes familiares. Aquí es donde el personaje onettiano, tanto como el sartreano, carece de raíces tanto como de lazos con su ambiente.

En *Los secuestrados de Altona,* Sartre trata el tema del pasado de una forma que ya había sido utilizada por Onetti en cuentos anteriores. Frantz, el personaje traidor, al no poder enfrentarse con sus crímenes, se encierra en su cuarto sólo acompañado por los recuerdos que puede tolerar. Al enfrentarse con la verdad de su propio pasado y con el presente de una Alemania que no se está hundiendo como él había deseado, sale de su habitación para un último encuentro con su padre, quien se va pronto a morir de cáncer. Los dos dan un paseo en coche, sobreentendiéndose un suicidio de mutuo acuerdo. El no poder enfrentarse con el presente y la imposibilidad de vivir con las memorias del pasado precipitan su muerte.

En «Un sueño realizado», la muerte de las ilusiones juveniles conduce a la muerte de la protagonista adulta. La mujer quiere

[12] *Ibid.,* pp. 161, 162 y 610.
[13] Mario Benedetti, «Juan Carlos Onetti y la aventura del hombre» en *Literatura uruguaya siglo XX,* 2.ª ed. ampliada (Montevideo: Editorial Alfa, 1969), p. 135.

que se represente, sin público, una escena en que una muchacha, cuyo papel hará ella, recibe las caricias de un hombre, interesándose por él al suponer que le había atropellado un automóvil. La representación equivale a los propios sueños de la mujer: el deseo de volver a ser joven otra vez y de recibir el cariño de un ser humano. La actuación concluye con la muerte misma de la mujer. A semejanza de Frantz, este personaje se da cuenta de la imposibilidad de vivir instalada en el pasado, a la vez que no se resigna en regresar al presente cuya única alternativa es la muerte, la vida vacía y solitaria.

En *El pozo,* el recuerdo no alterado se reduce a una experiencia desagradable. La fiesta en donde Linacero se encontró con Ana María es el único acontecimiento que refiere a las relaciones familiares en la obra. Además Linacero se niega a hablar de su niñez en sus memorias: «Estoy resuelto a no poner nada de la infancia. Como niño era un imbécil. Sólo me acuerdo de mí años después, en la estancia o en el tiempo de la universidad.» (p. 8) La vida del personaje comienza realmente con el despertar sexual. Se asocia con este tiempo la desilusión, el ideal roto del amor y el comienzo de la corrosión del tiempo. En el caso de la mujer, concretamente de la esposa Cecilia, Linacero se cobra conciencia de la imposibilidad para recuperar a la muchacha ideal que Ceci había sido.

El narrador de «Bienvenido, Bob» celebra la entrada de Roberto en el mundo sin valores de los adultos porque, años antes, el joven Bob lo había rechazado como posible marido de su hermana. La razón principal consistía en que el narrador era demasiado viejo en comparación con ella. En aquella época, Bob se sentía un joven puro e idealista y al ser denominado Roberto —un nombre más formal— se trata de insistir en el final de todo lazo con la juventud. Ahora Roberto utiliza las noches para emborracharse y precisamente la satisfacción del narrador arranca de observar muda y maliciosamente a un Bob empapado del mundo corroído de los adultos. En *Manhattan Transfer* Dos Passos hace referencia a Joe y Skinny, dos niños que juegan en el parque y se encuentran con un viejo a quien el segundo relata que la familia del primero cambio su apellido de Camerone a Cameron Parker. La alteración de nombre significa una pérdida de la identidad asociada con la antigua designación.[14] En el caso de Roberto, el personaje de Onetti, el supuesto cambio de nombre implica, como en la obra de Dos Passos, una muestra de esa actitud propia del escritor rioplatense: la ausencia de identidad personal a la vez que reafirma la propia transformación del tiempo.

---

[14] John Dos Passos, *Manhattan Transfer,* 7th printing (Boston: Houghton Mifflin Co., 1953), p. 381.

«Nueve de Julio», escrito solamente un año después de «Bienvenido, Bob», también refleja el paso de los años en la vida de un hombre. Pero en este cuento no es el narrador quien destaca la feroz transformación sino Grandi, el protagonista mismo. La relación entre Grandi y la mujer Aurora había finiquitado hacía tiempo, de la misma manera como la de Aránzuru con Nené en *Tierra de nadie*. Grandi sólo desea escaparse de la mirada de Lankin, un hombre mucho más joven:

> ... sonriendo con aquella expresión inquieta de su cara de adolescente enclenque, con el brillo de burla de su juventud ante un hombre al que considera definitivamente terminado porque tiene el doble de su edad y no conserva más que el nombre y algún carcomido rasgo para convencer de que fue, él también, un ser ansioso e implacable, en el pasado desvanecido, en un nublado 9 de julio en un taxi. (p. 14)

Grandi, a través de la mirada de otro, se da cuenta de su propio envejecimiento.

«Un sueño realizado» y «Bienvenido, Bob» forman parte de una colección titulada *Un sueño realizado y otros cuentos*. Los otros dos que integran el volumen también hacen hincapié en el tema del recuerdo de una juventud perdida. Kirsten, la danesa que protagoniza «Esbjerg, en la costa», vive prendida a los recuerdos de aquella pequeña parte de Dinamarca donde pasó su niñez. Repite la frase: «Esbjerg er naerved kysten». Por escasez de dinero no puede volver a su país de origen y aun si pudiera hacerlo, sólo encontraría que sus recuerdos ya nada tendrín que ver con la realidad. De esta manera ella está tan distante de su pasado como Roberto del antiguo Bob. Seguir prendida a su recuerdo le impide autoafirmarse en su vida actual: sólo pasa el tiempo soñando con los barcos, viéndolos salir del puerto. Como será característico en la obra de Onetti, las referencias al pasado del personaje se reducen a menciones vaguísimas que sólo sirven para contrastar con los cambios que han ocurrido hasta su estado actual.

Díaz Grey es un ejemplo sobresaliente del personaje onettiano sin pasado. La única referencia de su vida anterior a la época sanmariana se halla en el último cuento de la colección, «La casa en la arena» y todavía en esta narración carece de antecedentes familiares y recuerdos de la niñez. Hay recuerdos pero éstos corresponden a la época de vivencias adultas. El episodio con Molly, mujer inglesa quien «... mencionó en una pregunta el aburrimiento y la soledad» (p. 44) lo atestigua. Según el propio Díaz Grey, se trata de un recuerdo alterado, puesto que tiene muchas posibles variantes. Díaz Grey alude, en *La muerte y la niña*, a sus «... treinta o

71

cuarenta años de pasado inexplicable, ignorado para siempre.» (p. 23) Pero en otro lugar de la novela afirma que: —Hay un pasado. (p. 75) Lo único que se llega a saber de este tiempo pretérito es que Díaz Grey recibe fotos de una hija a quien no ha visto desde que tenía tres años.

En *Tierra de nadie* falta todo conocimiento de relaciones familiares y aunque carecen de este tipo de pasado, los dos personajes que intentan encontrar salida recurren al pasado añorado. Aránzuru ha ofrecido la isla de posible evasión a sus conocidos, pero todos la rechazan. Al encontrarse solo en la ciudad, cuando Rolanda opta por no ir a la isla con él, Aránzuru intenta renovar la memoria de Pablo Num y su hija, aquel que le había inspirado en sus sueños de la isla. Pero fracasa en este intento al averiguar que la familia Num había cambiado de domicilio y se desconocían sus huellas. El mismo Aránzuru inventa un final para justificarlos al mismo tiempo que representa su autojustificación: «'Ahora sí, ya no hay nada donde ir. El viejo tenía la isla y murieron juntos.'» (p. 176)

Llarvi intenta hacer aguantable el presente a través del pasado. Desea arraigarse en una relación anterior, con Labuk, la prostituta cuyo recuerdo le persigue en todo momento. La Labuk corroída por el tiempo y la prostitución en la realidad lúbrica de la cama no es aquella que persiste en su memoria, una mujer más pura. A semejanza de lo que representa Ana María para Linacero, la persona deseada es siempre la soñada y no la que comparte la experiencia real.

En *Para esta noche,* el pasado sirve de contrapunto al presente en las historias de Ossorio, Barcala y Morasán con sus cambiantes ideologías políticas. Ossorio no se ahoga en la situación desquiciante de la guerra actual en que se encuentra a causa del recuerdo de Luisa la Caporala, su antiguo amor: «... su propia dicha perdida, pisoteada, deformada en el machacar de los días.» (p. 108) La Luisa recordada no es la que forma parte de la muchedumbre en tiempo de guerra sino la mujer conservada en su orden estrictamente emocional. Reflexiona: —Estaba pensando en una muchacha que se murió (p. 25), desduciéndose que lo más importante no es la muerte de la muchacha misma sino la muerte del pasado, la imposibilidad de recuperarlo, de apresarlo.

El recuerdo en «Mascarada» es un suceso vago y oculto en la vida de María Esperanza, algo que nunca se aclara en el cuento. María Esperanza jamás se atreve a enfrentarse con el pensamiento que al parecer se asocia con su madurez sexual:

> Pero vino el recuerdo de aquella espantosa cosa negra que había sucedido unas horas antes, en seguida de la presencia de

su cara limpia en el espejo y el rostro malicioso del recuerdo amenazaba tocar su corazón, asustar su cuerpo flojo. (p. 95)

En *La vida breve,* el pasado tiene significado especial porque Santa María está formada en parte de los recuerdos de Brausen. De su propia juventud y de la de Gertrudis creará, Brausen, a Díaz Grey y a Elena Sala. Díaz Grey, así como Arce, nace maduro y sin pasado; pero las añoranzas de Brausen contribuyen a completarlo tanto en lo físico como en lo anímico. La Gertrudis actual utiliza la imagen de su propio pecho extirpado a causa de un cáncer, para indicar a Brausen que jamás se puede recuperar el pasado. La podredumbre que conlleva el tiempo nunca le devolverá un pecho sano y por eso decide abandonar al hombre y crearse una nueva vida.

A semejanza del caso de Gertrudis la vida del deportista en *Los adioses* declina a causa de la enfermedad que carcome íntimamente unida con los efectos del transcurso del tiempo. Se observa la pérdida de todo lo que para el deportista había constituido la vida: el vigor atlético y la relación con la muchacha y la mujer. Ahora vive dependiente de ellas: de las cartas que le envían, de sus visitas y del sostén económico que le proporciona una de ellas. Su curación no cambiará la dirección descendente de su vida y frente a esta conciencia se suicida.

Se ha aludido, en el caso de Linacero, al despertar sexual que señala el comienzo de la vida. Se refleja esta llegada a la vida adulta en el caso de Jorge Malabia a través de dos novelas: *Juntacadáveres* y *Para una tumba sin nombre.* En la primera, Jorge enfoca la adolescencia como si fuera una enfermedad: «No quiero aprender a vivir sino descubrir la vida de una vez y para siempre.» (p. 32) Pero emprende su búsqueda de identidad refugiándose en la de su hermano muerto, en un erotismo nocturno con su cuñada Julita. Al morir ésta, Jorge acepta la soledad de la madurez, pues ya pertenece al mundo sin valores de los demás. En *Para una tumba sin nombre,* la relación entre Jorge y Rita satisface una pasión que le ha llegado vicariamente cuando observa por el ojo de la cerradura, cuando niño, a ésta con Marcos en la cama. A semejanza del aprovechamiento de la identidad de Federico, aquí desea identificarse con los recuerdos de Marcos, otro personaje. Estos esfuerzos sólo sirven para contribuir a su madurez sexual. La enfermedad juega un papel en la vida de ambas mujeres con quienes Jorge entabla relaciones. Julita sufre los efectos de una locura provocada por la muerte de su marido Federico. Rita sufre de una desconocida enfermedad física que la destruirá. En efecto, la madurez de Jorge se determina sobre bases que acarrean siempre la muerte.

73

Al final de *Para una tumba sin nombre,* Jorge Malabia y Tito Perotti ya son hombres totalmente adultos. Igual a Roberto en «Bienvenido, Bob», han recibido la bienvenida a la vida madura. Díaz Grey observa estos cambios en ambos, mientras Jorge le cuenta la historia de Rita:

> ... adiviné que si lograba contarme la historia iría gastando al decirla lo que le quedaba aún de adolescente. No sus restos de infancia: no se le morirán jamás. La adolescencia; los conflictos, la irreversabilidad, la inútil dureza. Lo estuve observando en soslayada despedida, con pena y orgullo. (p. 182)

La adolescencia, no la niñez, es la puerta de entrada al mundo adulto y en el caso de Tito, Díaz Grey observa la calvicie a pesar de ser aquél relativamente joven:

> Con sus veinte años, el mismo tono respetuoso y protector de ferretero, ... la misma fe en los principios, en el éxito. El también había descubierto el simple secreto aritmético de la vida, la fórmula del triunfo, que sólo exige perseverar, despersonalizarse, ser apenas. (p. 225)

Junta Larsen, al igual que casi todo personaje onettiano, nace en la ficción cuando ya es adulto. Es un macró hecho en *Tierra de nadie.* Pertenece al tipo de indiferencia moral descrito en el Prólogo de la novela. Con el paso de los años, a través de varias obras, se observa su declinación, su rumbo a la derrota final. Las viejas y gastadas prostitutas, llamadas cadáveres, a quienes logra reunir para el prostíbulo en Santa María, indican su propia decadencia tanto como el ocaso de las mujeres. El astillero representa la declinación final, tanto en términos de la empresa misma como en la vida de Larsen. El astillero es como un juego en que Larsen ya no cree, porque ve que todo está en ruinas. La muerte de Larsen al final de la novela sólo alude a su nombre completo en los libros del hospital. Todo ello demuestra una vez más que para Onetti el ser no logra tener identificación propia, una esencia, hasta su muerte.

El contraste entre juventud y vejez en «Jacob y el otro» se destaca entre Jacob van Oppen, quien sufre los efectos irreversibles del proceso, y Mario el turco, cuya juventud simboliza el poder ilimitado de la fuerza brutal. Jacob también intenta refugiarse en el alcohol. Orsini, su *manager,* le miente para encubrir sus debilidades. Pero sucede el milagro cuando el vigor perdido del pasado de Jacob reaparece en la actualidad. Vuelve a pelear verdaderamente: abandona la bebida, habla otra vez con pureza el alemán y se convierte de nuevo en un campeón. Pero esta victoria resulta ser un truco porque el tiempo será el que obtendrá la victoria final:

lo único que ha logrado Jacob es prolongar, demorar, el fracaso definitivo porque la lucha real era con el tiempo su máximo enemigo.

Con respecto a los personajes femeninos Onetti aplica los mismos resultantes que con los masculinos. Al margen de ciertas determinaciones como la fatalidad de ser extranjeras o no, de padecer enfermedades, todas las mujeres de Onetti sufrirán el mismo proceso que los hombres; pasarán por etapas en la vida como dentro de una evolución que se complica a lo largo de la obra como en la vida misma.

La narrativa de Roberto Arlt presenta en forma embrionaria las distinciones entre muchacha, mujer y prostituta que se desarrollarán en la narrativa de Onetti. Balder en *El amor brujo,* busca la pureza de la muchacha en Irene y al averiguar que no era virgen, termina su relación con ella. Erdosain imagina un trato ideal con la millonaria en el que no habría contacto sexual. Esa relación soñada contrasta con la actual respecto a su esposa Elsa. El tema de la prostituta se introduce a través de Haffner, un macró que utilizaría el prostíbulo como base económica de la nueva sociedad. El Astrólogo coloca a la prostituta en el peldaño más bajo de la sociedad, junto al ladrón y al asesino. Pero en la narrativa de Onetti desaparecerá toda huella de prurito moral, toda escala y clasificación ética.

El papel de la muchacha en la obra onettiana se asocia con el recuerdo, real o soñado, pero si resulta imposible recuperar el pasado en el mundo adulto masculino, la pureza de la muchacha convertida en mujer no la excluye de esa apreciación. En «Un sueño realizado» se da cuenta de que la única felicidad posible reside en la recreación de un sueño lejano de su juventud. A diferencia de la muchacha en la novelística de Arlt, la pureza no depende de la virginidad sino más bien de la edad, de no haber sufrido los cambios inevitables de la corrosión del tiempo. Aunque no directamente relacionada con la virginidad, la conversión de muchacha en mujer se asocia a la sexualidad. La corrupción por la realidad suele señalarse por la cantidad de inmersión en el mundo, de la que es un símbolo la vida sexual. Onneti lo nota con relación a Lolita, el personaje de Nabokov:

> ... conviene advertir a los raros aquejados de ninfulofilia que el libro contiene una gigantesca estafa: Lola, Dolores, Dolly, Lolita aparece en las primeras páginas a los doce años de edad. Pero cuando se cierra el libro, ya es una repugnante aunque respetable anciana de quince. Y con el agregado horror de encontrarse en los últimos meses de un embarazo.[15]

---

[15] Juan Carlos Onetti, «Otra vez 'Lolita'», *Marcha* (Montevideo), Año XX, N.º 961 (29 de mayo de 1959), p. 20.

Se observa, así, que la edad de la conversión inevitable de muchacha en mujer varía; depende de cuánto ha sido expuesta a la vida corrosiva. Pero el cambio siempre tiene lugar; únicamente la muerte puede detenerlo.

Con respecto a la muchacha, la mujer representa la caída de lo ideal, pero también se menciona a la mujer en otros contextos a lo largo de la narrativa onettiana. Rolanda, de *Tierra de nadie* vive inmersa en el mundo de las intrigas masculinas. Frieda, de «Justo el treintaiuno», es una mujer hombruna. María Ester Gilio menciona a Onetti su propia impresión de que toda mujer madura en su narrativa es: —... un monstruo rapaz, ávido de bienes materiales. Onetti responde:

> —Pero no es verdad, no es verdad. Hablemos de alguien que está en *La vida breve:* Mami. Hecha con todo amor. Qué más amor que el que puede darle a ella. Y la mujer de la casita del perro de *El astillero*. Es un personaje lleno de ternura ... .[16]

A pesar del cariño con que Onetti describe a estas mujeres, el sentimiento está muy lejos del amor con que se recuerda a una muchacha.

En *Voyage au bout de la nuit* de Céline, una de las personas descritas con más ternura es Molly, la prostituta de Detroit. Ferdinand Bardamu encuentra en ella una perfección física que cultivará como refugio de la negrura que parece cubrirlo todo.[17] Ella inspira en Bardamu un sentimiento de confianza que echará de menos al volver a París. Al separarse, los dos se dan cuenta de que nunca se verán más. Sin embargo, a pesar de saberlo un acto inútil, Bardamu escribe desde Francia para averiguar dónde está Molly.

Hay algo de esta ternura y pureza especial en la descripción de la prostituta onettiana, aunque se combina con la decadencia que representa la mujer y la imposibilidad de realizar el amor. La prostituta se distingue de las otras mujeres por el uso de su cuerpo y por la relación sexual enfocada como comercio. Cuando Onetti se refiere a la prostituta como cadáver está aludiendo al cuerpo de ésta como un objeto muerto.

En el primer cuento de Onetti, «Avenida de Mayo-Diagonal-Avenida de Mayo», ya existía la muchacha como recuerdo, pero también entonces se vislumbró a la mujer que llegaría a ser:

---

[16] María Ester Gilio, «Un monstruo sagrado y su cara de bondad» en Reinaldo García Ramos, seleccionador de materiales, *Recopilación de textos sobre Juan Carlos Onetti* (La Habana: Centro de Investigaciones Literarias, Casa de las Américas, 1969), p. 17.

[17] Erika Ostrovsky, *Céline and His Vision* (New York: New York University Press, 1967), pp. 116, 122 y 125.

Sólo una vez la había visto de blanco; hacía años. Tan bien disfrazada de colegiala que los dos puñetazos simultáneos que daban los senos en la tela, al chocar con la pureza de la gran mona negra, hacía de la niña una mujer madura, escéptica y cansada. (p. 4)

El recuerdo de María Eugenia le ayuda a Suaid a que evite la soledad en la ciudad y al final del cuento sigue por las calles «... con una sonrisa agradecida para María Eugenia ...». (p. 4)

El protagonista de «El posible Baldi» recuerda, al ver una canasta de flores, «... el beso entre jazmines de la noche última. La cabeza despeinada de la mujer caída en su brazo.» (p. 2) Puesto que Baldi admite que en su vida real es «... este hombre tranquilo e inofensivo ...» (p. 2), hay que concluir que sus recuerdos son sueños incompletos pues tienen parte onírica, pero también elementos de la realidad objetiva. Además, la descripción tan deseable de la mujer indica que Onetti todavía no ha perfeccionado la diferenciación entre muchacha y mujer, distinción fundamental en obras posteriores.

Desde *El pozo* se aclara la distinción entre muchacha y mujer:

He leído que la inteligencia de las mujeres termina de crecer a los veinte o veinticinco años. No sé nada de la inteligencia de las mujeres y tampoco me interesa. Pero el espíritu de las muchachas muere a esa edad, más o menos. Pero muere siempre; terminan siendo todas iguales, con un sentido práctico hediondo, con sus necesidades materiales y un deseo ciego y oscuro de parir un hijo. ... Y si uno se casa con una muchacha y un día despierta al lado de una mujer, es posible que comprenda, sin asco, el alma de los violadores de niñas ... . (pp. 29-30)

Se observa el contraste entre la muchacha irrecuperable y la mujer actual en Cecilia, la esposa de Linacero. Este desea recobrar a la muchacha Ceci. Una noche obliga a Cecilia a que camine, vestida de blanco, y que le repita, como antes, algunas frases que solamente tenían sentido para él. Pero el esfuerzo es inútil. La mujer ha reemplazado a la muchacha. Unicamente en el recuerdo soñado de Ana María —muerta en la vida real— puede cuajar la pureza de la muchacha.

Las otras mujeres de *El pozo* sólo refuerzan la impresión que creó Cecilia. Eladio confiesa, por ejemplo, que Hanka le aburre: «Lo absurdo no es estar aburriéndome con ella, sino haberla desvirginizado, hace treinta días apenas. Todo es cuestión de espíritu, como el pecado.» (p. 21) Imposible el amor con la mujer, Linacero ya carece de deseos sexuales. La imagen con que se inicia la obra es la de una prostituta que tiene irritada la piel del hombro por las barbas de los distintos hombres con quienes se acostó: Linacero ni siquiera recuerda de la cara de ella. Hay otra prostituta, Ester, con quien Eladio Linacero se niega a acostar pagándole; piensa que es demasiado bella para pertenecer a la categoría de los viejos cadáveres que cobran dinero. Al describirla, Eladio se fija en los «... brazos de muchacha despegados de cuerpo largo, nervioso, que ya no existía.» (p. 26) Por los restos que quedan de la muchacha, Linacero decide comunicarle uno de sus sueños. Pero resulta ser un fracaso total, como toda otra posibilidad de comunicación entre el hombre y las mujeres del mundo real.

En un cuento publicado en 1940, «Convalescencia», se enfoca la soledad desde el punto de vista de la mujer. Aunque no sea forastera en el país, es una mujer citadina que cultiva su soledad en la playa, una especie de extrañeza voluntaria con relación al resto del mundo:

—¿Pero no es posible que entienda? Lo que significa no tener relación con nadie. Hombre o mujer, en ninguna parte del mundo. No hay nada más que la playa y yo.
—Gracias.
—Bah. Usted no existe, como individuo. Está en la playa, simplemente. (p. 4)

En la Introducción al cuento, escrito con el seudónimo de H. C. Ramos, Onetti se presenta como autora. Es posible que lo haya hecho para poder demostrar más comprensión del alma femenina.

En los cuentos tempranos de Onetti, ya aparecen algunas mujeres extranjeras —en sentido literal o por su desajuste con relación al resto del mundo. La mujer de «Un sueño realizado» tiene alrededor de cincuenta años: «... había conservado aquella juventud impura que estaba siempre a punto de deshacerse podrida.» (p. 13) Lo que permanece de la muchacha le da el derecho de intentar volver a aquel estado, pero su muerte en la escena misma testimonia la inutilidad del esfuerzo. A Kirsten, en «Esbjerg, en la costa», le resta de la muchacha únicamente el deseo de volver a su tierra natal. En la actualidad tiene: «... el cuerpo, engordado en la ciudad y el ocio... Kirsten es gruesa, pecosa, endurecida; tal vez tenga ya olor a bodega, a red de pescadores.» (p. 31) La vuelta, en el caso de ambas mujeres resulta ser igualmente imposible.

En «La casa en la arena», Molly es extranjera en el país y lo sigue siendo también en el mundo de Díaz Grey. María Esperanza, en «Mascarada», presenta una mezcla curiosa de los estados por los que pasa el personaje femenino onettiano. John Deredita la enfoca como una muchacha en el proceso que la lleva de la inocencia a la experiencia y ofrece como ejemplo el hecho de que la muchacha se pinta la cara como una prostituta, no siéndolo.[18] Otra posible interpretación es que la alusión a un suceso siniestro que acaba de padecer unas horas antes afirma el cambio ya operado en ella. La pintura del rostro no representa un ideal o un simple capricho sino que es ya la consecuencia de una pérdida de la inocencia.

Los fragmentos asequibles de *Tiempo de abrazar* demuestran a través del protagonista Jasón una actitud diferenciadora entre muchacha y mujer que se asemeja a la de Linacero. Pero, por contraste con la situación en *El pozo,* el amor de la muchacha es una realidad posible en el presente. Frente a Cristina, la mujer, Jasón sólo puede pensar en Virginia, la muchacha:

> Miró a la mujer que fumaba sin verlo, jugando la boca con un bostezo. Grande, alta, hundidos en la blanca carne de los hombros los tirantes de la enagua ... . Sintiendo dentro suyo la presencia de Virginia, se encontraba aislado en la habitación, frente a aquella mujer cuyos gestos y cuya actitud calmosa no le llegaban ya como la expresión viva y cálida de una personalidad en la que se ha intimado.[19]

En *Tierra de nadie,* no hay ningún personaje femenino que se asemeje a la muchacha. La soledad de los personajes y la reducción de toda relación a un nivel puramente físico hacen que el estado de mujer adulta sobresalga entre las categorías femeninas. Entre las adultas se encuentran, sin embargo, muchas variantes. Rolanda funciona en el mundo de las intrigas políticas. Violeta y Balbina están enfocadas principalmente en términos de sus relaciones con hombres sin aludirse jamás al amor. Nené, quien conserva en la ondulación de la nuca un poco de la muchacha, «... como agua en un hueco,» (p. 16) aparece en el momento final de su relación con Aránzuru. Pero éste no piensa en ella sino en una mujer que habita su isla ideal, demostrando que el sueño es superior a la realidad. Se menciona a Nora, la hija de Pablo Num, en esta novela, en términos de simple relación con Aránzuru y luego con Larsen: aquélla volverá a aparecer en *Juntacadáveres,* convertida ahora en la prostituta María Bonita.

No habría que esperar la transformación de Nora para que recién apareciera la prostituta en la obra de Onetti pues con anterioridad eran personajes frecuentes. En *Tierra de nadie* se destacan a

---

[18] John Deredita, «The Shorter Works of Juan Carlos Onetti», *Studies in Short Fiction* (Newberry, South Carolina), Vol. VIII, N.º 1 (Winter, 1971), p. 115.

[19] Juan Carlos Onetti, «Tiempo de abrazar» (Capítulos XI y XIX), *Marcha* (Montevideo), Año VI, N.º 189 (25 de junio de 1943), 2.ª sección, p. 4.

dos. Katy es una mujer que simplemente reparte tarjetas y cobra dinero a cambio de una relación sexual. Aránzuru la observa e imagina que sus clientes sean «... siempre el mismo, cuarentón, un poco gordo, con la piel asombrosamente blanca.» (p. 95) No sólo ella sino también sus clientes reflejan los efectos corrosivos del tiempo. La otra prostituta de importancia en la novela nunca aparece en forma directa sino sólo en los sueños obsesivos y en los recuerdos de Llarvi. Se trata de Labuk. Lo que añora Llarvi es el alma de una Labuk fuera de la cama, puesto que se da cuenta de que a la Labuk actual sólo la encontrará en un prostíbulo. Llarvi jamás vuelve a verla, pero se puede imaginar que, si la viera, los resultados se asemejarían al fracaso de Linacero en su esfuerzo de revivir uno de sus sueños con Ester.

Ossorio, en *Para esta noche,* sostiene una relación con dos muchachas. No se ve directamente la que ocurre entre él y Luisa la Caporala; se reduce, como dice Ossorio mismo, al recuerdo de una muchacha que murió. Victoria Barcala es la muchacha del presente de Ossorio. Se encuentra con ella por una serie de casualidades y se ve obligado a dedicarse a su protección, a pesar de haber sido el delator de su padre. Victoria es una adolescente cuya inocencia hace de ella un modelo de lo que es la muchacha ideal. Pero, al mirarla, se le ocurre a Ossorio —a semejanza de Suaid con relación a María Eugenia— que ella se convertirá también en mujer: «Ossorio miraba la cara de la niña... 'Algún día tendrá un hombre, mentiras, hijos, cansancio. Esa boca.'» (pp. 124-125) El contraste entre muchacha y mujer surge también al tener presente un recuerdo de amor:

> Y la enceguecedora sonrisa del amor pedida, invisible bajo sonrisas de mujeres, abortos, bidets, permanganato, preservativos, menstruaciones y dinero, ... al contestar distraídamente siempre las mismas idiotas frases de pregunta, pensando sin quererlo —no con el cerebro, sino con el centro del cuerpo, con los biceps, con el pecho, con los huesos—, pensando que tenía que existir ya que él lo imaginaba, ya que no podía encontrarlo en la grosera comedia de las hembras. (p. 108)

Morasán registra semejante impresión de lo que es una mujer: «'Esto es una mujer —pensó junto a ella— esta cosa asquerosa. La nariz mojada, una mujer, los ojos colorados, el pelo colgando, una mujer, todo ese aspecto de perro, las piernas flacas y todo el resto.'» (p. 83)

Ya se ha aludido a Elena Sala, la versión joven de Gertrudis, soñada por Brausen en *La vida breve.* Aunque el estado de la muchacha es irrecuperable en Gertrudis misma, las características de la muchacha que aparecen en Elena Sala comprueban que este estado no depende de la virginidad. Elena está casada con Lagos y se alude además a una relación entre ella y Díaz Grey. Sin embargo, se mantiene la pureza de la muchacha por una falta de contaminación con la vida, del proceso mismo de la corrosión del tiempo. La hermana menor de Gertrudis, Raquel, es otra persona por medio de la que Brausen intenta encontrar a la muchacha Gertrudis. Pero Raquel también se ha convertido en mujer. La Raquel actual a quien Brausen ve en su departamento le repugna, porque le cuenta que está embarazada por su marido Alcidea. Se trata entonces así de la mujer que resulta de la evolución de toda muchacha que no se muere. Por ello Brausen escoge una imagen agradable para seguir conservando a la Raquel que existía sólo en su memoria: «... la imagen definitiva de Raquel, la que yo había apartado entre tantas y decidido conservar y proteger a través de los años futuros, a pesar de ella misma, de lo que pudiera hacer, de las alternadas Raqueles que la vida le obligara a elegir y a representar.» (p. 245)

Mami, mujer de cincuenta años, es la amante de Stein, quien la conoció hace años en París. Mami trajo consigo a Buenos Aires sus memorias de París y a semejanza de la Dinamarca de Kirsten, el París de Mami encarna la añoranza de una juventud perdida para siempre. Ella necesita mirar hacia atrás porque, como mujer, «... con muchos valores salvados del naufragio, hambrienta de hombres todavía ...» (p. 27) lo único que le queda son los restos de la muchacha que había sido. A través de ella, igual que en el caso de Kirsten, Onetti se fija en la soledad de la mujer. Mami canta «La vie est brève» que será la tónica de las existencias múltiples de Brausen.

La Queca, como prostituta, le facilita a Brausen la entrada a su segunda existencia como Arce, macró. Esta vida es la contracara de la del Brausen cosificado. La Queca misma no le da placer a Brausen; más bien le agrada a éste la oportunidad que le proporciona de otra vida breve. Al principio es un deseo vicario, al escuchar, como Brausen, lo que pasa en el departamento de ella, al otro lado de la pared. Al entrar en la identidad de Arce y estar con ella, Brausen ya no se siente responsable de nada. Pero ella misma jamás llega a representar para Brausen más que un cuerpo muerto, una mujer marchita cuyo negocio es su piel.

En *Los adioses* el almacenero no asigna los términos muchacha y mujer como denominaciones de pureza sino más bien para demarcar las edades de ambas mujeres. El hecho es que la muchacha —según sus equivocadas observaciones— resulta ser la más perniciosa porque piensa que mantiene un idilio ilícito con el hombre. Pero, según la carta final que encuentra el almacenero, los términos muchacha y mujer sí cobran su significado tradicional en Onetti. La muchacha lo es por su devoción filial. La mujer ya tiene un hijo y está metida en el proceso corrosivo del tiempo. El narrador, avergonzado de su descubrimiento, duda además de su veracidad y no desea hacer distinción entre la muchacha y la mujer: «… suponiendo que hubiera acertado al interpretar la carta, no importa, en relación a lo esencial, el vínculo que unía la muchacha con el hombre. Era una mujer, en todo caso; otra.» (p. 69)

La muchacha de «El infierno tan temido» es una niña. Nunca figura directamente en la historia —como todo niño onettiano— pero la protección de ella es la causa honda del suicidio de Risso: «Tal vez pensando que abriría el sobre la hermana superiora, acaso deseando que el sobre llegara intacto hasta las manos de la hija de Risso, segura esta vez de acertar en lo que Risso tenía de veras vulnerable.» (p. 115) La mujer, en la figura de segunda esposa de Risso envía fotos obscenas a la escuela de la hija, causando una aflicción en el hombre. Gracia destaca la perversión a que puede llegar una relación que empezó con el amor.

Juntacadáveres resulta ser un registro de la decadencia inevitable de las mujeres. Jorge Malabia mira a su madre, pero sólo llega a imaginarla como esposa de su padre y su propia madre ya que «… la máscara era definitiva, que se le iría estropeando con el tiempo sin cambios verdaderos ya.» (p. 189) Marcos le comunica a Rita lo que es ya la imagen clásica de la mujer onettiana: «Después de todo, las mujeres son la misma cosa, cualquier mujer. Y esto está bien, se me ocurre, porque no somos una misma carne …». (p. 204) Lo que resta de la mujer sólo se reduce a la carne.

La visión más humana de la mujer en *Juntacadáveres* es la de las pobres y gastadas prostitutas. Quizá su enfoque sea más tierno por el hecho de que un poco de la muchacha que permanece se halla en la prostituta y reciben mejor tratamiento que la de la Acción Cooperadora, las llamadas mujeres decentes. Larsen describe a aquéllas como «… putas pobres, viejas, consumidas, desdeñadas.» (p. 185) Evoca a la María Bonita del pasado: «… el tiempo en que se llamaba Nora, la serie de nombres falsos y de olvidado origen que se habían extendido entre el primero y el último.» (p. 183) Es interesante notar que, por su falta de posibilidades en el futuro, el cadáver definido por Sartre en su obra filosófica se asemeja al cadáver novelesco onettiano:

> … la pura *carne,* el puro *en-sí* como pasado perpetuamente petrificado de la trascendencia trascendida.
>
> Ese puro en-sí que no existe sino a título de *trascendido,* en y por ese trascender, cae en la categoría de *cadáver,* es decir, de *puro pasado de una vida,* de *simple vestigio,* no es tampoco verdaderamente comprensible sino a partir del trascender que ya no

lo trasciende: *es lo que ha sido trascendido hacia situaciones perpetuamente renovadas.*[20]

De ahí que los pobres cadáveres del prostíbulo inspiran más piedad que condena —especialmente por contraste con la sociedad aparentemente moralista de Santa María.

Rita nunca está retratada como una muchacha porque está demasiado inmersa en la vida. En *Juntacadáveres* Jorge la espía por el ojo de una cerradura y la describe en relación carnal con Marcos. En *Para una tumba sin nombre* Jorge la retrata:

> —Ella estaba muy envejecida pero no vieja; era una de esas mujeres que no pasarán de la madurez, que se detendrán para siempre en la asexualidad de los cuarenta años, como si éste fuera el mayor castigo que la vida se atreva a darles. Pero aquella noche no tenía más de veinticinco años. (p. 196)

Rita es, aquí, la primera mujer protagonista de una novela de Onetti. A semejanza de los hombres que protagonizan otras novelas, todo el cambio que en ella se registra a lo largo de la obra sigue necesariamente una moral descendente. De mujer se convierte en ramera. Primero se prostituye para mantener a Ambrosio y más tarde para mantener a un chivo, como trasciende de la imaginación de Jorge.

La pureza que encarna Angélica Inés en *El astillero* es casi burlesca. Es el resultado de un retraso mental que a veces se llama locura en la obra. Conserva la pureza porque no es capaz de otra cosa y así la idiotez protege su virginidad como la locura protege los recuerdos de Julita o las esperanzas de Moncha. El intento de Larsen de casarse con ella o de seducirla proviene de su deseo de entrar en el estado de riqueza fantasmal y de farse del astillero arruinado.

Todas las mujeres con quienes Larsen tiene relación son repeticiones de un mismo hastío:

> Desde hacía muchos años, abrirse paso en una mujer no era más que un rito indispensable, una tarea a ser cumplida, a pesar o al margen del placer, con oportunidad, con eficiencia. Lo había hecho una vez y otra, como el patrón que paga un salario; reconociendo su deber, confirmando la sumisión ajena. (*El astillero*, p. 58)

Josefina, por ejemplo, la sirvienta de la familia Petrus sólo puede satisfacer sus necesidades físicas. Con ello demuestra a Larsen su soledad. La única persona con quien éste parece haber intuido una posibilidad de comunicación es con la mujer de Gálvez. Cuando

---

[20] Sartre, *El ser y la nada, op. cit.,* p. 438.

observa a ésta dando a luz, Larsen huye porque no puede contemplar de cerca el proceso de la vida que nace. Todo el embarazo de ella se tiñe de descripciones grotescas porque el nacimiento para Larsen significa la génesis, el embrión de la corrosión temporal de la vida. Este es el único nacimiento que se describe en la narrativa de Onetti. Ocurre precisamente en *El astillero,* la obra que testimonia la derrota final y la muerte de Larsen, quizá el personaje más predilecto de Onetti. La mujer en el acto de generar vida necesariamente traumatiza a un personaje odiador de la vida como es Larsen. El silogismo que resulta es innigable: Larsen desprecia la vida. La mujer posibilita la vida. Por consecuencia, la mujer es despreciada. Si el silogismo es cierto, la paradoja es cruel, pues Larsen ahora comprueba en la figura de la única mujer con la que pudo haberse comunicado realmente el hecho más espantoso y traumatizador de la existencia: el nacimiento de una vida.

En *La cara de la desgracia* las dos figuras femeninas aparecen relacionadas con la culpa que siente el protagonista en la muerte de su hermano mayor. Una de ellas, la muchacha lo libera de su sentido de culpa a través de los instantes felices que viven juntos una noche bajo la luna. La pureza de la muchacha no depende de la virginidad. A pesar de su relación física con el hombre y del hecho de que todo el mundo no la consideraba una criatura pura, sin embargo, para el protagonista sigue siendo una muchacha. La otra, Betty, como la muchacha en la narración citada, también libera al protagonista de su sentido de culpa. El hermano menor recomienda al mayor una especulación financiera que al parecer es la causa de la muerte de éste. Betty, a pesar suyo, libera al hermano menor de la culpa demostrándole que él no fue causante del suicidio de su hermano, pues éste era con anterioridad un ladrón. Siendo Betty más joven que el hermano vivo, sin embargo, no es una muchacha, pues aparece descrita con todos los elementos de una mujer gastada y con rasgos prostibularios.

En *Tan triste como ella* se testimonia el proceso de la conversión de muchacha en mujer. El protagonista pensó que se había casado con una muchacha, pero sin embargo, se despertó al lado de una mujer, a semejanza del descubrimiento de Eladio Linacero con respecto a la evolución de Ceci en Cecilia. El hombre intenta explicarle a la mujer la diferencia del proceso:

> —La muchacha, la casi mujer que puede ser contemplada con melancolía, con la sensación espantosa de que ya no es posible. El pelo se va, los dientes se pudren. Y, sobre todo, saber que para vos nacía la curiosidad y yo empezaba a perderla. Es posible que mi matrimonio contigo haya sido mi última curiosidad verdadera.
>
> ... ...

—Ya hablé, creo, de la muchacha.
—De mí.
—De la muchacha —porfió él. (pp. 141-142)

El hombre vivía con la mujer con la esperanza de una milagrosa, pero imposible resurrección de la muchacha. La tragedia de la mujer consiste en no poder comprender del todo que, con la desaparición de la muchacha, ha perdido lo único deseable para el hombre. Ante esta situación la mujer busca otros hombres para satisfacer sus necesidades fisiológicas. Sin embargo, se suicida al darse cuenta de que la solución de la vida no está en las sensaciones corporales. La muerte consiste en darse un tiro en la boca con un revólver, innegable símbolo fálico. Esta es una de las pocas instancias en la obra onettiana en que se observa la declinación de la persona directamente a través de una protagonista femenina.

Moncha Insaurralde, quien intenta recobrar la felicidad de la muchacha en «La novia robada» corresponde a la denominación de virgen moral. Díaz Grey rememora a ella cuando era muchacha. A través de este recuerdo, resume lo que es la muchacha onettiana:

> Si pudiera verte otra vez desafiando la imbecilidad de Santa María, sin defensa ni protección ni máscara, con el pelo mal atado en la nuca, con el exacto ingrediente masculino que hace de una mujer, sin molestia, una persona. Eso inapresable, ese cuarto o quinto sexo que llamamos una muchacha. (p. 13)

Aquella Moncha, que vivía en el falansterio con Marcos, años antes, era muchacha a pesar de tener relaciones con los hombres. En la Moncha actual sólo permanecen los restos de aquella juventud irrecuperable, simbolizada en el casamiento imposible con un Marcos ya muerto.

La mujer que provoca más repugnancia en toda la narrativa de Onetti es Frieda de «Justo el treintaiuno». Por sus variados gustos sexuales, por la obscenidad de su habla y por el estilo de vida que lleva, es una mujer hombruna, masculina. Además de imitar el mundo del macho también recolecta a otras mujeres para el hombre con quien ella vive. En el cuento titulado «Las mellizas», una de ellas designada la única conserva algunas características de la muchacha. De esta manera en la obra la melliza está vista como una contraposición de Frieda la mujer de «Justo el treintaiuno».

Se han observado la cosificación del hombre, su falta de importancia por contraste con los objetos y su desarraigo. Resulta imposible comprender a este ser sin considerar sus relaciones con los demás en su búsqueda para hallar alguna posibilidad de comunicación, aunque ésta no sea en última instancia más que una intuición.

EL YO Y EL OTRO

El ser humano no existe en el aislamiento. Al considerar el medioambiente, se trató de señalar el pensamiento existencialista que hace hincapié en el enfoque del ser en una situación. Su circunstancia abarca, además del contorno, la existencia en medio de otros seres. Se puede denominar a cada uno de estos existentes 'el otro'. Según Sartre, el descubrimiento de un ser por otro se efectúa por medio de la mirada. Un sujeto pierde su libertad bajo la mirada de otra persona. Es una forma de poseer al prójimo.[1] En *A puerta cerrada* de ese escritor francés, los personajes carecen de párpados, lo que les permitiría, en un momento dado, anular el conocimiento si lo tuvieran. De esta manera, no se puede evitar al otro y cada uno crea el infierno para los demás. La indiferencia resulta imposible. Garcin dice:

> —Todas estas miradas me devoran... ¡Ah! ¿No sois más que dos? Os creía mucho más numerosos. Así que esto es el infierno. Nunca lo hubiera creído... ¿Recordáis?: el azufre, la hoguera, la parrilla... ¡Ah! Qué broma. No hay necesidad de parrillas; el infierno son los Demás.[2]

A causa de la mirada ajena, el para-sí se ve en peligro de estar atrapado en el en-sí. Frantz, en *Los secuestrados de Altona,* también observa este peligro con relación a su hermana Leni. Le ordena: —Me estás mirando: me arde la nuca. ¡Te prohibo que me mires! Si te quedas aquí, ocúpate de tus cosas! (Leni no se mueve.) ¡Baja los ojos![3]

En la narrativa de Onetti se observan los efectos de la mirada ajena en *El pozo.* Eladio Linacero siempre temía dormirse antes de

---

[1] Sartre, *El ser y la nada, op. cit.,* pp. 669, 345 y 455.

[2] Jean-Paul Sartre, *A puerta cerrada* en *Teatro 1,* Traducción de Aurora Bernárdez, 8.ª ed. (Buenos Aires: Editorial Losada, S. A., 1971), p. 17.

[3] Jean-Paul Sartre, *Los secuestrados de Altona,* Traducción de Miguel Angel Asturias y Blanca de Asturias, 2.ª ed. (Buenos Aires: Editorial Losada, S. A., 1968), p. 65.

su esposa Cecilia porque podría perder su libertad bajo la mirada de ella:

> Nunca pude dormirme antes que ella. Dejé el libro y me puse a acariciarla con un género de caricia monótona que apresura el sueño. Siempre tuve miedo de dormir antes que ella, sin saber la causa. Aun adorándola, era algo así como dar la espalda a un enemigo. No podría soportar la idea de dormirme y dejarla a ella en la sombra, lúcida, absolutamente libre, viva aún. Esperé a que se durmiera completamente, acariciándola siempre, observando como el sueño se iba manifestando por estremecimientos repentinos de las rodillas y el nuevo olor, extraño, apenas tenebroso de su aliento. (p. 32)

Después de descubrir al prójimo por la mirada, Sartre considera el papel del cuerpo como otra dimensión de la existencia. Lo enfoca con relación al otro en forma de objeto. A base de la mirada y el cuerpo, Sartre elabora una serie de conductas por medio de las cuales el ser intenta apropiarse de la libertad ajena: el amor, el lenguaje, el masoquismo, la indiferencia, el deseo, el odio y el sadismo. Además, considera la posibilidad del nosotros, como objeto o sujeto, aunque lo rechaza como base de la conciencia del prójimo.[4] En resumen, la relación entre el ser y el otro u otros es un modo de definir todo contacto humano.

De las posibles formas de comunicación, el nosotros representa el nivel más amplio y absoluto. La colectividad indicada en la palabra nosotros puede referirse a la comunidad, a la sociedad o a la empresa solidaria. Sartre niega la posibilidad de un nosotros-sujeto, pero considera la alienación comunitaria en términos de un nos-objeto. En su narrativa se ve igualmente la negación de toda solidaridad entre sujetos. En *La náusea,* por ejemplo, Roquentin descubre que no deja de sentir la náusea en un café. Antes había visto al establecimiento comercial como una protección contra la náusea que estaba experimentando en la soledad. Ahora no hay refugio ni manera de unirse a esos seres inauténticos, los demás parroquianos. Tampoco puede comprometerse con el humanismo falso del Autodidacto. Este le confiesa que es socialista y que esa ideología lo ha salvado del suicidio porque jamás volverá a sentirse solo. A Roquentin le disgustan estos intentos falsos de justificación. No hay solidaridad posible.

Linacero encuentra semejante falsedad en *El pozo.* Lázaro, su compañero de cuarto, intenta comprometerlo en la lucha social, pero, según Linacero, ésta no tiene sentido: «Da ganas de reír, o de llorar, según el momento, el esfuerzo que tiene que hacer para que

---

[4] Sartre, *El ser y la nada, op. cit.,* pp. 442, 452, 473, 511 y 513.

la lengua endurecida pueda ir traduciendo el desesperado trabajo de su cerebro para defender las doctrinas y los hombres.» (p. 38) Su indiferencia ante la lucha social es a causa de que Lázaro lo llame fracasado y contrasta con los grandes proyectos del Astrólogo de Arlt. El caso de Linacero se distingue de la conducta de Erdosaín, quien se interesa por semejantes ideales sólo para salir de su aburrimiento. La falta de interés por parte de Linacero en posibles proyectos solidarios se suma a la falta de fe en todo valor nacional. Con amargura, Linacero se da cuenta de que: «Detrás de nosotros no hay nada. Un gaucho, dos gauchos, treinta y tres gauchos.» (p. 42) Frente a la burguesía, la actitud de Linacero puede ubicarse entre la indiferencia y el odio:

> Pero hay en todo el mundo gente que compone la capa tal vez más numerosa de las sociedades. Se les llama «clase media», «pequeña burguesía». Todos los vicios que pueden despojarse las demás clases son recogidos por ella. No hay nada más despreciable, más inútil. Y cuando a su condición de pequeños burgueses agregan la de «intelectuales», merecen ser barridos sin juicio previo. Desde cualquier punto de vista, búsquese el fin que se busque, acabar con ellos sería una obra de desinfección. (p. 40)

Su reacción se asemeja a la de la extranjera en «El álbum», quien rechaza las actitudes provincianas de los habitantes de Santa María. Aquí el rechazo es igualmente cabal.

En *Tierra de nadie* el individuo continúa aislado frente a la sociedad. Varios personajes añoran un rancho situado en el fin del mundo porque no pueden o no desean integrarse en la sociedad bonaerense. Las alusiones a proyectos idealistas o a comunidades cooperativas no pasan de ser frases sueltas, a causa de la indiferencia tan grande de toda esa generación de indiferentes morales.

A pesar de tener lugar en condiciones de guerra, donde uno pensaría naturalmente en algún esfuerzo de solidaridad, la situación resulta igual en *Para esta noche*. Es una historia de delaciones y lealtades cambiantes. Unicamente logra comprobar que no existen proyectos cooperativos que tengan sentido.

El desarrollo más dramático de la soledad del hombre en sociedad y en todo esfuerzo de solidaridad ocurre en Santa María. Difiere del deseo de crear otra sociedad como ocurre en *Los siete locos* y *Los lanzallamas* de Roberto Arlt. Pero ambos intentos se asemejan en su fracaso, pues todos los personajes permanecen en la soledad. Santa María, como comunidad enjuicia todo elemento extranjero, protegiendo lo suyo, como en los casos de la locura de Julita o de Moncha.

Los sanmarianos ven el amor de la pareja en la «Historia del

Caballero de la Rosa y de la Virgen encinta que vino de Liliput» como una representación de «... *La vida será siempre hermosa* o la *Farsa del amor perfecto*...». (p. 60) Tampoco pueden aceptar «... la misma sonrisa de hermandad con el mundo...» (p. 61) que traen consigo los jóvenes. Lanza, Guiñazú y Díaz Grey reflejan, en sus discusiones sobre la pareja, las opiniones de los sanmarianos. Concluyen: «... que mueren jóvenes los que aman demasiado a los dioses.» (p. 79) El infierno, aquí como en la obra teatral de Sartre, resulta ser los demás. En este caso, la alienación comunitaria constituye los demás.

Aunque la comunidad en *Los adioses* no es Santa María, reina la misma mentalidad provinciana. A través de las observaciones del almacenero, del enfermero y de la mucama, se llega a conocer un conjunto de datos sobre la vida del deportista. El análisis de estos datos resulta ser una condena del hombre y a la vez de su comportamiento. El rechazo es una enajenación de acuerdo mutuo, porque el deportista —igual a la extranjera de «El álbum»— tampoco quiere formar parte de esta sociedad. La soledad es inevitable, puesto que no hay posibilidad de comprensión mutua.

A veces la comunidad de Santa María asiste al derrumbe de un proyecto, como, por ejemplo, el del astillero. También asiste a la derrota del individuo, como es el caso de Larsen y el astillero o de Risso en «El infierno tan temido». Un proyecto cooperativo del que sólo se tiene detalles en la narrativa de Onetti es el falansterio. Pero a través de referencias sueltas en varias obras se alude a este ideal de vida comunitaria intentado por Marcos Bergner, Moncha Insaurralde y varias otras parejas de jóvenes sanmarianos. Unicamente se sabe que la comunidad fracasó, sus ideales convertidos en aventura sexual.

En el caso del prostíbulo de *Juntacadáveres* la sociedad sanmariana hace un papel directo que conduce el proyecto hacia su fracaso. En cierto sentido, el prostíbulo de Junta Larsen es la realización del proyecto del Rufián Melancólico, Haffner, de *Los siete locos* de Arlt. La empresa de Haffner representaría el apoyo económico de la nueva sociedad del Astrólogo. Pero él es un *cafishio* de éxito en el mundo real, mientras que Larsen siempre ha vivido en el fracaso:

> A través de los fracasos, de los malos momentos, de los años de pruebas y ensimismamientos, de lecciones imprevistas, Junta había llegado a descubrir que lo que hace pecaminoso al pecado es su inutilidad, aquella perniciosa manía de bastarse a sí mismo, de no derivar; su falta de necesidad de trascender y depositar en el mundo, visibles para los demás, palpables, cosas, cifras, satisfacciones que puedan ser compartidas. (*Juntacadáveres*, p. 63)

Este sentido de naufragio —que él veía cumplirse indepen- diente de cualquier circunstancia imaginable—, esta condenación biológica al desengaño, hermanaba con él a todas las mujeres. (pp. 187-188)

Ambos prostíbulos, el de Haffner y el de Larsen, fracasan. En el primer caso, no se realiza el proyecto. Pero el de Larsen es un sueño que él sí intenta realizar. Desea levantar el prostíbulo perfec- to. Como todo sueño que se desea concretar se derrumba en contac- to con la realidad. Aquí la fuerza negativa es la oposición de la so- ciedad sanmariana. Junta estaba seguro de tener el derecho legal de abrir el prostíbulo al emprender el proyecto, pero la fuerza más poderosa, la que realmente importa, resulta ser la moral hipócrita reinante en Santa María. Larsen lucha «... por la libertad, la civili- zación y el honrado comercio.» (p. 251) Por contraste, los que triunfan en nombre de la rectitud moral —el cura Bergner, la Liga de Decencia y la Acción Cooperadora— realizan su victoria en base a subterfugios y cartas anónimas.

Ni el Arlt ni en Onetti el prostíbulo es un recurso para des- cribir escenas sexuales de raíz naturalista. El prostíbulo de Haffner sería un sostén económico, igual a la profesión de las mellizas del cuento homónimo. El prostíbulo de Junta, según el propio Onet- ti, patentiza el arte de su personaje:

> Pero me preguntabas por la diferencia entre el Larsen del principio y el Larsen (Juntacadáveres) de ahora. Está ahí: un día sentí, porque lo sentí, que el individuo, el tipo, el coso, como quieras, tiene su porcentaje de fe, su porcentaje de desinterés, por lo menos un desinterés inmediato. El individuo ese, Larsen, Junta Larsen, es un artista. Claro que el concepto me salió muy entreverado.[5]

La comunidad se une en contra de Larsen y del prostíbulo, y el éxito de aquélla logra salvar la apariencia de respectabilidad en el pueblo. Pero dentro de esta comunidad hay elementos diversos y hasta contradictorios. Marcos Bergner, por ejemplo, el sobrino del cura, formó parte del grupo del falansterio en el pasado; sin em- bargo, ahora se declara en contra del prostíbulo, pero esto no im- pide que, al ir allí, goce de su ambiente. Las relaciones de Marcos con Rita indican, en esta misma novela, el verdadero nivel de su sentido moral. Jorge Malabia actúa en contra de la ética sanmariana al apoyar el proyecto de Larsen. También se niega a ceñirse a esta moral en las relaciones con su cuñada Julita. Julita misma repre- senta una contradicción. Por un lado está su idilio con Jorge. Por

---

[5] Rodríguez Monegal, «Conversación...», *op. cit.,* p. 457.

otro lado acepta recibir en su casa a la Acción Cooperadora, en la campaña de anónimos contra el prostíbulo. Cuando la comunidad expulsa de Santa María a Larsen y a las tres pobres y gastadas mujeres consiste en un procedimiento tan hueco como la moral que aparenta defender.

En la narrativa de Onetti, así como en el pensamiento de Sartre, se sostiene únicamente la posibilidad de una relación en el nivel individual con el prójimo.

La primera posibilidad, de la serie de conductas antes notadas según Sartre, es el amor. Sartre lo describe en los siguientes términos:

> Cuanto más se me ama, más pierdo mi *ser,* pues soy devuelto a mis propias responsabilidades, a mi propio poder ser. En segundo lugar, siempre es posible el despertar del otro; en cualquier momento puedo hacerme comparecer como objeto: de ahí la perpetua inseguridad del amante. En tercer lugar, el amor es un absoluto perpetuamente *relativizado* por los otros. Sería menester estar solo en el mundo con el ser amado para que el amor conservara su carácter de eje de referencia absoluta.[6]

El amor, descrito así, resulta ser un ideal que se hace imposible en la práctica. Debe de ser más que la posesión física de otro cuerpo, pero siempre va mano a mano con el peligro de reducirse sólo al nivel físico. En la narrativa de Sartre se destaca este tratamiento del amor. En *La náusea,* lo que más se acerca al amor es el recuerdo de los momentos perfectos entre Roquentin y Anny, pero ambos personajes terminan convencidos de su falsedad.

La posibilidad del amor no corre mejor suerte en *El extranjero* de Camus. María quiere saber si Meursault está enamorado de ella:

> Contesté como ya lo había hecho otra vez: que no significaba nada, pero que sin duda no lo amaba.
> «¿Por qué, entonces, casarte conmigo?», dijo. Le expliqué que no tenía ninguna importancia y que si lo deseaba podíamos casarnos.

Pero para Meursault no existe más que el acto físico, sólo mecánico, que no se asemeja nada al amor. Para María, el amor es algo posible en que necesita creer. Algunos personajes de Roberto Arlt, como María en *El extranjero,* sienten la necesidad de creer en el amor. Balder, en *El amor brujo,* sueña con el amor de Irene. Pero le domina la moral burguesa y, al averiguar que no es virgen, regresa

---

[6] Sartre, *El ser y la nada, op. cit.,* p. 470.
[7] Camus, *El extranjero, op. cit.,* p. 63.

a su propia esposa. Erdosain, a semejanza de Meursault, admite la imposibilidad del amor.

Para Eladio Linacero, el amor existió en el pasado. Pero es algo ya inalcanzable:

> El amor es maravilloso y absurdo e, incomprensiblemente, visita a cualquier clase de almas. Pero la gente absurda y maravillosa no abunda; y las que lo son, es por poco tiempo, en la primera juventud. Después comienzan a aceptar y se pierden. (*El pozo*, p. 29)

Esta pérdida de la juventud parece aplicarse más a la muchacha que cambia en mujer que al hombre, aunque el tiempo corroe a los dos. Pero el amor es posible todavía en los sueños. De ahí el refugio de Linacero en la aventura soñada con Ana María en la cabaña de troncos. Esto se contrasta con el episodio repugnante que realmente ocurrió. Ana María entró en la cabaña sólo porque creyó en una mentira inventada por Linacero; éste terminó torciéndole los pechos, en un gesto de desprecio. Resulta igualmente inútil intentar conservar el amor de Cecilia porque ya habían desaparecido para siempre las características de la muchacha Ceci. El amor se pierde, como dice el propio Linacero, en la primera juventud.

Los cuentos de Onetti reiteran lo irrealizable que es el amor. En «Un sueño realizado», la mujer intenta sin éxito recuperar el cariño de su sueño de juventud. La negación del amor parece correr suerte paralela a la imposibilidad de la muchacha. En «Bienvenido, Bob», el amor le es negado al narrador por intervención del hermano Bob. En «La casa en la arena», el amor es una parte de una variante de un recuerdo de Díaz Grey. Molly le da un anillo, que tiene varios destinos según la versión que Díaz Grey escoja del recuerdo. Además, Molly le miente que había escrito los siguientes versos:

> Here is that sleeping place,
> Long resting place
> No stretching place,
> That never-get-up-no-more
> Place
> Is here. (pp. 48-49)

Díaz Grey alude a la necesidad de suprimir palabras entre ellos «... para que cada uno pueda engañarse a sí mismo.» (p. 48) El amor sólo existe en la alteración de la circunstancia misma o del recuerdo.

Tiempo de abrazar revela, según Angel Rama, un aspecto onettiano anterior a *El pozo,* donde el amor era posible en la realidad presente y no solamente en los sueños. Jasón, el joven de la novela, está dispuesto a luchar contra todos para mantener su amor. Este amor, además, no depende de la virginidad de la muchacha sino del estado mismo del amor.[8] Pero en toda obra onettiana posterior, el amor en el presente les es negado a los personajes.

En *Tierra de nadie,* la palabra amor no interviene. Como todo valor o aspecto afirmativo, está totalmente ausente. El amor en *Para esta noche* permanece relegado al nivel del recuerdo; esto ocurre cuando Ossorio piensa en Luisa la Caporala o cuando Morasán contempla a su esposa Beatriz. La relación actual entre Ossorio y la muchacha Victoria Barcala es más bien una especie de tierna protección, a pesar, o quizá a causa, de haber sido el delator del padre de ella. Además, Victoria —el mismo nombre también lo ratifica— queda eternizada como muchacha porque muere así. La muerte detiene el proceso temporal, de modo que nunca tendrá hijos y otros elementos que algún día la convertirían fatalmente en la mujer. En *La vida breve* la posibilidad del amor desapareció con la joven Gertrudis. En *Tan triste como ella* se observa el desvanecimiento del amor con la conversión de la muchacha en mujer. La muerte repentina de la muchacha sorda en *La cara de la desgracia* la conserva en un estado de pureza. En «El infierno tan temido» la venganza actual de la esposa de Risso sirve de contraste con lo que antes fue «... la locura, el amor sin salida ni variaciones.»

Unicamente *Los adioses* parece ser una excepción a esta larga letanía del fracaso del amor. Emir Rodríguez Monegal y James East Irby la enfocan como una historia de amor que contrasta con la vergonzante historia sexual contada por el almacenero. Pero, Hugo Verani acertadamente apunta que ambos críticos están equivocados, pues si el amor implica la comunicación en esta novela no existe tal sentimiento. Al deportista lo que más le importa es su pasado como jugador de basquetbol, eligiendo este asunto como tema cuando habla en presencia del almacenero. Y ésta es casi la única referencia del hombre a su propio pasado, una historia que no fuera deducida ni inventada por el almacenero.[9] Aunque fuera correcta interpretarla como una historia de amor testimoniaría el final del

[8] Angel Rama, «Origen de un novelista y de una generación literaria», Apéndice en *El pozo* de Juan Carlos Onetti, 5.ª ed. (Montevideo: Editorial Arca, 1969), p. 101.

[9] Emir Rodríguez Monegal, «La fortuna de Onetti» en *Literatura uruguaya del medio siglo* (Montevideo: Editorial Alfa, 1966), pp. 246-247 y James East Irby, *La influencia de William Faulkner en cuatro narradores hispanoamericanos,* Tesis para el grado de maestro en letras hispanas, Escuela de Verano, Universidad Nacional Autónoma de México, 1956, p. 105. La posición contraria se desarrolla en Hugo J. Verani, «En torno a *Los adioses* de Juan Carlos Onetti» *Anales de la Universidad de Chile* (Santiago de Chile), Año CXXIV, N.º 145 (enero-marzo de 1968), pp. 36-37 y 43.

deportista. El amor quedaría relegado donde Linacero lo visualiza, es decir como algo absurdo e imposible.

Se suele pensar que el odio es lo contrario del amor, pero esto no es precisamente así en la obra onettiana. Ambos sentimientos representan una cara de la moneda cuya contracara es la indiferencia. Los dos sentimientos demuestran, por lo menos, un intento de los personajes para relacionarse con sus prójimos. Cuando se es indiferente, se trata al prójimo como si no fuera más que un objeto con el que sólo se guarda relación funcional. El odio representa, además, una manera de protección, de insularse contra el otro; testimonia la imposibilidad de la comunicación. Se observa el odio en la práctica por medio de la venganza y del sadismo. En *A puerta cerrada* de Sartre, el odio aparente entre los tres protagonistas es un medio por el cual el uno se defiende contra el otro; se encubre un poco contra lo que los otros pueden descubrir en cuanto a la vida del tercero. Pero se mezclan con el odio varios intentos de acercarse a relaciones afectivas o por lo menos físicas; el tercer personaje siempre impide que se realice semejante unión entre los otros dos.

Las instancias del odio en la narrativa de Onetti son menos numerosas que las de otros sentimientos o de la indiferencia porque el personaje onettiano quiere estar en el mundo sin tener que actuar. Prefiere caer en la indiferencia o resignarse a la inacción. El odio demostrado en *Para esta noche* nace de raíz concreta. Proviene de la oposición en condiciones de guerra. En «Mascarada», la protagonista piensa que todos la miran con odio por lo que indica su cara pintada. Es como si hubieran sabido que no tenía la cara así unas horas antes. El odio que ella se imagina se relaciona con su propia vergüenza.

En varios casos, el odio se encadena con la venganza. El narrador de «Bienvenido, Bob» mira los gestos del adulto Roberto —en busca de restos del joven Bob— para poder odiarlo. Su venganza es el producto de la comprobación de que no queda nada de Bob, y está satisfecho al ver que es un adulto cabal del mundo corrompido de los demás. En *Los adioses,* el odio del almacenero proviene de su envidia por el pasado del deportista tanto como de la negación de éste de resignarse a la curación o a la vida del pueblo montañés. La venganza del narrador consiste en poder mantenerse como espectador a lo largo del derrumbe del basquetbolista. Además, hay pequeñas venganzas, como la de no entregarle al deportista sus cartas. Al almacenero no le resta otro placer, pues había predicho que el atleta se moriría poco después de llegar. Unicamente en «El infierno tan temido» la venganza que es producto del odio no se limita a las palabras. Las fotos que Gracia le manda a Risso le provocan un estado infernal. Este piensa: «... la venganza era esencialmente menos grave que la primera, la traición, pero también mucho menos soportable. Sentía su cuerpo largo expuesto como un nervio al dolor del aire, sin amparo, sin poderse inventar un alivio.» (p. 112) La crueldad y la plasticidad de la venganza sobresalen y ésta y el odio son potencias que posibilitan la acción, la cual resulta ser el suicidio de Risso.

El odio sirve de protección en varias obras onettianas. Orsini, gerente de Jacob van Oppen en «Jacob y el otro», intenta encubrir con el odio el paso de los años:

> Recordó a van Oppen joven, o por lo menos aún no envejecido; pensó en Europa y en los Estados, en el verdadero mundo perdido; trató de convencerse de que van Oppen era tan responsable del paso de los años, de la decadencia y la repugnante vejez, como un vicio que hubiera adquirido y aceptado. (p. 200)

El oído responde a instintos más básicos en *Tan triste como ella*. La mujer tiene necesidad física del pocero con quien comete el adulterio, pero su reacción frente a él es de odio:

> Cuando el pocero estaba terminando la segunda copa se acercó a la cama y dio otras órdenes. Nunca había imaginado que un hombre desnudo, real y suyo, pudiera ser tan admirable y temible. Reconoció el deseo, la curiosidad, un viejo sentimiento de salud dormido por los años. Ahora lo miraba acercarse; y empezó a tomar conciencia del odio por la superioridad física del otro, del odio por lo masculino, por el que manda, por quien no tiene necesidad de hacer preguntas inútiles. (p. 138)

En el ejemplo anterior, toda relación se reduce al nivel de los instintos físicos o carnales. La necesidad de la relación física se destaca al darse cuenta de la imposibilidad de «la comunión de las almas».[10] Con la desaparición del amor en el mundo de lo posible surge la importancia del cuerpo, del acto sexual y de la relación física, en un intento para reemplazar el amor. Muchos personajes se refugian en las relaciones sexuales a lo largo de la narrativa onettiana. La vida que cuenta del personaje empieza con el despertar sexual. Lo sexual también testimonia el cambio de muchacha en mujer con el correr de los años. Pero Onetti no se regodea en describir el placer erótico; más bien es la degradación de los personajes al nivel de los instintos; de ahí el odio con que reacciona la mujer de *Tan triste como ella* hacia el pocero de quien tiene necesidad. En la mayoría de los casos, hasta no se escribe el acto mismo; no es así por prurito moral sino porque el acto carece de significado. La

---

[10] Emmanuel Mounier, *Introducción a los existencialismos,* Traducción de Daniel D. Montserrat, Revisada por Fernando Vela (Madrid: Ediciones Guadarrama, S. A., 1967), p. 135.

ausencia de una moral sólo hace que haya muchas prostitutas y relaciones fuera del matrimonio. Pero no hay una ética prescrita que dicte la rectitud de semejantes actos.

En la obra de Sartre y Camus, el amor también está reducido a un erotismo sin emoción; sólo es la expresión de algo necesario, pero no la vivencia de un placer. El acto sexual tiene que ser algo exterior porque, según Sartre, de otra manera se correría el peligro de convertirse en objeto del otro. Dado que es imposible apoderarse del otro como sujeto, el deseo se convierte en un esfuerzo de posesión en el nivel físico. En *L'Imaginaire* Sartre distingue entre la belleza y el deseo de posesión en el plano físico. Si se desea a una mujer, hay que olvidarse de su belleza porque el deseo está en el plano de lo real y la belleza es un valor estético que sólo puede aplicarse al mundo de la imaginación.[11] En este sentido se puede decir que la muchacha onettiana pertenece al plano estético de la belleza y la mujer pertenece al plano real. El contacto físico no es un criterio rígido para distinguirlas porque la muchacha puede mantener su estado ideal a pesar del trato con un hombre. Pero la relación jamás se sostiene por mucho tiempo: o tanto porque ella se convierte en mujer o porque la relación termina.

Roquentin al hacer el amor con la patrona del café de Bouville lo considera como un acto de cortesía hacia ella. Más tarde, cuando está por salir de Bouville, ve por última vez a la mujer y no puede creer que aquel cuerpo le había pertenecido. La relación, desde el principio, se había limitado al acto sexual y por eso, por carencia de trascendencia, terminó en la nada. En *Los secuestrados de Altona* la relación entre Johanna y su marido Werner se ha reducido a lo puramente físico. Es lo único que resta de aquel amor que condujo al matrimonio. Si ocurriera una relación entre Johanna y su cuñado Frantz también se rebajaría al nivel instintivo de los deseos. Frantz sostiene una relación incestuosa con su hermana; Leni denomina este deseo de posesión física orgullo de familia. En *A puerta cerrada* el posible contacto entre los protagonistas también se reduce al deseo. Garcin le dice a Estelle que no puede amarla puesto que la conoce demasiado, pero que sí puede desearla; de todas formas, esto es lo único que le interesa a ella.

En *El extranjero* Meursault se asemeja a los personajes sartreanos en la reducción del amor al deseo. Le había dicho a María que se casaría con ella a pesar de no amarla porque, para él, el amor carece de sentido. En la cárcel, puebla sus días con recuerdos, ya que nada había de interés en su vida actual:

---

[11] Sartre, *El ser y la nada, op. cit.*, pp. 395, 428 y 504 y Jean-Paul Sartre, *L'Imaginaire: Psychologie phénoménologique de l'imagination,* 6ème ed. (Paris: Librairie Gallimard, 1948), pp. 245-246.

> Por ejemplo, estaba atormentado por el deseo de una mujer. Era natural: yo era joven. No pensaba nunca en María particularmente. Pero pensaba de tal manera en una mujer, en las mujeres, en todas las que había conocido, en todas las circunstancias en que las había amado, que la celda se llenaba con sus memorias y se poblaba con mis deseos.[12]

El deseo sexual puede dejar huellas o memorias inconexas, pero no basta para que se formen vínculos mutuos en una relación duradera.

En cuanto a la relación sexual, Roberto Arlt no puede ser más que un antecedente parcial de Onetti, dado el prurito moral de su época. La relación hombre-muchacha carece totalmente de contacto físico. Así lo imagina Erdosain con la millonaria; así es también la relación entre el Astrólogo e Hipólita, aunque en este caso por el motivo de la impotencia sexual del hombre. Lo sexual se atiene a la moral burguesa. Balder rompe con Irene porque no es virgen. Si regresa a su esposa al final de la obra es sólo para mantener la fachada moralista. Elsa, esposa de Erdosain, hace una afrenta al abandonarlo por un capitán. Lo sexual, a semejanza de lo que ocurrirá en Onetti, no basta para que se mantengan lazos duraderos entre los esposos.

A lo largo de la narrativa onettiana existen hombres que se despiertan al lado de una mujer pensando que se habían acostado con una muchacha, y por consecuencia sólo permanece la relación física porque todo lo ideal desapareció con la muchacha. Se pueden pensar en Eladio Linacero y Cecilia, en Juan María Brausen y Gertrudis o en la pareja de *Tan triste como ella.* Pero la relación física tampoco facilita la comunicación; no es más que otro desengaño.

En *El pozo,* Ana María le proporciona a Linacero en el mundo real un desengaño semejante al que provoca Elsa a Erdosain cuando se va con el capitán; en el caso de Ana María, ésta le escupe en el rostro a Linacero. Este afirma que, en su encuentro real con Ana María, casi todo estaba previsto menos el final, es decir, antes del encuentro ya presentía el desengaño. Con Ana María nunca había sido cuestión de deseo; pero en todo caso se convierte en una caricia final que es vergonzante y odiosa para ella. Unicamente en el sueño existe la Ana María bella que es la muchacha ideal desnuda de la cabaña de troncos. Linacero comprueba en la práctica la afirmación de Sartre de que la belleza no tiene nada que ver con la mujer en el plano real del deseo. Al estar con Hanka, Eladio define la relación concreta entre el hombre y la mujer:

> Entonces me contestó que tenía razón, pensándolo bien, y que iba a buscarse un hombre que sea un animal. No quise decirle

---

nada, pero la verdad es que no hay gente así, sana y limpia como un animal. Hay solamente hombres y mujeres que son unos animales. (p. 22)

El animal humano, porque ha sufrido un grado mayor de contaminación en el mundo, no está tan sano como él como el animal que se porta a base del instinto puro.

El único posible trato entre los seres de *Tierra de nadie* se da en el contacto sexual; en realidad no es una relación porque no hay posible comunicación sino sólo nexos de poca duración entre solitarios. El trato entre Aránzuru y Nené, por ejemplo, termina como un fruto maduro que se cae de un árbol. Aránzuru deja de un modo semejante a Katy, diciéndole simplemente que no se verán más. En *Manhattan Transfer* de Dos Passos también se intenta emplear el trato sexual para llenar un vacío interior, pero la relación sexual no sirve y el amor no existe en el mundo de lo posible.

Hablando de *Para esta noche,* Onetti negó el posible lolitismo de la relación entre Ossorio y Victoria Barcala. En primer lugar, *Lolita* de Nabokov todavía no había sido publicada para entonces: además, Onetti rechazó la acusación de la crítica de que el lolitismo fuera en esta obra o en obras posteriores, motivación de su novelística.[13] Este caso de relación entre un hombre y una niña —ya Arlt lo anticipó en la relación entre Balder e Irene en *El amor brujo*— es excepcional en *Para esta noche,* pues toda otra relación entre hombre y mujer se condiciona en términos sexuales. Ossorio, al principio pensaba en una mujer a quien veía con el muerto en el reservado del café: «... era posible acostarse con ella con la imaginación en otra cosa.» (p. 18) Más tarde cuando tiene miedo de que lo prenda Morasán —quien trabaja ahora como policía— acaricia a una mujer porque el calor de otro ser humano le parece la cosa más importante del mundo. Se destaca en las mujeres también el deseo sexual. Una de las mujeres que estaba en el reservado con el muerto mira a Morasán y piensa: «'Soy una degenerada. Morasán me da asco, todo el cuerpo me gusta y está rodeando el asco que es lo más fuerte de todo, y lo que me deja loca es el asco que le tengo.'» (p. 39) En estas condiciones extremadas de una guerra donde todo es cuestión de vida y muerte, el individuo se agarra, se autodetermina, en lo único firme, el deseo sexual. Todo lo contrario de la comunicación, es un grito de desesperación. Farla le describe a Ossorio esta necesidad:

—Dentro de la atmósfera hay sólo esto: acostarme con esa mujer, esta noche. Después de todo, después de las frases sobre la fraternidad humana no hay más que la manía personal de cada

[13] Onetti, «Por culpa de Fantomas», *op. cit.,* p. 224.

uno. A veces la manía coincide con los deseos de los demás y entonces aparece el hombre superior. (pp. 139-140)

En «Nueve de Julio», durante la relación entre Grandi y Aurora no existía amor y hasta el deseo físico llegó a adormecerse. Al describir a Aurora como muchacha, se alude a su edad, pero no a una pureza idealizada:

> «Y aparte de lo inevitable, aparte de tener una muchacha en la noche en su habitación Grandi no sintió ningún deseo especial por ella, ningún impulso de acercarse a tocarla, seguro además de que la muchacha estaba tan vacía como él, aquella noche y las otras. (p. 14)

La soledad de sentirse vacío en la relación sexual revela que ésta no lleva a la comunicación. Brausen, en *La vida breve,* encuentra semejante vacío en sus relaciones con Gertrudis, la Queca y Raquel.

Además de las prostitutas, *Juntacadáveres* está llena de relaciones que no pasan del nivel sexual. Marcos, en la cama con Rita, hace observaciones cínicas sobre la inmundicia de los seres humanos que pueblan la tierra. Esta especie de trato se reproduce varias veces en *Para una tumba sin nombre:* entre Rita y Ambrosio o Rita y Jorge. Tito observa que Jorge, quien carecía de conciencia, se había transformado en otro Ambrosio. A primera vista, la relación entre Jorge y Julita en *Juntacadáveres* parece tener raíces más hondas. Pero ésta no pasa de lo físico y aun esto es un engaño, pues se basa en la ficción de que Jorge sea su hermano muerto Federico. A lo largo de la relación, Jorge madura, pero en la soledad.

En *El astillero* Larsen tiene trato con tres figuras femeninas, pero todos los intentos terminan en fracasos. La locura —o la idiotez— detiene su relación con Angélica Inés. Logra tener contacto sexual con Josefina, la sirvienta de los Petrus, pero no hay comunicación entre ellos. Al acostarse con ella, piensa en su primera juventud, pero no puede sentir más que «... la hermandad de la carne y de la sencillez ansiosa de la mujer.» (p. 193) Pero no es consuelo de nada una relación tan impersonal «... que cualquier otro podría haber conocido en su lugar.» (p. 193) El embarazo de la mujer de Gálvez detiene esa posible relación.

La primera melliza testimonia la impersonalidad del trato sexual, cuando éste se enfoca en términos de negocio. Dice:

> —Yo no tengo la culpa si me dicen «después», si me miran como si fuera yo la que anda buscando estafarlos. Y si después me hago la enérgica cuando se están vistiendo, son ellos los que se ríen. No puedo reclamar a nadie, y también yo me río. ¿Tengo la culpa? («Las mellizas», p. 34)

Aunque el narrador recuerda con ternura el contacto con ella, no hay nada personal en el acto sexual.

En *La muerte y la niña* Augusto Goerdel resume muy bien el papel de la sexualidad:

> «¿Si no quieren hacer una sociedad de amor, qué tipo de sociedad quieren hacer? Obviamente, lo que quieren es solamente el poder, para sentirse poderosos. Pura vanidad. Puro ejercicio del «machismo», la enfermedad *sui generis* de América Latina, todo sexualmente arraigado, y muy primitivo. Al nivel de las sociedades más primitivas de la selva.» (p. 116)

Este primitivismo no responde al deseo del hombre moderno para hallar la comunicación tanto en el amor o en alguna otra forma de encuentro.

Otro posible medio de comunicación es la amistad, pero ésta se convierte en un rito hueco de la cordialidad social. Por ejemplo, Raimundo, en *El extranjero,* le llama «camarada» a Meursault cuando éste le escribe una carta que desea. Pero la expresión de camaradería es puramente práctica; Meursault acaba de hacerle un favor. Además, Meursault piensa: «Me era indiferente ser su camarada y él realmente parecía desearlo.» [14] La amistad no le proporciona a Meursault más razón de ser que el amor.

La incomunicación puede existir en la pareja tanto como entre supuestos amigos o camaradas. Roquentin estima como tesoros lo que denomina sus momentos perfectos con Anny. Pero Anny lo desengaña al asegurarlo de que no existen semejantes momentos de comunicación perfecta entre dos seres. Los dos dejan confirmado que la aventura no existe; no hay comunicación. Antoine pregunta:

—¿Qué no hay situaciones privilegiadas?

—Eso es. Yo creía que el odio, el amor o la muerte bajaban sobre nosotros como las lenguas de fuego o Viernes Santo. Creía que era posible resplandecer de odio o de muerte. ¡Qué error! Sí, realmente, pensaba que existía «el Odio», que venía a posarse en la gente y a elevarla sobre sí misma. Naturalmente, sólo existo yo, yo que odio, yo que amo. Y entonces soy siempre la misma cosa ... . [15]

—Yo me... yo me sobrevivo —repite pesadamente.

¿Qué puedo decirle? ¿Acaso conozco motivos para vivir? No estoy desesperado como ella, porque no esperaba gran cosa. Estoy más bien ... asombrado frente a esta vida que he recibido para *nada*. Mantengo baja la cabeza, no quiero ver el rostro de Anny en este momento.

---

[14] Camus, *El extranjero, op. cit.,* pp. 51-52.
[15] Sartre, *La náusea, op. cit.,* p. 220.

—Viajo —prosigue con voz lúgubre—; vengo de Suecia. Me detuve ocho días en Berlín. Este tipo que me mantiene ... .

Tomarla entre mis brazos ... . ¿Para qué? ¿No puedo nada por ella? Está tan sola como yo.[16]

Roquentin parece entender y hasta compartir el estado de Anny, pero lo que comparte, finalmente, es su soledad. Leo Pollmann señala tres tentaciones a través de las cuales Roquentin llega a darse cuenta de su aislamiento total, de que está de más en el mundo: el humanismo falso del Autodidacto, la figura de Anny y la última visita del personaje a la biblioteca de Bouville.[17] A semejanza de los dos primeros instantes, Roquentin en la biblioteca de Bouville no encuentra más que su propia soledad. Es testigo de la experiencia humillante del Autodidacto, quien se ve echado de la biblioteca por sus tendencias homosexuales.

En *Los secuestrados de Altona* se demuestra otra vez la imposibilidad de la comunicación. Johanna había abandonado su carrera de actriz para casarse con Werner, pero le confiesa a su cuñado Frantz que tiene miedo de enfrentarse con la realidad circundante. En su relación conyugal, no logra la comunicación; es un trato que se reduce cada vez más al acto mecánico sexual. Johanna tampoco se comunica con Frantz, puesto que su relación se basa en mentiras mutuas —la cobardía de ella frente a la vida y la negación de él de tomar conciencia de su propio pasado de traidor. Frantz se ha escondido en su cuarto tapando la ventana para poder quedarse con su fantasía de una Alemania en ruinas. Hasta se niega Werner a ejercer su propia voluntad; se somete a la del padre, pero sin verdadero entendimiento entre ambos.

El ejemplo máximo de la incomunicación ocurre en *La metamorfosis*. Gregor Samsa se ve forzosamente rechazado y excluido de todo trato con otro ser humano. Vuelto insecto, testimonia la imposibilidad total de comunicación que se puede aplicar, por extensión, a los que siguen guardando la apariencia de seres humanos.

La ausencia de comunicación no es la única causa de la soledad del ser humano, pero destaca otra imposibilidad que se suma a la falta de valores, lo irrealizable que es el amor y el fracaso de la relación sexual. Visto desde esta óptica, el ser humano tiene que emprender la búsqueda de una vida auténtica desde la soledad, por eso, ésta no aparece del todo indeseable. Sin embargo, los personajes onettianos jamás utilizan las condiciones solitarias en que viven para lanzarse a la vida auténtica.

---

[16] *Ibid.,* p. 222.

[17] Leo Pollmann, *Sartre y Camus: Literatura de la existencia,* Traducción de Isidro Gómez Romero (Madrid: Editorial Gredos, S. A., 1973), pp. 31-37.

En los primeros cuentos escritos por Onetti, resalta ya la incomunicación entre los seres humanos. Suald y Baldi transitan solos por las calles de la ciudad. En el caso de Baldi, la incomunicación también se destaca en la pareja. Una mujer desconocida desea hablar con él y para zafarse de ella, le cuenta aventuras soñadas, por ejemplo, cómo cazó negros en el Transvaal. Piensa, entonces, que ella sentirá repugnancia y así desistiría de su propósito. Pero ella no siente lo que el hombre quería que entendiera y solamente se compadece de los sufrimientos de éste:

> —¿No siente un poco de repugnancia? ¿Por mí, por lo que le he contado?
> —Oh, no. Yo pienso que tendrá usted que haber sufrido mucho. («El posible Baldi», p. 2)

Más adelante, ella le dice: —Pobre amigo. ¡Qué vida! tan solo... (p. 2) A semejanza de lo que ocurre entre Roquentin y Anny, hay comprensión de la soledad del otro, pero la comunicación entre estos solitarios sigue siendo una imposibilidad.

En «El obstáculo» se observa la falta de relación entre el Negro y los otros prisioneros de su grupo y oye los planes de evasión de los otros como si fuera un forastero entre ellos. Al averiguar, más tarde, que se ha cogido al grupo, escucha impasivo. Su propio escape es una decisión solitaria, envuelta en sus recuerdos de Buenos Aires. En el nivel individual parece, a primera vista, que se preocupa del prójimo. Pasa la noche con otro prisionero que está delirante y a punto de morir. Pero sólo resulta ser una curiosidad para comprobar lo poco que el moribundo tiene que ver con el hombre que antes había sido, más bien que la compasión o la amistad.

El pozo presenta una visión más completa de la incomunicación. Linacero nota su soledad en el grupo, al referirse a la fiesta familiar cuando, a los quince o dieciséis años: «... no tenía nada que ver con ninguno.» (p. 10) La amistad es también un fracaso en su vida adulta. Trata de comunicar sus sueños a Ester, la prostituta, y a Cordes, el intelectual. Ninguno de los dos demuestra la menor comprensión. Después de su intento con Cordes, observa: «Algo estaba muerto entre nosotros.» (p. 46) La amistad sólo es posible en el mundo de los sueños. Así, el sueño se concretiza en el juego de naipes, en la bebida v en el fumar cigarrillos en un grupo de amigos en Alaska: «se juega por monedas y sólo buscamos pasar una noche amable y juntos.» (p. 16) La Ana María ideal, la única con quien es posible que encuentre el amor, forma parte del mismo sueño. Pero, en el mundo real, la vida de Linacero es un catálogo de fracasos en cualquier intento de comunicación con otro ser humano. De ahí lo eficaz que es el título. Se alude al hundimiento de Linacero en el encierro físico de su cuarto y en el pozo de su propia soledad.

Leo Pollmann halla en *El pozo* y en *El túnel* de Ernesto Sábato la frustración desesperada a causa de no poder alcanzar nada que esté fuera del pozo individual. A ambos libros los contrasta con la libertad absoluta que observa en los libros de Sartre.[18] A lo mejor esta desesperación puede aplicarse a Juan Pablo Castel en su necesidad de entablar comunicación con otro ser humano, pero Linacero más bien se resigna a su condición de solitario.

Dada la imposibilidad de la comunicación, los personajes onettianos, como los sartreanos, encuentran a veces que la soledad es deseable. El hombre de «Excursión» sale de la ciudad en busca de la soledad añorada en el campo: «... absoluta soledad de su alma, fantástica libertad de todo su ser, purificado y virgen como si comenzara a divisar el mundo. Paz: no paz de tregua, sino total y definitiva.»[19] En «Convalescencia», se destaca la soledad por parte de la mujer. Ella cultiva su condición solitaria en la playa y allí se siente sana y feliz. Al tener que regresar a la ciudad, vuelve a sentirse enferma y vieja. Pero, a diferencia de la conducta prescrita para la vida auténtica existencialista, estos personajes onettianos no aprecian su soledad como una voluntad para accionar en el mundo.

Las reuniones entre los personajes de *Tierra de nadie* hacen resaltar la soledad del individuo. Las series de parejas que cambian constantemente a lo largo de la novela implican la falta de raíces en cualquier relación. Por el contrario, estas parejas parecen estar compuestas de personas que se dejan llevar por relaciones sin sentimiento ni comunicación. Casal nota: —Casi todo queda encerrado en uno y no hay comunicación. El arte y la borrachera y estar viviendo junto a los demás. (p. 128) Se reitera, así, la convivencia de seres solitarios. La vida de Aránzuru se resume en un conjunto de mujeres que le aburren: Nené, Katy, Nora y otras muchas. No hay otra cosa; es la única manera de evitar la soledad total. Pero no le facilita ningún lazo. Llarvi también se encuentra vacío en todo trato que no sea con su soñada Labuk. Al final de la novela, Llarvi se ha suicidado y Aránzuru hasta ha perdido el sueño de su isla. Como en *Hombres en soledad* de Gálvez, hay tantas soledades que éstas se convierten en lo característico de la condición humana.

La fuga de un ser humano, así como la muerte, es siempre un

---

[18] Pollmann, *La «nueva novela»* ..., *op. cit.*, p. 95.

[19] Juan Carlos Onetti, «Excursión», *Marcha* (Montevideo), Año V, N.º 176 (19 de marzo de 1943), p. 14. El hombre de «Excursión» resulta ser el Jasón de *Tiempo de abrazar* como se comprueba en *Tiempo de abrazar y los cuentos de 1933 a 1950* (Montevideo: Arca Editorial S.R.L., 1974), pp. 192-195.

acto individual. En *Para esta noche,* la huida desesperada de los personajes sólo los conduce a contactos casuales, más bien que a vínculos duraderos. Fernández siente la necesidad de comunicar ciertos pensamientos suyos a otro ser humano. No hay amigos; se los relata a cualquier persona por el simple hecho de que es la más próxima. El personaje cuenta que su vida está apoyada en dos cosas sin verdadera conexión entre sí: que su madre creía comprender el mundo a través de sus lecturas en periódicos, y que vio desde una ventana una batalla en la cual se daba muerte a una mujer que portaba a una niña. Morasán ha perdido toda esperanza de comunicación. Piensa en Esteban, el muchacho a quien conoció en el pasado; durante ese tiempo tampoco fue posible la comunicación. En el presente, mira a su esposa Beatriz; ya no hay relación física entre ellos, pero él teme la soledad irremediable que siente por las noches:

> Poder decirle que no pido nada más que no estar solo esta noche, la piel caliente y una sola palabra perdida que yo pueda recoger, un insulto, una palabra dicha para mí ... que la estoy mirando y que no es amor, que ya no hay nada mío que quiera juntarse con ella, ni amor ni cariño ni rencor, que nada tiene que ver ella conmigo ... . (p. 150)

Pero la negativa de ella para mantener relaciones sexuales amplía y excluye todo trato entre ellos. El único posible chispazo de comunicación en la novela ocurre con la fuga de Ossorio y Victoria Barcala que al final sólo es una experiencia compartida, pues ni las palabras ni las acciones implican más que una especie de ternura hacia la niña.

Las palabras también pueden ser un medio de incomunicación. En «Un sueño realizado» se expresa el sueño por medio de las acciones y no por las palabras. En «La casa en la arena» Díaz Grey nota que él y Molly sentían la necesidad de suprimir las palabras para que cada uno pudiera seguir mintiéndose. Las palabras sólo sirven para crear un malentendido. La conversación se convierte, así, en monólogo. Muchas veces las respuestas no corresponden a lo anteriormente dicho y ni siquiera hacen falta. Cada personaje está envuelto en su soledad particular.

En otros cuentos de Onetti, aquellos escritos en la misma época de «La casa en la arena», queda patente la incomunicación en la pareja. Perla deja a Horacio en «Regreso al sur» porque quiere realizar su propia vida. Hay referencia a éste y otros hechos, pero no a ninguna comunicación entre ellos. Ella estaba tan sola cuando volvió para ver a Horacio en el momento de su muerte como después cuando inició su regreso solitario a la zona del sur de Buenos Aires. En «Mascarada», se observan a dos personas, una muchacha y un hombre. Emir Rodríguez Monegal denomina la relación entre los personajes un desencuentro más bien que como un encuentro entre dos seres en un parque.[20]

En «Esbjerg, en la costa», Montes no puede hacer más que compartir la soledad de Kirsten en su deseo de volver a Dinamarca:

> Y él terminó por convencerse de que tiene el deber de acompañarla, ... cada uno pensando en cosas tan distintas y escondidas, pero de acuerdo, sin saberlo, en la desesperanza y en la sensación de que cada uno está solo, que siempre resulta asombrosa cuando nos ponemos a pensar. (pp. 38-39)

La soledad de Kirsten proviene de su deseo de vivir inmersa en el pasado, negando la capacidad de relacionarse con Montes en el presente. Otra prueba de que las palabras no son un factor positivo de la comunicación ocurre cuando Montes se compadece de la situación de Kirsten al escuchar una frase en danés, un idioma que no comprende. La conversación se transforma en monólogo, pues lo único que logran compartir es su soledad.

La necesidad de Juan María Brausen de asumir otras vidas testimonia su soledad esencial, pues su vida como Brausen carece de sentido:

> «Gertrudis y el trabajo inmundo y el miedo de perderlo —iba pensado, del brazo de Stein—; las cuentas por pagar y la seguridad inolvidable de que no hay en ninguna parte una mujer, un amigo, una casa, un libro, ni siquiera un vicio, que puedan hacerme feliz.» (p. 52)

Toda su vida está hecha de malentendidos: «Gertrudis, mi trabajo, mi amistad con Stein, la sensación de mí mismo, todos malentendidos.» (p. 53) Lo que Brausen busca como Arce y como Díaz Grey es «... ser libre, ser irresponsable ante los demás, conquistarme sin esfuerzo una verdadera soledad.» (p. 276) La soledad, así, es necesaria, puesto que la idea esencial de una comunicación carece de significado.

El almacenero en *Los adioses* vive la soledad de su condición de espectador y testigo. Las palabras se revelan como un medio de incomunicación en la acumulación de hechos desmentidos y de conclusiones falsas. La incomunicación entre el deportista y la muchacha se imputa en base al odio por el atleta:

> Susurraban frases pero no estaban conversando; yo continuaba detrás del mostrador y el enfermero delante, ... Ellos no hacían

---

[20] Emir Rodríguez Monegal, «Los psicodramas de Juan Carlos Onetti», *El País* (Montevideo), Año XLV, N.° 14.458 (7 de enero de 1963), p. 7.

más que murmurar frases, y esto sólo al principio; pero no conversaban: cada uno nombraba una cosa, un momento, construía un terceto de palabras. (p. 39)

El deportista, por su parte, desea la soledad. No quiere mezclarse con los demás. Su refugio solitario es una casa que alquila y que está a las afueras del núcleo social. Al morir el atleta, el almacenero observa: «... no tenía más que eso y no quiso compartirlo.» (p. 73)

Jorge Malabia encuentra las virtudes de la soledad a través de sus relaciones con mujeres en varias obras. En «El álbum» piensa: «No miedo a la soledad; miedo a la pérdida de una soledad que yo había habituado con una sensación de poder, con una clase de ventura que los días no podrían ya nunca darme ni compensar.» (p. 91) Jorge, el personaje, averigua al final del cuento que jamás en su relación con la extranjera había excluido su soledad. Le agradó que la mujer le estuviera mintiendo creando cuentos bonitos de sus viajes y de sus relaciones, pero descubre con lástima la mentira más grande: que todo había sido la verdad. Siempre se había encontrado solo y así continuaría: «Que cada hombre está solo y se mira hasta pudrirse, sin memoria ni mañana; esa cara sin secretos para toda la eternidad.» (p. 91)

Jorge observa, en *Juntacadáveres*, «... que no hay soledad más triste que la soledad de dos en compañía.» (p. 144) Esto puede aplicarse en su relación con la extranjera tanto como con Julita. Toda esta última relación se basó en el malentendido de que Jorge fue su hermano muerto. La aceptación de su propia soledad es una parte de la madurez que experimenta a lo largo de esta relación. Al principio teme la soledad, creyéndose incapaz de soportarla. Cuando Julita guarda las fotos de Federico y reconoce por fin que él es Jorge, éste piensa: «Estoy solo, por primera vez en mi vida y también por primera vez la idea de la soledad no me angustia. Tanto peor para ella, pienso, porque vuelvo a mirarla y no la quiero...». (p. 180) Al final de la novela, cuando Julita ya se había suicidado, Jorge se prepara para tolerar el mundo normal en soledad.

Larsen, a pesar de tener mucho contacto con personas de Santa María a través de sus dos empresas, sigue siendo un solitario. En *El astillero,* se enfoca a sí mismo como un «... solitario entre las cuatro lenguas de tierra que hacían una esquina, gordo, pequeño y sin rumbo ...». (p. 13) Sus acciones no le procuran un rompimiento con esta soledad:

> Sospechó de golpe, lo que todos llegan a comprender, más tarde o más temprano: que era el único hombre vivo en un mundo ocupado por fantasmas, que la comunicación era imposible y ni siquiera deseable, que tanto daba la lástima como el odio, que

un tolerante hastío, una participación dividida entre el respeto y la sensualidad eran lo único que podía ser exigido y convenía dar. (p. 101)

La única relación con otra persona que le da a Larsen alguna esperanza de comunicación es la que intenta entablar con la señora de Gálvez. Larsen la besa y ella le golpea. Es el golpe y no el beso que le da esperanza:

> —Usted y yo... —empezó ella.
> Larsen la oyó reír con suavidad, escuchó los sonidos graves y perezosos. Aguardó el silencio y fue volviéndose no para mirarla, sino para exhibir su propia cara nostálgica, una mueca que no reclamaba comprensión sino respeto.
> —También hubo para nosotros un tiempo en que pudimos habernos conocido —dijo—. Y siempre, como usted decía un tiempo anterior a ése.
> —Váyase —repitió la mujer.
> Antes de pisar los tres escalones, antes de la luna y de una soledad más soportable, Larsen murmuró como una excusa:
> —A todo el mundo le pasa, (p. 155)

El lugar y el embarazo de la mujer impiden que ocurra la comunicación deseada. La imagen final es la de una mujer solitaria. Larsen huye, rechazando lo que pudo haber sido una solución a su soledad:

> Vio la rotunda barriga asombrosa, distinguió los rápidos brillos de los ojos de vidrio y de los dientes apretados. Sólo al rato comprendió y pudo imaginar la trampa. Temblando de miedo y de asco se apartó de la ventana y se puso en marcha hacia la costa. (p. 194)

La soledad es parte integrante de la relación entre el hombre y la muchacha en *La cara de la desgracia:*

> La vi de pronto, bajo la exagerada luna de otoño ... . Un rato después se volvió para mirarme la cara; se detuvo e hizo girar la bicicleta hacia el agua. Me miró un tiempo con atención y ya tenía algo solitario cuando volví a saludarla. (p. 160)
> Ayudando a la muchacha a sostener la bicicleta en la arena al borde del ruido del mar, tuve una sensación de soledad que nadie me había permitido antes; soledad, paz y confianza. (p. 161)

El hombre cuenta que obtuvo de ella: «... dos cosas que no había merecido nunca: su cara doblegada por el llanto y la felicidad bajo la luna, la certeza desconcertante de que no habían entrado antes en ella.» (p. 163) Pero todo resultó haberse basado en un malentendido porque el hombre no sabía que la muchacha era sorda. Los malentendidos se multiplican a lo largo de la historia. El hombre no había sabido antes nada de la vida particular de su hermano; de ahí que se echó injustamente sobre sí mismo la culpa del suicidio de éste. Al hombre lo toman prisionero precisamente por haber matado a la muchacha quien le había proporcionado tanta felicidad. Nada tiene sentido, como en esa última pregunta al policía sobre su creencia en Dios.

Tan triste como ella es, desde la carta inicial que sirve de prefacio, una historia de incomunicación:

> Querida Tantriste:
> Comprendo, a pesar de ligaduras indecibles e innumerables, que llegó el momento de agradecernos la intimidad de los últimos meses y decirnos adiós. Todas las ventajas serán tuyas. Creo que nunca nos entendimos de veras; acepto mi culpa, la responsabilidad y el fracaso. ... En todo caso, perdón. Nunca miré de frente tu cara, nunca te mostré la mía. (p. 119)

Lo mismo se observa en la historia viviente del propio cuento. Al final la mujer prefiere frustrar la soledad con el suicidio.

En «Jacob y el otro» no existe comunicación en la pareja del turco Mario y Adriana y si se iba a casar era sólo porque ella estaba embarazada. Cuando muere el turco por propia culpa de la mujer, ésta no llora; todo lo contrario, lo patea y le escupe. Tampoco hay comunicación entre Jacob y su gerente Orsini, pues el primero no logra que el segundo comprenda su desengaño con la vida ni el alivio que siente al renacer la juventud cuando se enfrenta en esa pelea definitiva.

A lo largo de toda la obra onettiana, el ser humano vive entregado a una soledad radical. Puede haber diferencias entre Aránzuru, Ossorio, Brausen, Larsen, Risso, Jorge Malabia y Díaz Grey, pero todos son habitantes solitarios de una ciudad que no logran relacionarse con el medio. Rolanda, en *Tierra de nadie,* se expresa de la soledad como un estado agradable y deseable: «También es feliz estar sola y darse el calor necesario sin la ayuda del próximo puerco espín.» (p. 56) Ella, tanto como Cecilia, Gertrudis, Kirsten, Rita, la señora de Gálvez, Frieda y Helga Hauser ejemplifican en la obra de Onetti a la mujer solitaria y que igual al hombre accionan en absoluta soledad. Esas soledades nacen de un desarraigo con relación al medio urbano o de una falta de identidad al nivel individual y nacional. Ya el crítico Arturo Sergio Visca, en un artículo titulado «Soledades rioplatenses», afirma que la obra de Juan Carlos Onetti es como un símbolo de la soledad. Sin embargo, cuestiona que en última instancia la soledad total es imposible a causa de la irrupción del mundo exterior.[21] Esto es cierto y su certidumbre radica en que el hombre busca empañar su soledad inventándose sueños o utopías y a veces con un enfrentamiento al mundo real, ya en acciones frenéticas o simplemente en la descarnada abulia.

[21] Arturo Sergio Visca, «Soledades rioplatenses», *Asir* (Mercedes, Uruguay), N.⁰ 36 (octubre de 1954), pp. 21-25.

LA EVASION

No hay ningún valor superior que se interponga entre el personaje onettiano y el mundo en que se encuentra circunstanciado. Tiene que funcionar por su cuenta. Puede asumir dos posturas: la evasión o el enfrentamiento. La primera actitud suele dominar en las obras tempranas de Onetti y la segunda en sus obras más recientes. La división entre las dos no es tan radical como parece a primera vista. La evasión indica, además de un escape de la realidad objetiva, la búsqueda de otra que posiblemente la reemplace. El enfrentamiento no significa necesariamente la elección de buena fe —en términos sartreanos— sino que también puede ser una caída en el mundo absurdo de la rutina. El mundo sanmariano representa un punto medio entre las dos posturas. Santa María se postuló como sueño de Juan María Brausen. Iba a ser un argumento cinematográfico. Pero las obras más recientes de Onetti, donde resalta la segunda postura, suelen tener lugar en esa ciudad, una ciudad hecha de sueños y de transmutaciones.

La evasión responde a una subjetivización del espacio y del tiempo. El hombre moderno ha alterado su actitud hacia el tiempo. Cada hombre vive un tiempo interior e individual que a veces hasta se opone al tiempo cronológico o convencional. Convertido en algo subjetivo, el tiempo ha perdido su valor de absoluto. Como todo otro valor sólo tiene vigencia para el individuo. Este tiempo vital contradice la linealidad del tiempo cronológico. Se mide más bien por el ritmo de cada persona.

Martin Heidegger habla de la naturaleza temporal de la existencia humana. No elige ni el tiempo subjetivo ni el objetivo. Más bien apunta que cada uno de los dos tiene sus propias funciones. El tiempo objetivo o cronológico es el de los relojes y los calendarios. Forma parte de las preocupaciones mundanas del hombre. Es una parte necesaria de la existencia, a pesar del intento de filósofos como Bergson de negarle valor. En cuanto al otro tiempo, la temporalidad humana, hay que diferenciar entre el ser que existe en el tiempo y el ser temporal.[1] Sartre dice: «El Para-sí, al contrario, es

---

[1] Barret, *op. cit.,* pp. 68-70 y H. J. Blackham, *Six Existentialist Thinkers* (New York: Harper and Row, 1959), pp. 99-100.

temporalidad, pero no es conciencia de temporalidad...».[2] Para el hombre, el tiempo pasa cronológicamente. Pero la conciencia de este paso de tiempo, que se puede denominar la corrosión del tiempo, se siente en términos de la temporalidad humana o subjetiva. Del mismo modo, la proyección del hombre hacia su futuro es la temporalidad misma del Para-sí. Es decir, el hombre no siente el paso del tiempo en los mismos términos subjetivos en que se le presentan los relojes y los calendarios. Más bien resulta ser, para él, un fenómeno de carácter subjetivo cuya interpretación depende de su propia existencia.

En *La náusea*, Roquentin, antes de convencerse de que la aventura no existe en ninguna forma, especula sobre su naturaleza. Decide que la aventura no proviene de los sucesos mismos sino más bien de la manera de encadenar los momentos:

> En suma, se habla mucho del famoso transcurso del tiempo, pero nadie lo ve. Vemos una mujer, pensamos que será vieja, pero no la vemos envejecer. Ahora bien, por momentos nos parece que la vemos envejecer y nos sentimos envejecer con ella: es el sentimiento de la aventura.
> Se llama así, si mal no recuerdo, a la irreversibilidad del tiempo. El sentimiento de la aventura sería, simplemente, el de la irreversibilidad del tiempo. ¿Pero por qué no lo tenemos siempre? ¿Acaso no será siempre irreversible el tiempo? Hay momentos en que uno tiene la impresión de que puede hacer lo que quiere, adelantarse o retroceder, que esto no tiene importancia; y otros en que se diría que las mallas se han apretado y en estos casos se trata de no errar el golpe, porque sería imposible empezar de nuevo.[3]

Roquentin tiene conciencia clara del tiempo pero no puede vivir según las medidas objetivas, sino que tiene que vivir inmerso en el tiempo, irreversible o no.

En *Los secuestrados de Altona* la oposición entre el pasado y el futuro queda clara. Frantz opta por vivir totalmente inmerso en el pasado. Se niega a dar cuenta de que Alemania se ha transformado con el paso del tiempo porque una Alemania renovada le señalaría sus propios crímenes cometidos en la guerra. Al salir para encontrarse con su padre es cuando por fin decide reconocer la naturaleza irreversible del tiempo. El futuro significaría la muerte física del padre y la muerte espiritual de un Frantz que se vería obligado a enfrentarse con sus traiciones. De ahí que padre e hijo optan por el suicidio.

Muchas veces los personajes onettianos observan conscientemen-

---

[2] Sartre, *El ser y la nada, op. cit.*, p. 271.
[3] Sartre, *La náusea, op. cit.*, pp. 90-91.

te el paso del tiempo. Linacero en *El pozo,* por ejemplo, experimenta el tiempo como un elemento vital, espacial:

> Pero siento ahora que mi vida no es más que el paso de fracciones de tiempo, una y otra como el ruido de un reloj, el agua que corre, moneda que se cuenta. Estoy tirado y el tiempo pasa. Estoy frente a la cara peluda de Lázaro, sobre el patio de ladrillos, las gordas mujeres que lavan la pileta, los malevos que fuman con el pucho en los labios. Yo estoy tirado y el tiempo se arrastra, indiferente, a mi derecha y a mi izquierda. (pp. 47-48)

A pesar de observar, necesariamente, el paso del tiempo, se ve desligado de él por pasividad.

En *Tierra de nadie,* Aránzuru se da cuenta del transcurrir del tiempo objetivo y lo contrasta con el suyo: «'El reloj picotea y esto es el tiempo.' Aránzuru vacilaba entre imaginar el minuto en todo el mundo y el minuto en él, cuerpo y alma.» (p. 33) Aránzuru contrasta este tiempo convencional vivido en la ciudad de Buenos Aires, con sus horas y minutos, con Faruru, la isla cuyo nombre actúa como una magia. El tiempo de la isla inventada le impresiona porque se mide sin necesidad de reloj, más bien se lo capta por el cuerpo, es decir como tiempo vital.

En «La casa en la arena» cuando Díaz Grey dice que «... nuevamente el tiempo puede ser utilizado para medir» (p. 50), se refiere al tiempo objetivo. El tiempo de su recuerdo fue un tiempo vital, espacial, corporeizado en las muchas variantes de su recuerdo. En la mayoría de las obras de Onetti, Díaz Grey no actúa. Su papel de narrador coincide con una memoria impersonal que parece recordar un tiempo inmemorial. En *La muerte y la niña* el mismo personaje observa: «Que el tiempo no existe por sí mismo es demostrable; es hijo del movimiento y si éste dejara de moverse no tendríamos ni desgaste ni principios ni finales. En literatura se escribe tiempo con mayúscula.» (p. 31)

El derrumbe total ocasionado por el proceso temporal causa la vuelta de muchos personajes al pasado. El desarrollo anticronológico del tiempo en la narrativa de Onetti es el resultado de un drama en que sus personajes desean instalarse en un tiempo anterior, mental, y una fatalidad de existencia real en el presente. La vuelta a una juventud que no es propiamente la suya representa por parte del personaje de Onetti un deseo de solucionar de una forma no temporal los problemas que surgen por el transcurrir del tiempo. La etapa preferida suele ser la adolescencia de la muchacha, donde todavía eran posibles las ilusiones del amor y de la pureza. El personaje se encuentra inmóvil en el presente. No vislumbra en el camino hacia el futuro nada más que un desemboque en un ocaso final a causa de la irreversibilidad del tiempo. De ahí es que busca volver siempre atrás como un modo de no resignarse a la condena actual. Pero este esfuerzo no implica que no salga igualmente derrotado.

Jean-Paul Sartre, al cuestionar la temporalidad en la obra de Faulkner, señala que no se puede hablar de progresión en ella sino más bien de un retorno recurrente al pasado. Se debe a la condena del fatalismo que excluye la posibilidad de un porvenir; pero no se refiere a un pasado ordenado cronológicamente sino agrupado en forma afectiva, en términos de sucesos importantes al personaje. A diferencia de Proust, quien añora el pasado a través de un recuerdo íntegro e integral, en Faulkner el pasado se persigue obsesivamente aunque éste se intenta olvidar. A pesar de sus diferencias, Proust y Faulkner comparten la decapitación del tiempo, en el sentido de la carencia del futuro en ambos autores.[4] Los dos enfocan el pasado como un conjunto de momentos aislados, pero Proust logra integrarlos. Leo Pollmann hace hincapié en la discontinuidad e incoherencia temporales de Proust como un adelanto hacia el existencialismo sartreano y la nueva novela.[5] Pero el valor mismo del pasado difiere entre Proust —o Bergson— y Sartre. A través de una sensación en el presente, el personaje proustiano recobra el tiempo pasado; esta comunicación entre el pasado y el presente puede atribuirse a la influencia bergsoniana.[6] Pero el pasado del personaje sartreano está irremediablemente perdido, puesto que el hombre es su proyección hacia el futuro. Así, el tiempo anterior no puede influir en el presente.

Jorge García Gómez, al comentar la estructura imaginativa de Juan Pablo Castel en *El túnel* de Sábato, apunta que cada hecho y cada decisión están abiertos a ilimitadas interpretaciones nuevas. No es cuestión de verdad o mentira sino de fantasía, la cual permite una apropiación y una reinterpretación constantes de cualquier suceso de la vida. García Gómez distingue tres momentos de la fantasía: la imaginación en el presente, la anticipación en base a la imaginación y el recuerdo en que se interpreta lo pasado a base de la imaginación y la anticipación.[7] Esta abertura infinita de un suceso o una imagen a la reinterpretación en toda dimensión temporal puede aplicarse a muchas posibilidades oníricas en la obra onettiana:

[4] Jean-Paul Sartre, «A propos de *Le Bruit et la fureur*. La temporalité chez Faulkner» en *Situations I* (Paris: Editions Gallimard, 1968), pp. 65-75.

[5] Pollmann, *La «nueva novela»* ..., pp. 48-49.

[6] César Fernández Moreno, «Leon Pierre-Quint: *Marcel Proust. Juventud-obra-tiempo»*, *Sur* (Buenos Aires), Año XIV, N.° 122 (diciembre de 1944), p. 60-64.

[7] Jorge García-Gómez, «La estructura imaginativa de Juan Pablo Castel», *Revista Hispánica Moderna* (New York), Año XXXIII, N.°s 3-4 (julio-octubre de 1967), pp. 232-240.

el recuerdo alterado, el sueño y el ensueño de la imaginación, el yo visto como otro al postular una nueva personalidad, el escapismo a otras dimensiones geográficas y el intento de compartir un sueño.

Roberto Arlt es un antecedente de importancia en el recuerdo alterado de los personajes onettianos. En *Los lanzallamas*, Erdosain recuerda con felicidad su niñez: «Todo le pertenecía: glorias, honores, triunfos. Por otra parte, su soledad era sagrada, no se daba conscientemente cuenta de ello, pero ya observaba que en la soledad ni su mismo padre podía privarle de los placeres de la imaginación.»[8] El recuerdo, alterado por el tiempo es algo sagrado en ambos autores. Pero el período elegido por Erdosain es la niñez, una etapa jamás evocada por los personajes onettianos, quienes la esconden siempre en el misterio. Su vida y sus recuerdos empiezan en la adolescencia. A esta etapa se regresa para cambiar y retocar según las necesidades y los deseos de cada personaje.

El recuerdo es, a veces, el de un sueño. En «Avenida de Mayo-Diagonal-Avenida de Mayo», Suaid saborea el recuerdo de una mujer «... que tenía rosas blancas en lugar de ojos... El recuerdo resbaló, rápido, con un esbozo de vuelo, como la hoja que acaba de parir la rotativa, y se acomodó debajo de las otras imágenes que siguieron cayendo ...». (p. 4)

Linacero, en *El pozo*, también prefiere el recuerdo de un sueño, el de Ana María, a los sucesos reales. Es posible que otros muchos recuerdos suyos consten de sueños. A semejanza del caso anterior de Castel, no se enjuicia la verdad o la mentira sino más bien se distingue una apropiación personal del pasado. Jaime Concha apunta tres formas de conciencia en *El pozo*: la conciencia perceptiva del ambiente que rodea a Linacero, la conciencia imaginativa y la conciencia evocativa. Lo más distintivo de esta última característica es su naturaleza fragmentaria o parcial, donde la imaginación llena los vacíos del pasado, por más alteración que haya sufrido este pasado.[9]

En *Tierra de nadie* se encuentran muchos ejemplos de recuerdos que están compuestos de sueños y alteraciones de sucesos reales. Aránzuru, por ejemplo, quiere solucionar el enigma de adónde han ido Pablo Num y su hija Nora. Les inventa una muerte en la isla soñada de Faruru. Llarvi vive obsesionado con el recuerdo de Labuk. Pero su recuerdo está hecho de sueños porque es la añoranza de otra Labuk, una Labuk fuera de la cama y distinta a la que

[8] Roberto Arlt, *Los lanzallamas, op. cit.*, p. 167.
[9] Jaime Concha, «Conciencia y subjetividad en *El pozo* de J. C. Onetti», Separata de *Estudios Filológicos de la Universidad Austral de Chile* (Valdivia), N.° 5 (1969), pp. 198-200.

conocía. La distancia del recuerdo y su imposibilidad en la realidad sirven para purificar y hasta cierto punto deificar a una Labuk irreal.

La distinción entre el sueño y el recuerdo se borra al intentar describir la experiencia que quiere recrear la mujer de «Un sueño realizado». Lo que importa es su deseo de apropiar este pasado, y vista esta imposibilidad, entonces la mujer escoge la muerte. Kirsten, en «Esbjerg, en la costa», también sueña con un pasado cuya veracidad nunca se comprueba. Pero lo verídico del recuerdo no importa, puesto que el proceso temporal es irreversible. La Dinamarca de su adolescencia ya no existe.

Díaz Grey alude a la naturaleza no definitiva del recuerdo al decir que el suyo en «La casa en la arena» fue «... el único digno de evocación y correcciones, de que fuera falsificado una y otra vez, su sentido.» (p. 51) Apunta las infinitas variantes posibles de su recuerdo al hablar de «... el final preferido de su recuerdo.» (p. 51) En «Nueve de Julio». Grandi no había sentido gran deseo mientras ella vivía; ya muerta sólo puede desearla en el recuerdo alterado: «Y esto basta para que ella sea otra mujer, para que no haya estado nunca conmigo: distante por igual de mi recuerdo y de la muchacha de la nariz larga que comía de espaldas en la casa de la pensión.» (p. 14)

Las divisiones temporales, tanto como las que existen entre el recuerdo y el sueño de creación, se desvanecen en *La vida breve*. Los nuevos comienzos de Brausen como Arce y Díaz Grey son recuerdos alterados por los esfuerzos de la creación imaginativa. Santa María misma fue creada de los sueños y los recuerdos de Brausen. Que el recuerdo no sea verídico se ve en Elena Sala, la Gertrudis renovada y alterada por la imaginación. Al discurrir sobre la visita de Elena Sala y Díaz Grey al obispo de la Sierra, Brausen nota: «La visita tenía muchas variantes.» (p. 194) Además, se aluden a instantes de esa visita que todavía no entiende ni entenderá jamás.

En la medida en que Díaz Grey tiene una vida independiente de Brausen, el recuerdo de éste es una apropiación, pero puesto que Grey es un producto de Brausen, la relación entre ellos es estrechísima. En *La muerte y la niña* se alude a la vida personal de Díaz Grey. Se puede reconstruir algo en base a su pasado de recuerdos fragmentarios. Díaz Grey piensa en su hija, a quien dejó de ver cuando tenía tres años. Lo único que conoce de su vida posterior proviene de las fotos que le manda un ser desconocido. Crea historias con las fotografías como si fuera un juego de naipes. Grey piensa quemar, un día todas las fotos que pasan de los tres años porque no puede «... tolerar que ella fuese una persona.» (p. 80) La realidad le resulta insoportable por comparación con los recuerdos que él puede alterar a su gusto y paladar.

En «Justo el treintaiuno», el narrador, quien vive con Frieda, busca algún recuerdo que lo emocione. Intenta, así filtrar el pasado para encontrar algo que dé significado a un presente que parece carecer totalmente de valor. Guarda semejante perspectiva sobre el tiempo mismo: «Como el tiempo carece de importancia, como la simultaneidad es un detalle que depende de los caprichos de la memoria, me era fácil evocar noches en que el departamento donde Frieda me permitía vivir estaba poblado por numerosas mujeres que ella había traído de la calle ...». (p. 222) El narrador altera el pasado; multiplica imaginativamente el número de mujeres traídas realmente por Frieda para hacer más agradable el presente.

Los sueños y ensueños, productos de la imaginación pueden surgir también independientes del estímulo de un recuerdo. En la narrativa onettiana, los sueños y los ensueños no difieren mucho entre sí. El personaje, al verse imposibilitado en el mundo circundante y al no querer proyectarse hacia esa realidad, se lanza al mundo onírico. No existe, sin embargo, el goce de lo imaginado que se encontraría en un autor como Proust sino más bien otro callejón sin salida, que conducirá al personaje a una nueva derrota. El resultado es idéntico tanto en el sueño individual como en el sueño compartido.

Según el existencialismo, el hombre es responsable de todo, inclusive de sus sueños y de su fantasía. De ahí que se dice:: «Existir es ser un ser culpable.»[10] Sartre apunta, sin embargo, que la imaginación postula una forma de conciencia distinta a la del mundo real. La conciencia imaginativa es pasiva; está postulada en base a lo no vivido y aprisionada en la imaginación. En *Los secuestrados de Altona,* Frantz se refugia en el mundo imaginario que él se ha creado porque no puede soportar su sentido de culpa. El mundo mismo se presenta como una fuerza que imposibilita la acción. Se refiere a lo *práctico-inerte* sartreano. En los personajes onettianos consiste también en una falta de voluntad de actuar; es lo que Sartre denomina la mala fe.

Aquí, como en otros aspectos, Roberto Arlt se destaca como un antecedente de Onetti. Los sueños de sus personajes tampoco difieren mucho de los ensueños. Los llamados locos de *Los siete locos* lo son por sus sueños desmesurados: la sociedad del Astrólogo, el prostíbulo de Haffner, el misticismo de Ergueta o la necesidad de Erdosain de salir de su cotidiano y cósmico aburrimiento.

Toda la trayectoria de la obra temprana de Onetti puede con-

---

[10] Vicente Fatone, *Introducción al existencialismo,* 4.ª ed. (Buenos Aires: Editorial Columba, 1962), p. 32.

siderarse como un catálogo de intentos para evadirse hacia la dimensión imaginativa de la existencia. En «Avenida de Mayo-Diagonal-Avenida de Mayo», Suaid oye la palabra «Ya» de Owen y piensa en mil variantes posibles: «Porque 'Ya' podía ser español o alemán; y de aquí surgían caminos impensados, caminos donde la incomprensible figura de Owen se partía en mil formas distintas, muchas de ellas antagónicas.» (p. 4) A lo largo del cuento, Suaid no desarrolla pensamientos lógicos sino asociaciones hechas a base de lo imaginario, a veces recordado y a veces soñado. Estos pensamientos le permiten evadirse del ambiente citadino que lo rodea.

En «El posible Baldi», el título mismo alude a los intentos por parte del doctor Baldi de escapar de una vida normal y rutinaria por la vía imaginativa. Unicamente el «mentido Baldi» (p. 2) puede ser hombre de acción, cazando negros en el Transvaal:

> Porque el Dr. Baldi no fue capaz de saltar un día sobre la cubierta de una barcaza, pesada de bolsas o maderas. Porque no se ha animado a aceptar que la vida es otra cosa, que la vida es lo que no puede hacerse en compañía de mujeres fieles ni hombres sensatos. Porque había cerrado los ojos y estaba entregado como todos. Empleados, señores, jefes de las oficinas. (p. 2)

En este cuento se destacan dos aspectos del mundo onírico onettiano. En primer lugar, se observa el intento de compartir un sueño.[11] Baldi le cuenta a la mujer extranjera sus aventuras imaginarias, pero la mujer sólo capta la soledad del hombre. Asemejándose en esto al caso de Roquetin cuando desea compartir con Anny los llamados momentos perfectos, únicamente logra comprobar que la aventura no existe. El otro aspecto notable de la dimensión onírica consiste en que el ensueño de Baldi se basa en una evasión geográfica. Igual al deseo de Suaid de evadirse al Yukon, Baldi intenta de esta manera dejar el ambiente urbano circundante. Lo imaginario cobra, así, una dimensión creadora. Es un intento positivo de crear otro mundo, además del deseo de huir del mundo actual. Se puede atribuir esta necesidad de postular otro mundo a la imposibilidad de ajustarse al medioambiente sin sentido en que se encuentra cercado el personaje.

Por falta de relación entre Eladio Linacero y el mundo exterior, domina en *El pozo* una exploración del mundo de la imaginación. La realidad circundante nunca llega a tener las características excep-

---

[11] Jaime Concha, «Sobre *Tierra de nadie* de Juan Carlos Onetti», *Atenea* (Santiago de Chile), Año XLIV, Tomo CLXVI, N.º 417 (julio-septiembre de 1967), p. 186. Concha utiliza el término «sueño compartido» principalmente para aludir al «... caso concreto de un sueño soñado por dos personas...». En este estudio significa más bien el intento por parte de una persona de compartir su propio sueño con otros.

cionales de una creación realizada por las facultades imaginativas del protagonista. También a semejanza de las de Roquentin, las aventuras de Linacero son inexistentes en el mundo real. Pero sí tienen valor y vigencia en el mundo de los sueños y los ensueños. Entre sus aventuras se pueden ubicar la historia del pescadito rojo. Linacero lo había ideado a base de un poema con el mismo título, compuesto por Cordes. Pero Linacero no logra compartir ese sueño del pescadito rojo con el autor del poema:

> Que a fin de cuentas es él el poeta y el soñador. Yo soy un pobre hombre que se vuelve por las noches hacia la pared para pensar cosas disparatadas y fantásticas. Lázaro es un cretino pero tiene fe, crée en algo. Sin embargo, ama a la vida y sólo así es posible ser un poeta. (p. 47)

La evasión geográfica de Linacero continúa los ensueños solitarios de Suaid. Ambos piensan en Alaska o el Yukon, en busca de la afirmación que no encuentran en la ciudad. En el caso de la isla de Faruru, la añoranza de Aránzuru en *Tierra de nadie,* amplía la idea del sueño compartido que Baldi introduce en el cuento «El posible Baldi». La idea de la isla surge de conversaciones entre Aránzuru y el embalsamador Pablo Num. Al principio Aránzuru duda de la existencia de la isla: «... que todo aquello era mentira, la isla, el viaje, una mentira que se iba extendiendo, falseando la tarde. La isla fabulosa la había inventado el viejo, muerto y embalsamado.» (p. 26) Este lugar impreciso y quizá totalmente imaginario da alivio a su existencia cotidiana. Por ejemplo, al estar con Nené, piensa en una mujer habitante de la isla. Su necesidad de creer en la isla le incita a buscar, a hallar en la realidad concreta lo que la imaginación había inventado. Habla de la isla con Rolanda, diciéndole: —Me parece que a cada uno que conozco le estoy estafando la isla, que se la escondo. Ya la ofrecí a media ciudad; pero no la quieren. (p. 162) Al final de la novela está solo en la ciudad, sin el consuelo de la isla: «Ya no había isla para dormir en toda la vieja tierra, ni amigos ni mujeres para acompañarse.» (p. 178)

El desenlace de «Un sueño realizado» demuestra la imposibilidad de corporeizar o realizar un sueño. No hay mezcla posible entre los mundos del sueño y de la realidad circundante. La mujer intenta duplicar todos los pormenores de la situación soñada en el escenario, pero lo que no se puede reproducir es el regreso a la pasada adolescencia. Pero la paradoja es dramática puesto que este impedimento niega el propio cumplimiento del sueño. Además, aunque los demás componentes de la compañía teatral comparten la representación, la actuación del sueño, no compartieron el sueño mismo.

La única ocasión en que un sueño llega a corporeizarse resulta ser una excepción importantísima. Se trata de la ciudad de Santa María. Como el Faruru de Num y Aránzuru, está hecha a base de sueños y de transmutaciones. Santa María llega a ser más que una alternativa de la realidad. Se concreta geográficamente de un golpe, naturalmente, de la misma forma que un día algunos personajes de Onetti están en Montevideo o en Buenos Aires, ahora llegan para habitar en Santa María.

Santa María se plantea como un lugar soñado cuyo soñador principal es Juan María Brausen, quien llega a formar parte de la historia y de la vida religiosa de lo que es ahora una ciudad totalmente real. A la inversa del drama de Calderón donde la vida resulta ser sueño, aquí el sueño cobra vida propia; el sueño es vida.

Santa María corporeizada ya en forma de ciudad es el lugar adónde se escapan Brausen y Ernesto. Forma parte del sinnúmero de evasiones de esta realidad en busca de otra que sea mejor o por lo menos otra. Al final de *La vida breve,* un grupo de sanmarianos disfrazados se escapa de nuevo a otro lugar. Pero, de la misma manera que todo el sueño de la ciudad misma de Santa María se contamina de la realidad, es de suponer que cualquier otro escape no sea más que otro callejón sin salida. Jamás existen ejemplos en la narrativa onettiana de salvación definitiva por medio de la evasión geográfica o la vía imaginativa.

Además de crear a Santa María Juan María Brausen se sirve de otra forma de escape al intentar ser otro. En términos del existencialismo se interpretaría el esfuerzo de Brausen como un acto de mala fe por parte de una persona que no quiere responsabilizarse de su propia existencia, pero igual a toda otra evasión, también incluye la dimensión creadora, en el intento de elegir a un yo que solucione la existencia de Brausen. Representa la elección a cada momento, como predica el existencialismo, pero no se basa en el enfrentamiento del yo con el mundo tal y como se presenta. El acercamiento fenomenológico se interioriza en el personaje. La necesidad de vivir muchas vidas implica, además, un fracaso puesto que se intenta negar la individualidad, querer ser otro ser totalmente distinto.

La canción de Mami que da título al libro alude a las muchas posibilidades dentro del tiempo limitado de la vida humana:

> *La vie est brève*
> *un peu d'amour*
> *un peu de rêve*
> *et puis bonjour.*
> *La vie est brève*
> *un peu d'espoir*
> *un peu de rêve*
> *et puis bonsoir.* (p. 148)

El hecho de que el ser humano carece de esencia hasta la muerte posibilita las muchas vidas que intenta vivir Brausen. Se ve a sí mismo, en su existencia primera, como un hombre tímido a quien le falta el coraje de actuar. Unicamente en la creación de otras vidas, ve una posible razón de ser. Se lo explica a Gertrudis: «... es que la gente cree que está condenada a una vida hasta la muerte. Y sólo está condenada a un alma, a una manera de ser. Se puede vivir muchas vidas, más o menos largas.» (p. 173) Pero, al confesar que está condenado a un alma se da cuenta de que todavía está restringido. Hay un límite fatal que imposibilita cambio total. Todo cambio se trataría de hacer contener un alma distinta en una forma inmutable, resultando en definitiva una repetición o una agregación puesto que no se modificaría la profundidad.

Brausen intenta primero ser otro en la personalidad de Arce. Tiene conciencia del esfuerzo, puesto que representa un cambio de rasgos y actitudes. En realidad, es un disfraz. Lo hace principalmente para facilitar su entrada en el mundo de la Queca, la prostituta que vive en el departamento de al lado. Al verla muerta, piensa:

> Sentí que despertaba —no de este sueño, sino de otro incomparablemente más largo, otro que incluía a éste y en el que había soñado este sueño—, cuando lo tuve adentro, lo vi caminar rozando los pies de la cama ... . Desperté de mi sueño sin felicidad ni disgusto, de pie, retrocediendo hasta tocar un muro y mirar desde allí las formas y los matices del mundo que surgió silencioso, en remolino, del caos, de la nada y que se aquietó en seguida. (pp. 221-222)

Los dos sueños a que se refiere Brausen son sus dos primeras identidades. Al despertar de estos sueños, se lanza a asumir otra vida breve cuando se escapa a Santa María con Ernesto, intentando apropiarse del crimen de éste, la muerte de la Queca.

La relación entre Brausen y Díaz Grey no puede comprenderse en términos de realidad ni de lógica. Hay que mirar a Díaz Grey como la realización de los poderes creadores de la imaginación de Brausen. Al escribir el guión cinematográfico donde se genera la existencia de Díaz Grey, Brausen piensa:

> Conocí entonces lo que quería resucitar ahora con el nombre de Díaz Grey ... . Fui a mirar en el retrato de Gertrudis, a Montevideo y a Stein, a buscar mi juventud, el origen, recién entrevisto y todavía incomprensible, de todo lo que me estaba sucediendo, de lo que yo había llegado a ser y me acorralaba ... . Cuando terminara la noche, cuando yo me pusiera de pie y aceptara, sin rencor, que había perdido, que no podía salvando una piel para el médico y metiéndome en ella. (p. 35)

Brausen nunca llega a convertirse por completo en Díaz Grey. Este, lo mismo que Brausen, es un personaje pasivo. Del mismo modo que Brausen observa el sin sentido de la vida bonaerense, Díaz Grey será testigo del sin sentido de la vida en Santa María. La existencia es un juego infinito de representaciones y máscaras, como lo es también el ambiente carnavalesco que se describe al final de la novela, Lagos, marido de Elena Sala, lo expresa con exactitud en una conversación con Díaz Grey: —Escuche: aquel viaje que hizo usted con Elena, persiguiendo a Oscar, ¿no es exactamente el mismo viaje que puedan hacer esta mañana en una lancha, desde el Tigre, una bailarina, un torero, un guardia de corps, un rey? (p. 291) Brausen, al fin de la obra, se aleja de la plaza: «... sin huir de nadie, sin buscar ningún encuentro, arrastrando los pies más por felicidad que por cansancio.» (p. 295) Jamás opta definitivamente por una de las múltiples identidades asumidas sino que quiere seguir abriéndose a nuevas posibilidades. En obras posteriores, cuando Díaz Grey observa a un Brausen que se ha convertido en estatua de la plaza, las distinciones entre creador y creación habrán dejado de existir.

El intento por parte de Brausen de querer ser otro es el más prolongado e importante de la narrativa onettiana. Los esfuerzos de ese personaje dan como resultado la creación de Santa María y posibilitan además el asunto principal de *La vida breve*. Pero no representa el único intento en la narrativa de Onetti de un personaje que se inventa personalidades distintas. Ossorio, en *Para esta noche*, adopta la identidad de Santana con Victoria Barcala. En una novela posterior, *Juntacadáveres*, Jorge intenta asumir la identidad de Federico, su hermano muerto. Hace referencia a «... mi creencia en las vidas breves y los adioses ...». (p. 249) En la misma novela, Díaz Grey especula: «... que entre todos los Díaz Grey que hubieran sido posibles, el más deseable, el más conveniente, el menos acuciado por sensaciones de fracaso, renuncia y mutilación, es aquel desconocido Díaz Grey capaz de conquistar otro aire.» (p. 99) En *El astillero*, Larsen piensa en sí mismo como: «'Este señor que me mira en el espejo.'» (p. 55) Pero todos descubren, igual que Brausen, que no se puede cambiar el alma, que no es posible ser totalmente otro.

Hay elementos oníricos o imaginativos en otras posteriores a *La vida breve*, pero ellos no tienen la importancia como en esa novela. La historia de *Tan triste como ella* empieza y termina en una noche de luna. Las visiones nocturnas distan mucho de ser descripciones realistas. En «Las mellizas», el elemento imaginativo se introduce cuando el narrador nota su goce de inventar «... con errores un pasado y un futuro ...». (p. 33) De este modo el narrador llena los vacíos, aquellas partes desconocidas de la vida de una de mellizas. Al ver a Jorge en *La muerte y la niña,* Díaz Grey se acomodó en la cama «... para perseguir un sueño feliz, inalcanzable.» (p. 53) Pero es el *El astillero* donde quizá se encuentre el elemento onírico más importante. Se refiere al ambiente de pesadilla que caracteriza toda la empresa. Por una parte, en la novela se observa un grado máximo de inmersión en la realidad circundante en los esfuerozs de Larsen, pero lo onírico se impone por la farsa, la continuidad de una empresa que está totalmente en bancarrota.

Cerrar los ojos frente a una realidad decadente, en ruinas, no es una forma de modificarla. Tampoco es posible cambiar la realidad por medio de la evasión en forma del recuerdo, del escape, del sueño y del ensueño o del sueño traído a colación en el mundo real. La dimensión onírica postula otra realidad cuando la circundante es insuficiente. El personaje crea en el único nivel donde se siente libre para hacerlo, en el mundo onírico.

Sin embargo hay siempre un momento en que la ilusión tambalea, está obligada a desaparecer cuando la pura imaginación choca con la realidad objetiva absoluta. Tal situación existe en la obra de Roberto Arlt cuando se descubre inevitablemente la estafa; también en la de Céline cuando Ferdinand Bardamu, en su viaje al Africa, descubre a éste tan corrupto y civilizado como la Europa que había abandonado. En los secuestrados de *Altona* Johanna sufre el desengaño de averiguar que Frantz era culpable de torturas durante la guerra.

El personaje puede responder al desengaño de varias maneras. Puede volver a evadirse, optar por la muerte o enfrentarse con la realidad desolada y corrompida. Eladio Linacero se resigna, sabiendo que únicamente al volver la cara a la pared y soñar puede embellecer su mundo. Suaid y Baldi recorren la ciudad soñando para aliviarse. La mujer de «Un sueño realizado» únicamente a través de la muerte tiene la posibilidad de volver al estado adolescente, parecida a la señora del Pino, personaje del cuento homónimo de Bellán, que prefiere la muerte a una vida sin ilusiones. Llarvi, en *Tierra de nadie,* muere frustrado por el recuerdo de una Labuk a quien nunca podrá hallar en el mundo real. Aránzuru sin el refugio de su isla se resigna como Linacero a la soledad citadina. Brausen sigue buscando otras máscaras al final de *La vida breve,* pues ninguna había solucionado su existencia. Jorge Malabia, al final de una serie de desengaños con mujeres, se enfrenta con la soledad.

Toda la ciudad de Santa María es un sueño corrompido por la realidad. La utopía objetivada sufre los mismos efectos de lo real y así el pequeño pueblo, al crecer en metrópoli, va padeciendo su decrepitud. De allí que algunos personajes tratan de evadirse de

Santa María como antes lo hacían de Montevideo o de Buenos Aires.

Según el existencialismo, el hombre tiene que ser responsable de sus elecciones. Al no encontrar más que la frustración de otra sinsalida en los sueños, al hombre no le resta más opción que la de enfrentarse con el mundo objetivo e intentar encontrar soluciones por el camino de la acción.

EL ENFRENTAMIENTO

Enfrentamiento denota la relación del personaje con la realidad circundante. Se contrasta con la evasión, donde el personaje actúa en un nivel puramente cerebral o imaginativo. Se opta por la vía imaginativa al encontrar insuficiente el mundo objetivo o la relación con otros seres. Pero, aun en muchos casos donde se elige la evasión la vuelta inevitable a la realidad cotidiana hace necesaria el enfrentamiento con el mundo. Esto puede entenderse como la acción y la lucha o la falta de acción y la resignación. En todo caso se basa en el trato del personaje con el mundo que lo rodea.

En los autores existencialistas se asocia la angustia a la necesidad de actuar. La angustia difiere del miedo en el sentido de que éste es de raíz específica mientras que aquélla pertenece a un ámbito más general, más difuso. Sartre distingue la angustia y el miedo:

> El vértigo es angustia en la medida en que temo, no caer en el precipicio, sino arrojarme a él. Una situación que provoca el miedo en tanto que amenaza modificar desde fuera mi vida y mi ser, provoca la angustia en la medida en que desconfío de mis reacciones apropiadas para la situación. En este sentido, el miedo y la angustia son mutuamente excluyentes, ya que el miedo es aprehensión irreflexiva de lo trascendente y la angustia es aprehensión reflexiva de sí-mismo.[1]

En otro ensayo, Sartre da énfasis sobre la naturaleza constructora de la angustia que lleva forzosamente a la elección y no a la inacción.[2]

En la narrativa de Roberto Arlt, la angustia es importantísima. Erdosain reflexiona sobre ella muchas veces. Hasta traza una topografía de la angustia, en la forma de una zona colocada a cierto nivel sobre las ciudades. El hombre acosado de la obra de Arlt se angustia de su situación, de su vacío interior.

Por contraste, la angustia no es tan importante en la narrativa onettiana. Hay una que otra referencia a ella. En *Tierra de nadie,*

---

[1] Sartre, *El ser y la nada, op. cit.,* p. 72.
[2] Sartre, «El existencialismo es...», *op cit.,* pp. 253-254.

Oscar experimenta «... la marejada angustia» (p. 15), pero lo que denomina angustia es, en realidad, miedo ante una situación concreta: su sufrimiento es consecuencia por estar acosado como un animal por sus enemigos en una situación guerrera. En *Juntacadáveres*, Larsen «... no podía superar la conciencia del fracaso que empezaba a angustiarlo.» (p. 66) Otra vez, lo que se denomina angustia resulta ser el temor que proviene de una causa exterior y concreta.

A pesar de los pocos ejemplos de la angustia en la narrativa onettiana, muchos críticos insisten en la importancia de este sentimiento en su obra. Enfocan su narrativa en términos de una angustia existencial, reflejo de la época en que Onetti escribe.[3] Arturo Sergio Visca, al hablar de *El pozo,* dice que el vacío de Linacero es producto de un estado angustioso.[4] Pero es precisamente la falta de la angustia y la emoción que confieran sentido a la vida que causa el hundimiento de Linacero en su pozo. Más que la angustia lo que caracteriza a los personajes onettianos es la resignación. Fernando Aínsa acierta al explicar: «Es como si los personajes hubieran madurado en su fatalismo, lo que los hace aparecer más resignados que angustiados.»[5] La obra de Onetti como una evolución de la de Arlt es patente en este hecho puesto que ya no hay necesidad de contemplar la angustia ni de preocuparse de sus raíces.

La alusión de Visca al vacío interior de Linacero apunta a otro contraste entre el personaje onettiano y el ser auténtico postulado por los existencialistas. El concepto de la nada difiere entre los personajes de Onetti y los de Sartre. La nada sartreana es positiva porque es el punto de partida de la existencia del hombre.[6] El hom-

---

[3] Los siguientes críticos figuran entre los que aluden a la angustia existencial de la obra onettiana: Clara Silva en Homero Alsina Thevenet, et. al., «*El pozo* de Juan Carlos Onetti veinticinco años después», *Marcha* (Montevideo), Año XXVI, N.° 1.225 (21 de mayo de 1965), p. 18, alude a «... el mundo de la angustia existencial del ser, que es la respiración psicológica de nuestra época...». Ricardo Cano Gaviria en «De Brausen a Onetti», *Cuadernos para el Diálogo* (Madrid), N.° 69 (junio de 1969), p. 43, dice que Onetti «... ha colonizado la tierra de nadie de la angustia cotidiana...». Hugo Verani en «En torno a *Los adioses* de Juan Carlos Onetti», *op. cit.,* p. 35, dice que «... estos héroes, en su mayoría hombres maduros, intentan mitigar su angustia existencial...». Pero, al referirse específicamente a la calma del deportista, señala que, según la tesis existencialista, «... la dosis de angustia aumenta en relación directa con la autenticidad de vivir.» (p. 50) Si se considera la poca autenticidad demostrada por los personajes onettianos, se entiende por qué no son muy angustiados.

[4] Arturo Sergio Visca, «Juan Carlos Onetti (1909)», *Antología del cuento uruguayo contemporáneo* (Montevideo: Universidad de la República, 1962), página 244.

[5] Fernando Aínsa, *Las trampas de Onetti* (Montevideo: Editorial Alfa, 1970), p. 31.

[6] Lenz, *op. cit.,* p. 31.

bre existe siempre lanzándose hacia su futuro, es decir, la existencia misma se basa en la nada. En la novelística sartreana, un personaje como Roquentin puede llegar al borde del hundimiento en la nada, al averiguar que todo carece de sentido; sin embargo una melodía de jazz lo salva en el último momento.

El personaje onettiano, por contraste, no se sirve ni de la angustia ni de la fuerza positiva de la nada. La nada sólo sirve para demostrar cómo se hunden los personajes. Es mucho más terrible que la nada sartreana, porque no hay posible esperanza, no hay significado en la existencia humana. En este sentido, la nada onettiana se refiere a una existencia sin propósito. Ferdinand Bardamu, personaje de Céline, se encuentra totalmente solo en el Africa, pero al llegar a América, su descreencia es absoluta; optando por la acción en base a la nada decide volver a Francia y hacerse médico.

La resignación, la pasividad, la indiferencia y la falta de acción describen una postura que equivale a un suicidio existencial. El personaje que, en vez de angustiarse, se resigna, se somete al tedio y al hastío. Meursault puebla con recuerdos su celda en la cárcel para no aburrirse. Muchos personajes onettianos también intentan evitar el hastío evocando el pasado, pero, de vuelta de sus recuerdos, no queda más que el tedio cotidiano. Aun el acto sexual es una relación sin sentido que sólo produce cansancio.

Linacero expresa su hastío en la primera página de *El pozo:* «Me paseaba con medio cuerpo desnudo, aburrido de estar tirado, desde mediodía, soplando el maldito calor que junta el techo ...». (p. 7) En *Tierra de nadie* el hastío se generaliza en la descripción de los muchos bonaerenses que: tienen la fuerza de hacer algo pero «... se pudren despacio, aburridos.» (p. 52) Balbina expresa el aburrimiento en el caso de la mujer: «'Después de todo me aburro, nos aburrimos todas las noches, todos los días. Podría tener un amante y sería lo mismo.'» (p. 88) Juan María Brausen también está hastiado de la existencia rutinaria y mezquina. Los sanmarianos, por ejemplo, Díaz Grey, Lanza, Barthé y Guiñazú no se aburren menos que los bonaerenses; todos, sentados en un café, observan pasar la vida a su alrededor. En En *Juntacadáveres,* Marcos llega a decirle a Rita: —Y también estoy aburrido de mí. No podéis entender. (p. 206)

El hastío llega a definir toda una actitud de indiferencia y resignación. No se trata de una resignación de raíz filosófica o religiosa sino más bien de una falta de acción que, como nota Aínsa, es el producto de la maduración de la angustia. Onetti no participa de la orientación fenomenológica que apuntaría la necesidad de entablar relación con el mundo. La parálisis del hombre frente al mundo que ocurre en *Los secuestrados de Altona,* por ejemplo, se refiere al concepto de lo *práctico-inerte*. En la narrativa onettiana se trata más bien de la indiferencia, una situación semejante a la de Meursault. A éste le resulta igual casarse con María, mudarse a París o no hacer nada. Al final de la novela siente que: «… me abría por primera vez la tierna indiferencia del mundo.»[7] Al resignarse por última vez, se siente menos frío ante al mundo, pero jamás cambiará la indiferencia esencial.

La resignación de Meursault o de los personajes onettianos defiere del estado de náusea que experimenta Roquentin pues más que una náusea de raíz filosófica que conlleva a la existencia auténtica es solamente una presencia inconsciente en el mundo. Así, Roquentin, a pesar de haberse dado cuenta de que está de más en el mundo, la náusea le posibilita cierto significado a su vida:

> Soy libre: no me queda ninguna razón para vivir, todas las que probé aflojaron y ya no puedo imaginar otras. Todavía soy bastante joven, todavía tengo fuerzas para volver a empezar. ¿Pero qué es lo que hay que empezar? Sólo ahora comprender cuánto había contado con Anny para salvarme, en lo más fuerte de mis terrores, de mis náuseas. Mi pasado ha muerto, Anny volvió para quitarme toda esperanza. Estoy solo en esta calle blanca bordeada de jardines. Solo y libre. Pero esta libertad se parece un poco a la muerte.[8]

Tiene más posibilidades para crearse un futuro que Meursault, quien se resigna a todo y sólo ve una tenue apertura en el mundo.

Los personajes de Onetti carecen absolutamente de ese chispazo o apertura final que tiene Meursault. Simplemente se resignan. Linacero dice que «… los hechos son siempre vacíos, son recipientes de la forma del sentimiento que los llene.» (*El pozo*, p. 31) Estos hechos de que se compone la vida carecen de sentido. Linacero es indiferente a ellos; no se esfuerza para controlarlos, optando, pasivamente, por el escape hacia la dimensión onírica.

La falta de alguna incitación a la acción queda patente en *Tierra de nadie* y sirve para caracterizar a toda una generación de indiferentes morales. Llarvi, en una conversación con Casal, está preocupado porque toda acción que realice un americano es siempre una mutación de lo europeo. Casal le afirma: —¿Por qué se preocupa entonces? No haga nada. … Todo es falso y lo autóctono lo más falso de todo. (p. 86) No hay nada que hacer porque nada vale la pena ser hecho. Aránzuru, al terminar su relación con Katy y ante la indiferencia total exclama: —Me voy y no nos vemos más. … Toda la desgracia está en elegir, en querer separar las cosas. Bue-

---

[7] Camus, *El extranjero, op. cit.,* p. 175.
[8] Sartre, *La náusea, op. cit.,* p. 229.

na idiotez. Todo es lo mismo. (p. 122) A diferencia de las ideas de Sartre, en Onetti no vale la pena seguir eligiendo porque toda elección es siempre inútil.

La resignación de Juan María Brausen en *La vida breve* tiene varias dimensiones. Se resigna a la rutina sin sentido de su vida de funcionario y cuando crea la personalidad de Díaz Grey, es la de otro ser pasivo, observador más bien que luchador en la vida. La resignación más triste consiste en que tiene que admitir, aun al explicar que se puede vivir muchas vidas, el hecho de que sólo tiene un alma.

En *Los adioses,* el almacenero reflexiona sobre el deportista incrédulo: «No es que crea imposible curarse, sino que no cree en el valor, en la trascendencia de curarse.» (p. 11) La vida misma tanto como los actos de que está compuesta carecen de significado. Los únicos hechos importantes están en el pasado y por ello no hay razón de luchar, de curarse, resignándose ante una enfermedad que lo va carcomiendo.

El hombre de *La cara de la desgracia,* igual a Meursault, no encuentra sentido en los actos de los hombres. Se deja llevar con pasividad por la corriente cuando le acusan falsamente de haber matado a la muchacha. Le dice al policía: —Lo divertido es que están equivocados. Pero no tiene importancia. Nada, ni siquiera esto, tiene de veras importancia. (p. 174) En la primera versión de este cuento de Onetti, publicado con el título «La larga historia», en forma de narración se describe el diálogo citado resultando más clara esa actitud de no navegar contra la corriente:

> Sólo tenía para contarles una historia larga, entrecortada, llena de momentos brillantes y misteriosos que nada tenía que ver con aquello que interesaba a los hombres de pie en el galpón, mirándole la boca, que acaso tampoco tuviera relación con nada concreto que él pudiera imaginar. Hizo a cada uno un corto gesto de amistad y giró para salir, creyendo que iban a detenerlo en cada caso, pero oyó en seguida que los hombres lo seguían sin tocarlo, sin hacerle ya ninguna pregunta, sin prisa, como si acabara de contarles la larguísima historia y todos marcharan sin propósito, un poco inclinados por cansancio de escuchar, escuchando ahora el susurro intermitente que la historia sin medida iba haciendo dentro de la cabeza de cada uno.[9]

La aceptación de la locura de Moncha en «La novia robada» representa otra forma de resignación. Se observa que los sanmarianos: «Decimos que sí, aceptamos, y hay, parece que intentar seguir viviendo.» (p. 10) Es una resignación por parte de otros seres de

---

9 Juan Carlos Onetti, «La larga historia», *Alfar* (Montevideo), Año XXII, N.° 84 (1944), p. 64.

estar pasivos ante el destino de Moncha. Esta es la misma actitud del almacenero en *Los adioses,* aunque su resignación es producto de una venganza, contrariamente a la de los sanmarianos en el caso de Moncha que implica una situación aprobatoria.

En la mayoría de los ejemplos referidos, la resignación a este mundo es concomitante con una evasión intencionada. Sin embargo hay otros personajes onettianos que actúan directamente sin huidas oníricas. Necesariamente actuar en la realidad objetiva no implica ningún elemento con referencia al heroísmo puesto que existen actuaciones de los personajes de Onetti que carecen de sentido, o por mecánicos o por rituales. Pero siempre se excluye el compromiso. Fernando Aínsa señala que muchas obras onettianas se construyen a base de una experiencia, a veces traumática, siempre previa al comienzo de la obra. Se pueden pensar, por ejemplo, en el divorcio de Linacero, la separación de Risso y Gracia o la muerte del hermano en *La cara de la desgracia.*[10] La resignación, la evasión o la acción provienen de esos sucesos anteriores a la obra misma.

Hay que distinguir entre la aventura y la acción. La aventura, según Sartre en *La náusea,* se refiere a algo pasivo, por ejemplo, los momentos perfectos que Roquentin añora pero que son imposibles. La aventura de Linacero también es pasiva. Se refiere a sus sueños solitarios sobre Ana María en la cabaña de troncos, sobre Alaska, sobre Klondike o sobre Suiza. Linacero compara el episodio real vivido con Ana María con sus sueños y observa: «Pero la aventura merece, por lo menos, el mismo cuidado que el suceso de aquel fin de año.» (p. 15) La acción, por contraste, se refiere a cualquier lucha o acto, aunque sea un juego que se asemeje mucho a una farsa. Si la novela del pasado se construía en base al heroísmo, éste está descartado en la obra de Onetti.

Según el existencialismo, la salvación del nombre sólo puede lograrse a través de un actuar, no cerrando los ojos ante la fealdad del mundo que rodea.[11] Esta actitud vigilante implica la acción, por contraste con la reflexión sobre los actos, y la inmersión en el mundo, por contraste con la actitud desligada del espectador o la evasión hacia la dimensión onírica. Una de las situaciones límites que apunta Karl Jaspers es precisamente la lucha o *kampf.* Jaspers piensa que la existencia de por sí no puede considerarse en forma estable; más bien es una lucha inevitable.[12]

Sartre enfoca la vida como una serie de elecciones a base de la libertad. Así, el hombre se conquista una esencia. Sartre define el acto del siguiente modo:

---

[10] Aínsa, *op. cit.,* pp. 60-61.
[11] Fatone, *op. cit.,* p. 16.
[12] Wallraff, *op. cit.,* pp. 150, 155 y 159.

> Por *actos* ha de entenderse toda actividad sintética de la persona, es decir, toda disposición de medio en vista de fines, no en tanto que el para-sí es sus posibilidades, sino en tanto que el acto representa una síntesis psíquica trascendente que él debe vivir.[13]

En Roquentin, el resultado para contemplar la existencia es la náusea, descubriendo así que lo único que define la existencia es la acción de vivirla.

Para Camus el acto siempre se asocia al concepto del absurdo, que no se encuentra ni en el hombre ni en el mundo sino en la relación entre los dos. En este sentido, el absurdo equivale a la condición humana.[14] No hay motivos que expliquen los actos del hombre en el mundo. La vida del hombre se caracteriza por la rutina, la repetición de los actos sin sentido alguno. Es todo lo contrario de la deseada autenticidad existencialista sartreana. Esta especie de repetición, de rito, es el acto absurdo. Para Meursault, la vida es una suma de actos rutinarios, sin compromiso. Meursault no intenta indagar si hay algún sentido de la vida. Dice: «Por otra parte, mamá tiene la idea, y la repetía a menudo, de que uno acaba por acostumbrarse a todo.»[15] Al morir su madre, lo que más le perturba es tener que hablar con su jefe y cambiar su costumbre. Al asesinar al árabe, le molesta haber destruido el equilibrio de un día tan feliz; por eso se ensaña con el cuerpo muerto. No ve razones lógicas dentro del contexto del mundo absurdo en que vive, por eso no explica el crimen en términos de defensa propia como pudo haber hecho. La condena de Meursault es tan absurda como la matanza del árabe, ya que lo condenan más por su conducta extraña al entierro de su madre —una muestra de lo que llaman su corazón de criminal— que por haber matado a un hombre.

En el ensayo «El mito de Sísifo», Camus aplica lo absurdo al hombre, al acto, a la lógica, etc. Apunta: «Lo absurdo no tiene sentido sino en la medida en que se lo consiente.»[16] Si no consiente a la sinrazón del mundo, el hombre absurdo no se suicidará sino que vivirá en una especie de rebelión. El arquetipo del héroe absurdo es Sísifo, a quien los dioses han condenado a que ruede una roca a la cumbre de una montaña y la deje caer, repitiendo la acción eternamente. Camus afirma que la tarea de Sísifo no es ni menos ni más absurda que la del obrero actual. Ve en el esfuerzo de aquél un triunfo porque en su descenso para recoger la piedra puede pensar que le pertenece la roca y que ha creado su propio destino de esta

---

[13] Sartre, *El ser y la nada, op. cit.*, p. 223.
[14] Camus, *El mito..., op. cit.*, p. 40 y Lamana, *op. cit.*, p. 52.
[15] Camus, *El extranjero, op. cit.*, p. 112.
[16] Camus, *El mito..., op. cit.*, p. 42.

131

serie de actos.[17] Es únicamente en el sentido de semejante rebeldía implícita en el mundo absurdo que pueden entenderse las acciones de Meursault o de los personajes onettianos que actúan en el mundo.

Otros autores vinculados al existencialismo han utilizado el concepto del absurdo, aunque no bajo los mismos aspectos estudiados y aplicados por Camus. Roquentin distingue entre un absurdo relativo y un absurdo absoluto, careciendo este último de explicación posible. Gregor Samsa, el personaje de Kafka, es un hombre absurdo como resultado de su vida rutinaria de viajante de comercio. Le preocupa mucho a Samsa tener que hallar un modo de comunicarle a su jefe que no podrá asistir al trabajo porque se ha convertido en un insecto. Esta preocupación se asemeja al apuro de Meursault cuando tiene que decirle también a su jefe que estará ausente del trabajo porque su mamá ha muerto. Kafka escribió una parábola titulada «Mensajeros» donde describe un mundo en que solamente hay mensajeros porque a los niños se les ofreció la opción de ser o reyes o mensajeros y todos optaron por ser esto último. Sin reyes, los mensajes carecen de significado, pero los mensajeros no pueden alterar su vida porque han jurado servir de esta manera, aunque en realidad no sirven a nadie ni para nada.[18]

Las acciones carecen de significado en el mundo onettiano igual que en el mundo absurdo descrito por Camus o por Kafka. Eladio Linacero, al referirse al cambio operado en Cecilia, alude a lo hueco, al vacío, que son los hechos. De ahí nace su pasividad: «Sonrió en paz, abro la boca, hago chocar los dientes y muerdo suavemente en la noche. Todo es inútil y hay que tener por lo menos el valor de no usar pretextos.» (El pozo, p. 48).

Aránzuru, de Tierra de nadie, representa el punto medio entre los caminos de la evasión de Brausen y de la acción de Larsen. Busca, activamente, la comunicación con otro ser humano, sin éxito, a través de una serie de mujeres. El contrapunto es la isla soñada de Faruru. Casal, por contraste, representa el arraigo total a las comodidades de la clase media. A pesar de ser artista no añora la libertad de una choza en el fin del mundo porque no puede soportar la idea de fracasar en aquel lugar.

El tema de lo absurdo que resulta ser la vida se manifiesta en Tierra de nadie. En una conversación al principio de la novela se observa:

«... en la vida pasa lo mismo. Se abarca, se comprende que una noche está perdida, nada para sacar de ella y viene la mañana y se acabó. Pero con la vida es igual. Siempre está perdida y nada

---

[17] Ibid., pp. 129-133.
[18] Franz Kafka, «Couriers» en Kauffmann, op. cit., p. 130.

que sacar, lo que uno quiere, sin darse cuenta. Luego, dulcemente reventamos.» (p. 21)

Aránzuru también piensa en el sin sentido de la vida: «Nada podrá ser llamado con su nombre, no había ninguna lógica ... Días y noches, días y noches, todo grotesco y muerto, amontonado.» (p. 148) Llarvi fija su atención en un disco y piensa: El primer secreto consistía en que el disco graba, muy lentamente, despacio, despacio. El segundo secreto era que la vida no tenía sentido.» (p. 120)

La huida concreta del mundo real tiene interés en algunas obras onettianas tanto como la huida onírica en otras. En «El obstáculo», la huida representa una elección por parte del prisionero, poniendo fin a sus dudas:

> Claro y sencillo; y aunque ni a sí mismo podía explicar la causa de su repentina dicha, sabía por fin qué era necesario hacer. ... Corrió en línea recta, ágil y alegre, seguro de que la angustia quedaba allí, enfriándose sobre la negra tierra roturada. (p. 3)

Otra alusión a la huida ocurre en «Mascarada» cuando María Esperanza está siempre perseguida por algún suceso espantoso que nunca se conoce.

Para esta noche es la historia de una serie de personas que huyen en alta tensión de un clima guerrero. Morasán es un agente policíaco que persigue a un grupo de individuos que antiguamente habían sido sus compañeros en una ideología revolucionaria. La huida de Ossorio miembro del grupo perseguido domina la acción de la novela, pero su fuga es tan inútil como la de un Sísifo. Ossorio siente a lo largo de toda la obra que no hay escape posible. Ve a una mujer cualquiera y se da cuenta de que la desea desesperadamente: «... resolvió que el absurdo en que todos estaban hundidos y donde braceaban a favor de la corriente lo había separado de ella ...». (p. 63) Su huida puede ampliarse hasta simbolizar lo absurdo que es toda la vida: «Toda esta noche de puertas y escaleras, abriré puertas. El infierno, prolongación sin fin, indefinida, infinita del último, de los últimos momentos del tipo en la tierra.» (p. 126) Como Sísifo, Ossorio se ve condenado a una eterna obra inútil. Su única esperanza está fuera de la vida. Lo demuestra al correr a la muerte hacia el centro de la ciudad, al fin de la novela.

En *La vida breve* la huida se tiñe de lo imaginario cuando Brausen huye a Santa María después de apropiarse del crimen cometido por Ernesto. La existencia originaria de Juan María Brausen participa del sin sentido que la vida:

—Voy a vivir, simplemente. Otro fracaso, porque puede presumirse que hay una cosa para hacer, que cada uno puede cumplirse en determinada tarea. Entonces la muerte no importa, no tanto, no como definitiva aniquilación, porque el hombre con fe supone haber descubierto el sentido de la vida, haberlo obedecido. Pero para esta pequeña vida que empieza o para todas las anteriores si tuviera que empezar de nuevo, no conozco nada que me sirva, no veo posibilidades de fe. Puedo, sí, entrar en muchos juegos, casi convencerme jugar para los demás la farsa de Brausen con fe. Cualquier pasión o fe sirven a la felicidad en la medida en que son capaces de distraernos, en la medida de la inocencia que puedan darnos. (p. 174)

El mundo como una farsa que nace del trabajo rutinario es cuestionada por Brausen, quien observa a su jefe, el viejo Macleod, que actúa como un Prometeo atado a la roca. Esta observación a otra persona se aplica igualmente al mismo Brausen:

... comprendí que había estado sabiendo durante semanas que yo, Juan María Brausen y mi vida no eran otra cosa que moldes vacíos, meras representaciones de un viejo significado mantenido con indolencia, de un ser arrastrado sin fe entre personas, calles y horas de la ciudad, actos de rutina. (p. 31)

Los actos repetidos carecen de sentido como de esperanza. Esta repetición rutinaria caracteriza la vida del pueblo en *Los adioses* y aunque el deportista se niega a participar del ambiente pueblerino, su existencia también es ritual. Las dos cartas que recibe semanalmente, de la muchacha y de la mujer, representan un alivio siempre idéntico en su mezquina existencia. También sus viajes semanales a la ciudad cercana para depositar cartas y su costumbre de vestirse con traje de ciudad son acciones rituales. Pero su convicción de la inutilidad de curarse hace que no se entregue a lo único que el pueblo montañés tiene de positivo. A semejanza de Ossorio en *Para esta noche,* la salvación del deportista no está en el sendero de lo posible.

El personaje onettiano que mejor encarna el sentido de la acción absurda es Junta Larsen puesto que sus esfuerzos no son heroicos, pero sí desmesurados. Intenta poner en marcha dos empresas: el prostíbulo y el astillero, pero ambos son esfuerzos de jugar a la vida como una farsa. Onetti describe cómo el carácter de Larsen ha evolucionado a lo largo de su narrativa, desde *Tierra de nadie* donde aparece por primera vez:

Rememorando al Larsen de las primeras obras, hay que verlo como un personaje totalmente cursi, un pobre desgraciado, un pobre diablo. Por el ejercicio de la voluntad, que el tipo ejerce o contra la que surge, se va espiritualizando. Es decir: en esos años en que el tipo se pasa llevando los libros de contabilidad del Astillero es para esconder que es, que ha sido, un *cafishio,* un explotador de mujeres, toda su vida.[19]

Onetti aclara que ésta es su propia interpretación de Larsen; sin embargo, deja abierta otras posibilidades para el lector o para el crítico.

El Larsen de *Juntacadáveres* está retratado como un hombre con «... una vocación o manía, la necesidad de luchar por un propósito sin tener verdadera fe en él y sin considerarlo un fin.» (p. 63) En esta lucha donde se siente vencido de antemano, la idea de fundar el prostíbulo se equipara a la de «... casarse in artículo mortis, como creer en fantasmas, como actuar para Dios.» (p. 75) El prostíbulo de Larsen representa una lucha absurda, desde la interminable espera inicial para poder abrir el negocio hasta la espera de la orden del gobernador clausurando la casa.

La otra empresa llevada a cabo por Larsen es también otra farsa pues se trata de actuar como gerente de un astillero que sólo existe como un fantasma hecho de edificios en ruinas. A semejanza de Santiago Piñeyro —el pequeño funcionario de la novela del uruguayo Manuel de Castro— Larsen cree que su actual posición es de gran importancia: «Así permanece durante las horas de oficina, sentado, en actitud grave, con aire de presidir alguna audiencia, bien levantada su frente estrecha ...». *(El astillero,* p. 11) La paradoja aquí surge de la dimensión de pesadilla onírica que domina su inmersión aparente en la realidad circundante. Más bien que una lucha de verdad, su mundo es el de la farsa. Si Larsen actúa es porque no hay otra cosa que hacer:

> Y ahora cualquier cosa que haga serviría para que se me pegue con más fuerza. Lo único que queda para hacer es precisamente eso: cualquier cosa, hacer una cosa tras otra, sin interés, sin sentido, como si otro (o mejor otros, un amo para cada acto) le pagara a uno para hacerlas y uno se limitara a cumplir en la mejor forma posible, despreocupado del resultado final de lo que hace. Una cosa y otra y otra cosa, ajenas, sin que importe que salgan bien o mal, sin que importe qué quieren decir. (p. 68)

Larsen no se define por una misma actitud a lo largo de la novela sino que sus reacciones varían entre la indiferencia, el estoicismo, el desinterés, la resignación, y el vaivén entre la creencia de que el juego es un simple juego y a veces también como algo real.

No sólo Larsen sino todos demás individuos son farsantes de

[19] Rodríguez Monegal, «Conversación...», *op. cit.,* p. 462.

una empresa inexistente. Petrus lo es al ofrecerle a Larsen la gerencia de esta empresa fantasmal. Lo son también Gálvez y Kunz al trabajar en el astillero. Todos participan del rito absurdo de actuar como si funcionara la empresa, a pesar de la realidad de las oficinas mustias, las cuentas sin clientes y las cerraduras inútiles. El juego mismo es lo que importa. La farsa compartida aquí es una realización del intento del sueño compartido en obras anteriores:

> Entonces, con lentitud y prudencia, Larsen comenzó a aceptar que era posible compartir la ilusoria gerencia de Petrus, Sociedad Anónima, con otras ilusiones, con otras formas de la mentira que se había propuesto no volver a frecuentar. ... Y si ellos están locos, es forzoso que yo esté loco. Porque yo podía jugar a mi juego porque lo estaba haciendo en soledad; pero si ellos, otros, me acompañan, el juego es lo serio, se transforma en real. (p. 48)

Al contrario del ser auténtico sartreano, Larsen desea creer en la mentira, creer en que existe algo que valga la pena, pero cuando la farsa se hunde con la denuncia a Petrus a la policía, Larsen sufre un desengaño doble; ahora ni la farsa ni la realidad pueden dar sentido a la vida.

Jorge Malabia es otro personaje que intenta actuar. Emprende la exploración del camino hacia la madurez y su camino es en cierto sentido paralelo al de Junta pues ambos llegan a la derrota. La madurez de Jorge únicamente le acarrea la soledad. Descubre su soledad a través de sus relaciones con Julita, con Rita y con la extranjera de «El álbum». Igual a Juan María Brausen, Jorge se da cuenta con lástima de que sólo tiene un alma a pesar de sus muchos disfraces. En *Para una tumba sin nombre,* Díaz Grey espera que Jorge le diga algo como:

> «Yo soy de otra raza. Yo no quiero volver a empezar, ni esto ni aquello. Una cosa y otra, por turno, porque el turno es forzoso. Pero una sola cosa cada vez y para siempre. Sin la cobardía de tener las espaldas cubiertas, sin la sórdida escondida seguridad de que son posibles nuevos ensayos, de que los juicios pueden modificarse.» (p. 212)

Pero Jorge no busca por el camino de la autenticidad existencialista, y jamás llega a decirle a Díaz Grey algo que se asemeje a lo que éste quería que se le dijera.

En «Jacob y el otro» hay una lucha real. Sus resultados sorprenden porque gana Jacob, el viejo cuya derrota parece aparente. Gabriel Saad señala lo insólito que son en el mundo onettiano la lucha real y la victoria. Saad enfoca la concepción agónica de la vida en términos personales de Jacob y en la lucha misma.[20] Hay que tener en cuenta, sin embargo, que la victoria de Jacob requiere una vuelta a las características perdidas de su juventud: el no depender de la bebida, la vuelta a la fe religiosa, el hablar un alemán purísimo, la habilidad de ganar en una lucha de verdad y una combinación de coraje y fuerza física. Resulta ser una victoria aparente porque, en el último instante, ganará la vejez, por la corrosión temporal inevitable.

En «Matías el telegrafista» se reitera lo inútil y lo vacío que son las acciones, porque ellas son indicadoras del derrumbe. Matías fue tildado de fracasado por sus compañeros de barco. El narrador, apodado «el socio del fracaso» (p. 30) por su asociación con Matías, afirma: «Para mí, ya lo saben, los hechos desnudos no significan nada. Lo que importa es lo que contienen o lo que cargan; y después de averiguar qué hay detrás de esto y detrás de ese detrás hasta el fondo definitivo que no tocaremos nunca.» (p. 30) En el caso concreto de Matías, se descubre que no hay nada detrás de los hechos excepto la derrota. Matías solía hacer referencia de su novia sanmariana María Pupa y cuando él y el narrador la llaman por teléfono una vez desde Alemania aquél observa que éste estaba: «... seguro de la derrota, indiferente, lejano.» (p. 31) Tenía razón en esta deducción porque, cuando el narrador logra por fin hablar con María Pupa, ésta le dice: —Por qué no te vas a joder a tu madrina, guacho de mierda. (p. 31)

A lo largo de la narrativa onettiana el fatalismo, el sentimiento de un destino implacable que se impondrá, va mano a mano con la existencia absurda. Esta condena existe de antemano y tanto da si el personaje lucha, si se resigna, si se evade o se cae en la inacción. Dado que ya se sabe el final del juego, únicamente puede importar la manera de jugar. El personaje de Dostoevsky en *Memorias del subsuelo* lo expresa muy bien:

> Pero el hombre es una criatura frívola e incongrua, como un ajedrecista, que ama el proceso del juego, no el final del juego. ... Ama el proceso de alcanzar, pero no le gusta precisamente el haber alcanzado, y eso, por supuesto, es bastante absurdo.[21]

---

[20] Gabriel Saad, «Jacob y el otro o las señales de la victoria», en Lídice Gómez Mango, ed., *En torno a Juan Carlos Onetti* (Montevideo: Fundación de Cultura Universitaria, Cuadernos de Literatura N.° 15, 1970), pp. 92 y 101.

[21] Dostoevsky, en Kauffmann, *op. cit.,* pp. 77-78. Traducción de:
But man is a frivolous and incongruous creature, like a chess player, loves the process of the game but not the end of it. ... He loves the process of attaining, but does not quite like to have attained, and that, of course, is very absurd.

A este fatalismo hay que sumar la búsqueda de la salvación únicamente donde se sabe que es imposible encontrarla, como en los ejemplos de Ossorio o el deportista. La conclusión inevitable es que se trata de un determinismo que siempre llevará hacia la derrota. Esta condena proviene de la vida misma que, por el camino del corroer temporal, conduce inevitablemente a la muerte. De ahí que los personajes se sienten aplastados por un destino contra el que es imposible luchar. Sin embargo, falta un sentimiento trágico ante este destino, igual a la indiferencia ante todo suceso de la vida. La rutina y la repetición de los actos contribuyen a esta actitud.

Wilie Sypher reflexiona sobre la entropía, la teoría del caos creciente del universo que termina en la inercia. Se puede aplicar su teoría al destino del hombre. Su fin inevitable es la destrucción. Puede rebelarse por instantes contra el azar; pero terminará, sin lugar a dudas, en el descanso final de la inercia.[22] Al enfocar el papel del sino en la narrativa onettiana, conviene notar la definición de Spengler en *La decadencia del occidente*:

> La casualidad exige una diferenciación, es decir, una destrucción; el sino es una creación. Por eso, el sino se refiere a la vida y la casualidad a la muerte. En la idea del sino se revela el anhelo cósmico que atormenta a un alma, su ansia de luz, de ascensión, de cumplimiento, su afán de realizar el propio destino ... .[23]

Así, en vez de problematizar la libertad se medita la realización del destino. Esto se opone rotundamente a la libertad absoluta que un pensador existencialista como Sartre considera fundamental para la posibilidad de la existencia auténtica. En vez de la elección libre se postula la seguridad del fracaso.

Hay matices dentro de este cuadro que permiten la consideración de la narrativa de Juan Carlos Onetti en términos de una concepción existencialista a pesar de la segura condena que anticipan sus personajes. En primer lugar, entre las posibilidades del hombre existe la mala fe. La evasión, la resignación y un presentimiento del fracaso son elecciones alternativas del hombre, igual a la vida auténtica. Al caer en la vida absurda, los personajes onettianos pueden no reconocer su libertad a pesar de posiblemente tenerla. Además, la condena a la libertad absoluta es un concepto sartreano. Otros pensadores existencialistas reconocen límites en la libertad del hombre. Jaspers, por ejemplo, apunta una serie de límites inevitables impuestos en la vida del hombre que incluyen; los impulsos del cuerpo, los deberes y las obligaciones, la situación del hombre en el

---

[22] Sypher, *op. cit.*, p. 74.
[23] Citado en Juvenal López Ruiz, «Onetti, un novelista del sino», *Imagen* (Caracas), N.º 35 (15-30 de octubre de 1968), p. 4.

mundo, la naturaleza bruta y los límites de la situación misma en que se encuentra el hombre. Aunque el hombre no es resultado de estas fronteras, sin embargo en sus elecciones necesarias no puede menos de tener en cuenta su existencia.[24] La obra de Onetti pone énfasis en los límites impuestos en la situación del hombre más bien que en su libertad. Los personajes de Simone de Beauvoir parecen enfrentar semejante determinismo:

> Si la vida se desarrolla en esa realidad dada, es inútil que nos preocupemos por ella; todo hecho parece estar determinado de antemano y no podemos escapar ese determinismo fatal. Pero felizmente no hay tal determinismo. Estamos en una situación dada, pero como tenemos que elegir instante tras instante, somos totalmente responsables de nosotros mismos.[25]

Se construye la libertad a base de elecciones en el mundo. A pesar de que Sartre afirma que esta libertad es absoluta existen los límites de ciertas condiciones impuestas de antemano desde afuera. En la obra teatral de Sartre los personajes no gozan de la libertad total en sus elecciones. Inés le dice a Estelle en *A puerta cerrada* que no están en esa situación infernal por casualidad sino porque todo está previsto y planeado. En *Los secuestrados de Altona* el secuestro no es del todo voluntario sino que más bien los personajes se encuentran incapaces de actuar en el mundo; es el concepto de lo *prático-inerte*. Johanna trata de demostrar a Frantz que él ha escogido su situación. Sin embargo Frantz lo niega:

> —¡Yo no he elegido jamás, querida amiga! ¡Yo he sido elegido! Nueve meses antes de mi nacimiento se había elegido mi nombre, elegido mi oficio, mi carácter y mi destino. Yo le aseguro que se nos impone ese régimen celular y usted debe comprender que yo no me someteré sin una razón capital.[26]

Aunque, en cierto sentido, la elección de encerrarse en su cuarto es una decisión voluntaria por parte de Frantz, ésta es el resultado final de un sino impuesto de la misma manera que el de los personajes de Onetti.

Al hablar de la conciencia encadenada de la imaginación, Sartre distingue entre el fatalismo y el determinismo. Este postula que un suceso debe seguir a otro suceso. El fatalismo dicta que cierto suceso va a ocurrir y este suceso condiciona los restantes

---

[24] Blackham, *op. cit.*, pp. 49-52.
[25] Lamana, *op. cit.*, p. 24.
[26] Sartre, *Los secuestrados de Altona, op. cit.*, p. 78.

que conducirían hacia el hecho determinante. Se puede aplicar el fatalismo a la conciencia.[27]

Ya se aludió al intento de muchos críticos de relacionar la obra de Onetti con el naturalismo. En el aspecto determinista del naturalismo, hay que excluir a Onetti. El determinismo naturalista es de sello científico; proviene de las fuerzas de la herencia y del ambiente. El personaje onettiano carece de raíces familiares las que nunca se elaboran en las obras; de ahí que resulta imposible señalar una herencia biológica que determine su vida. El medioambiente, aunque pésimo para el desarrollo de la invididualidad, nunca está enfocado como causa que determine el destino del hombre.

El viaje de Ferdinand Bardamu en *Voyage au bout de la nuit* de Louis-Ferdinand Céline representa un camino que conduce inevitablemente hacia la destrucción y la muerte. El viaje, como la vida, es una gran trampa sin sentido. La novela termina con la muerte de Robinson, compañero de Bardamu. El silencio que acompaña esta muerte significa que ya no hay más que decir ni hacer, es una especie de prefiguración de la muerte del propio Bardamu, el sin sentido último adónde lo lleva su viaje.

Muchas veces se asocia la narrativa de William Faulkner con la fatalidad onettiana. Ambos novelistas ponen énfasis en el pasado, puesto que en el futuro reside la segura condena, pero, como nota Mario Benedetti, hay una diferencia entre ellos: «... es cierto que cada personaje de Faulkner posee una fatalidad distinta, particular, propia, mientras que en Onetti, la fatalidad es genérica: siempre conduce a la misma condena.»[28] De ahí la resignación de los personajes onettianos; cualquier acto por parte de ellos parece desmesurado.

Los personajes de Roberto Arlt, a semejanza de algunos de Onetti, sienten de antemano que están destinados a vivir un suceso específico. Arlt funciona como un titiretero, un autor omnisciente que empuja a sus personajes hacia un destino inevitable. Esta característica es observable más en su teatro que en sus novelas. Onetti, por contraste, no lleva de la mano a sus personajes; ellos están solos en el mundo y por eso, suelen reaccionar, como apunta Benedetti, ante una fatalidad más genérica. Onetti explica esta posición en una entrevista: —... en el momento en que me pongo a escribir, soy un ser humano que está destinado a morirse, que tiene una hija que se va a morir, que tiene una mujer a quien ama a veces y que se va a morir, que esto no tiene sentido.[29]

Eladio Linacero, en *El pozo* presenta el primer cuadro comple-

[27] Sartre, *L'Imaginaire, op. cit.,* p. 68.
[28] Benedetti, *op. cit.,* p. 136.
[29] «De cómo Juan Carlos Onetti y Carlos Martínez Moreno...», *op. cit.,* p. 10.

to de un ser totalmente aplastado por su destino. Ha perdido el control de los hechos que componen su vida. De ahí que desea escribir la historia de un alma sin mezclarla con los sucesos. Se resigna; acepta el hecho de que no tiene control de su vida. Este sentido de fracaso se reitera en *Tierra de nadie* donde hay un sinnúmero de seres que viven estancados en la ciudad, cuyo único alivio está en la dimensión imposible de lo imaginario: la isla de Aránzuru, el rancho hipotético en el fin del mundo o la obsesión de Llarvi.

Los personajes de *Para esta noche* funcionan bajo un sentido fatalista en su fuga forzosa pero imposible. Cualquier esperanza será necesariamente aplastada. Ossorio, por ejemplo, camina por la noche en busca del puerto donde espera encontrar el barco que lo salve:

> ... angustiado por la idea de que había sin duda una forma de escapar y que iba a perderla por una falla de su cerebro, de su memoria, por no ser un poco más inteligente de lo que era. «Es un destino resuelto desde siempre. Estoy en el tipo glandular equis 30. No hay salvación. Si perteneciera al 22 jota sabría cómo disparar o nunca me hubiera metido en esto.» (p. 49)

La guerra en la que se ve inmerso aumenta la presión de este destino implacable, pero todavía le quedan las opciones de cómo llegará a su destino inevitable, del mismo modo que al ser existencialista le sostienen las elecciones hasta el momento absurdo de su muerte. Ossorio piensa que: «... antes de que alumbrara el sol lo iban a matar, aquí o en otra parte, y la inquietud de imaginarse atravesando la cantidad de minutos que lo separaban del día sin saber en cuál de ellos lo iban a aplastar se le hacía dolorosa ...». (p. 30)

La condena a una sola vida rige, en sentido amplio, el destino de los personajes en varias obras. En *La vida breve* Juan María Brausen habla de las muchas vidas que son posibles, pero el hecho de que está condenado a un alma, y por lo tanto a una esencia y a un destino, hace que cada identidad no sea más que el punto de partida para lanzarse todavía a otra identidad. En *Los adioses,* el título mismo alude a que toda la novela es un decir adiós a cualquier cosa que haya tenido importancia en la vida de deportista: el deporte mismo, la muchacha y la mujer y la buena salud.

En «El álbum», se observan los efectos explícitos del sentido de destino que determinan los sucesos humanos. Se asemeja al destino de los personajes del teatro de Arlt. La extranjera le dice a Jorge que su encuentro con él no ocurrió por casualidad: —Hace muchos años nos citamos para esta tarde. ¿Es verdad? No importa cuando, porque ya ves que no pudimos olvidarlo y aquí estamos, puntuales. (p. 85)

Las dos empresas de Junta Larsen hacen pesar sobre él la fatalidad irremediable. En *Juntacadáveres* piensa en «... su inalterable fe en una predestinación indudable.» (p. 121) Se refiere aquí a la derrota inevitable que pondrá punto final a sus esfuerzos. En *El astillero* no hay que esperar hasta el final, pues la decrepitud de lo estancado lo sigue a lo largo de la novela. El astillero mismo, tanto como la vida de Larsen registran esta decadencia que llevará implacablemente al ocaso final.

La empresa encarna la parálisis de todo posible progreso y cuando Larsen regresa a Santa María para aceptar la gerencia del astillero, ya lleva el peso del fracaso anterior, el del prostíbulo. Se asemeja su regreso al de Napoleón. En ambas queda implícita la derrota segura:

> Hace cinco años, cuando el Gobernador decidió expulsar a Larsen (Juntacadáveres) de la provincia, alguien profetizó su retorno, la prolongación del reinado de cien días, página discutida y apasionante —aunque ya casi olvidada— de nuestra historia ciudadana. Pocos lo oyeron y es seguro que el mismo Larsen, enfermo entonces por la derrota, escoltado por la policía, olvidó en seguida la frase, renunció a toda esperanza que se vinculara con su regreso a nosotros. (p. 7)

Aunque Larsen intenta enriquecerse poniendo en marcha la empresa, lo único que logra es: «Paso a paso ... hacia bocas de casilleros tapados con telarañas. Paso a paso hasta salir al viento frío y débil, a la humedad que se agolpaba en neblina, ya perdido y atrapado.» (p. 36) La destrucción definitiva de la empresa trae consigo el ocaso de Larsen. El sabe que su destino es impersonal. Se da cuenta de los hechos «... que estaba condenado a cumplir. Como si fuera cierto que todo acto humano nace antes de ser cometido, preexiste a su encuentro con un ejecutor variable. Sabía qué era necesario e inevitable hacer.» (p. 160) A su modo, Larsen está reiterando la observación de Linacero sobre la vaciedad de los actos. Al final de la novela se sella la derrota de Larsen con su muerte.

En *Tan triste como ella* se siente el acercamiento inevitable de la muerte con la repetición de la primera escena nocturna en la última página de la historia. El contraste entre las actitudes del hombre y de la mujer revela el papel del destino en la relación entre ellos:

> Tal vez toda la historia haya nacido de esto, tan sencillo y terrible: depende, la opción de que uno quiera pensarlo o se distraiga: el hombre sólo creía en la desgracia y en la fortuna, en la buena o en la mala suerte, en todo lo triste y alegre que puede caernos encima, lo merezcamos o no. Ella creía saber algo más;

pensaba en el destino, en errores y misterios, aceptaba la culpa y
—al final— terminó admitiendo que vivir es culpa suficiente para
que aceptemos el pago, recompensa o castigo. La misma cosa, al fin
y al cabo. (pp. 126-127)

La resignación de la mujer ante su fracaso inevitable en la vida,
simbolizada en su relación con el marido, le conducirá hacia la
única salida, la muerte.

En *La muerte y la niña,* la novela más reciente de Onetti, Díaz
Grey reflexiona sobre el peso del destino. Piensa en los cuarenta
años de su pasado antes de llegar a Santa María, quizá perdidos
para siempre. Se siente envejecido y cambiado por su estancia en
Santa María:

> No sólo envejecido por los años que me había impuesto
> Brausen y que no pueden contarse por el paso de trescientos se-
> senta y cinco días. Comprendí desde hace tiempo que una de las
> formas de su condena incomprensible era haberme traído a su mun-
> do con una edad invariable entre la ambición con tiempo limitado
> y la desesperanza. Exteriormente, siempre igual, con algunos reto-
> ques de canas, arrugas achaques pasajeros para disimular su pro-
> pósito. (p. 56)

Esta afirmación de Díaz Grey concreta otra vez la condena genérica
y segura de todo personaje onettiano. El personaje está convencido
de su fracaso desde un principio porque el sentido de condena es
total. Los caminos de lo posible han resultado ser callejones sin salida. Sin embargo hay que preguntarse ante los personajes de Onetti: ¿es tan definitiva la condena o existe alguna apertura que posibilite la salvación?

SITUACIONES LIMITES Y SALVACIONES POSIBLES

Según Karl Jaspers existe una serie de situaciones de importancia profundísima para el hombre, de las que nunca se pueden escapar completamente. Es imposible que una persona reaccione falsamente ante esas situaciones porque no le sirve el cálculo previo: al hombre se le descubre la nada o se le revela el ser auténtico.[1]

La primera situación límite es muy general; se refiere al elemento determinativo histórico, o sea, a la época, al lugar, al sexo, a la edad, etc. Delimita las fronteras dentro de las cuales el hombre circunstanciado puede desarrollarse. Otra situación límite es lo cuestionable que resulta ser la existencia misma, refiriéndose a la imposibilidad de pensar en la existencia como algo seguro o estable. Según Jaspers es forzoso incluir además las situaciones límites de la lucha, del sufrimiento, del azar y de la muerte.[2]

Muchos personajes onettianos se encuentran en estas situaciones límites, pero reaccionan con la indiferencia que los caracteriza en todo. La lucha es en la narrativa de Onetti una concomitante del absurdo o algo que es capaz de evitarse por la vía imaginativa. El sufrimiento suele estar acompañado por la resignación, por ejemplo en el deportista en *Los adioses,* en Gertrudis, en Rita o en Julita. Ante el azar el personaje onettiano se resigna con su sentido de fatalismo derrotista. El ser auténtico jamás se realiza a través de esas situaciones límites. Hay que considerar el papel en la obra de Onetti de las dos últimas situaciones a las que alude Jaspers: la culpa y la muerte.

Según Sartre, la culpabilidad está presente por el mero hecho de que un ser es objeto. El hombre es un ser culpable frente al otro, frente a la mirada del otro.[3] El caso más extremo de la culpa en la obra literaria de Sartre es el de Frantz en *Los secuestrados de Altona;* éste se encierra en su cuarto para no tener que enfrentarse

---

[1] Karl Jaspers, *The Way to Wisdom,* Traducción de Ralph Manheim (New Haven: Yale University Press, 1954), pp. 20 y 23, citado en Wallraff, *op. cit.,* pp. 32 y 142.

[2] Wallraff, *op. cit.,* pp. 143, 150 y 159.

[3] Sartre, *El ser y la nada, op. cit.,* pp. 471 y 508.

con su propia culpa. En *A puerta cerrada,* los personajes también se sienten culpables. Cada uno sabe que está en el infierno por algo, y descubre conscientemente su propia culpa frente al infierno que son los demás.

La culpa está presente también en la narrativa de Onetti. En «Nueve de Julio» Grandi, al pensar en la muerte de Aurora: «... supo que había un castigo para la culpa; se sintió en paz y repentinamente, solitario y protegido de todo daño.» (p. 14) El hecho de que existe un castigo que pueda remediar la culpa que él siente destaca que no se trata de una situación límite. En *La vida breve* el obispo de la Sierra, durante la visita de Elena Sala y Díaz Grey, hace referencia a la culpabilidad de cada persona ante Dios. El crítico Hector Manjárrez afirma que Brausen, en la misma obra escoge la culpabilidad en sus disfraces de Arce y de Díaz Grey, intentando así remediar su soledad eterna.[4] También se puede inferir semejante culpabilidad en otras obras onettianas, pero la culpa suele existir como un trasfondo que únicamente surge en forma explícita en unos pocos casos. El instante que la culpa se destaca más es en el caso del hombre de *La cara de la desgracia.* Toda la historia registra su intento de zafarse de culpabilidad ante la muerte de su hermano mayor. Le muerde el propio hecho de haber nacido y restado así a su hermano la posición de hijo único. Su culpabilidad se amplía con la noción equivocada de que unas sugerencias suyas habían contribuido al suicidio de éste. La culpa juega un papel irónico cuando el hermano viviente es acusado de haber dado muerte a la muchacha quien le «... había liberado de Julián y de muchas otras ruinas y escorias que la muerte de Julián representaba y había traído a la superficie.» (p. 113)

La otra situación límite notada por Jaspers es recurrente, es más obvia, en la narrativa de Onetti; se trata de la muerte, otra situación límite que no está presentada como un suceso trágico o agónico. Las muchas variantes posibles de la forma de la muerte reciben un tratamiento tan carente de emoción como las altertivas en la vida.

La muerte es una consideración muy importante en la filosofía existencialista. Con respecto al hombre, es siempre la última posibilidad futura. Según Heidegger, el hombre es un ser-para-la-muerte. La muerte es su posibilidad fundamental en la existencia. Por contraste, Sartre enfoca la muerte como el absurdo final de la vida, el límite a todo proyecto humano. La muerte sartreana resta toda significación a la vida e igual al nacimiento, es un hecho puramente

---

[4] Héctor Manjárrez, «Onetti: el infierno son los demás que soy yo mismo», *La Cultura en México,* Suplemento de *Siempre* (México), N.° 538 (31 de mayo de 1972), p. VII.

contingente.[5] El suicidio resulta ser, así, absurdo. En *Los secuestrados de Altona* el suicidio de Frantz es culminación de una vida inauténtica y el de su padre representa el anti-climax de un hombre quien ha perdido del todo el control sobre su empresa. En *A puerta cerrada* se presenta una situación límite desde el otro lado de la muerte. Garcin grita para que le abran la puerta, pero al verla abierta, él y las dos mujeres se niegan a salir; aquél cierra la puerta y dice que continúen en la situación antes reclamada. Los tres no están más muertos en el infierno de lo que habían estado en la vida.

Camus considera a fondo el suicidio en «El mito de Sísifo», señalándolo como el único problema filosófico de importancia fundamental para el hombre. Por un lado apunta que el suicidio supone el reconocimiento de la inutilidad de la vida, del divorcio entre el hombre y su propia vida. Pero por otro lado el suicidio representa la aceptación de cierto papel en la muerte. Es una manera de resolver el absurdo, lo cual jamás se puede hacer en vida. El suicida es precisamente lo contrario del condenado a muerte.[6] Meursault pertenece a esta última categoría. Si su apelación es rechazada no puede ir al encuentro con su muerte sino que más bien lo llevarán allí, pero él se resigna a la idea de morir como se resignó a todo en la vida, siguiendo la idea de su madre de que el ser termina por acostumbrarse a todo inclusive a la muerte.

Los personajes onettianos, igual a Meursault, no atribuyen a la muerte dimensiones trágicas porque han vivido como muertos. La primera presentación de la muerte en la narrativa de Onetti ocurre en «El obstáculo». El prisionero se acerca a la muerte con curiosidad, deseando ver el rito de la muerte en un hombre que había sido su compañero. Todo lo contrario de una situación que provoca la emoción, hay una disociación entre el moribundo y el hombre que había sido antes:

> Era monstruoso comprobar que los rasgos que aún resistían la enfermedad, los que seguían siendo de su amigo, estaban unidos en este rostro a rasgos extraños y repugnantes. Ya nunca podrían separarse, fundidos para siempre unos con otros en el calor de la fiebre. ... El nombre que designaba al cuerpo inmóvil en la cama y que, sin embargo, no era ya Pedro Panon ni nadie. ... El no podía irse; tenía que asistir hasta el final al rito misterioso de la muerte. (p. 3)

En un fragmento de *Tiempo de abrazar,* Jasón piensa en la muerte de Harlow. Está a punto de terminar sus relaciones con

---

[5] Mounier, *op. cit.,* pp. 72-73 y Sartre, *El ser y la nada, op. cit.,* pp. 658-659.

[6] Camus, *El mito..., op. cit.,* pp. 13, 16 y 64.

la mujer Cristina y su acercamiento a la muerte de Harlow refleja su propio hastío:

> Fue operada a medianoche en el Hospital de Saint Louis mientras el negro cantaba el blue junto al negrito recién muerto, un poco gris, ya la cara chata por el proceso de la descomposición. Lalala... larala... lala... Well, well, well... Se había muerto en un mundo donde todos hacían lo mismo.[7]

La muerte de Ana María en *El pozo* carece tanto de importancia que Linacero sólo nota en una frase breve que no volvió a verla viva después del episodio de la cabaña de troncos porque ella murió seis meses más tarde. La muerte real es inferior a la imaginación de Linacero. La ausencia de una Ana María viva da rienda suelta a su imaginación y le permite desarrollar su versión soñada de la aventura de la cabaña de troncos.

La muerte de la mujer en «Un sueño realizado» es el único desenlace posible ya que no puede volver a ser en vida la muchacha de la representación. El narrador cuenta:

> Me quedé solo, encogido por el golpe, y mientras Blanes iba y venía por el escenario, ... comprendí que era aquello lo que buscaba la mujer. ... lo comprendí todo claramente como si fuera una de esas cosas que se aprenden para siempre desde niño y no sirven después las palabras para explicar. (p. 22)

La muerte está presente sin emoción en *Tierra de nadie* en forma de la vocación de Pablo Num el embalsamador. Su profesión contagia un sentimiento de inmovilidad a pesar de que no lo ejerce con seres humanos. Casal, otro personaje, describe la muerte «... como un fin, el fin, la liquidación, el no hay más.» (p. 130) La muerte es simplemente un punto final carente de trascendencia, tanto la que Aránzuru inventa para Pablo Num y Nora en la isla como la que imagina Llarvi en un intento de solucionar el enigma de Labuk. El suicidio del mismo Llarvi es el primero en la narrativa de Onetti, pero hubo más pasión en su búsqueda de Labuk que en su propia muerte. Se describe su suicidio como la acción de haberse pegado un tiro en un momento de lucidez.

La muerte en *Para esta noche* no es un asunto de dimensiones trágicas ni una manera de solucionar problemas y hay una cantidad de muertos en la novela a causa de las condiciones guerreras. La novela empieza con el suicidio de un hombre en el reservado del café: cantaba, hablaba y después se pegó un tiro. La única emoción asociada con su muerte proviene de las dos mujeres que están preocu-

---

[7] Juan Carlos Onetti, «Tiempo de abrazar», *Marcha* (Montevideo), Año VI, N.º 189 (25 de junio de 1943), 2.ª sección, p. 4.

padas no por la muerte misma del hombre sino porque habrá un lío que puede causarles problemas. Ossorio al traicionar a Barcala causa la muerte de este que antes había sido su jefe, pero no reacciona cuando piensa en el asunto. Morasán, quien anteriormente había formado parte del partido de Barcala, encuentra su cuerpo muerto: «... entonces sacó las manos de los bolsillos y orinó casi sin esfuerzo a lo largo del cuerpo caído.» (p. 133) Cuando el propio Morasán sabe que va a morir en un raid que no había previsto, sentía «... la excitación que lo privaba del aire, descubriendo que había nacido para esto, que toda su vida se reducía ahora a la preparación de aquel instante ...». (p. 171) Igual a la muerte de Ossorio, cuando huye hacia el centro de la ciudad, la forma de la muerte puede importar, ya que el acto mismo carece de significado.

Una posible razón de la ausencia de dimensiones trágicas asociadas con la muerte del personaje de Onetti consiste en que aquéllos, como Meursault, viven como muertos. Mueren un poco cada día en la existencia sin sentido. Así es la vida de Juan María Brausen. Hay, además de esta muerte en vida, dos muertes definitivas en *La vida breve*: Elena Sala y La Queca. Ocurren en circunstancias muy distintas, pero Brausen emplea la misma frase para describir a ambas: «Muerta y de regreso de la muerte, dura y fría como una verdad prematura, absteniéndose de vociferar sus experiencias ...». (pp. 207 y 226) La muerte de Elena Sala es un suicidio, descrita en términos de las ampollas vacías que Díaz Grey encuentra al lado de su cuerpo muerto. También en el caso de la Queca la descripción es bastante impersonal: «La cara volvió a indicar la muerte y la muerte resbaló como un líquido desde el pelo suelto hasta los pies contraídos.» (p. 226) Por su cuerpo abusado en la prostitución, se trata de una persona ya muerta en vida cuya muerte definitiva es producto del asesinato de Ernesto. La muerte misma no importa, pero Brausen al responsabilizarse atribuye importancia por lo menos a la forma de la muerte.

La obra en que el lector tiene más conciencia del acercamiento lento de la muerte es en *Los adioses*. Lo único que le quedaba al deportista es su muerte: «... no tenía más que eso y no quiso compartirlo.» (p. 73) La forma que escoge para su muerte es el suicidio. Aunque el acto mismo carece de dramatismo y de importancia, la forma en que da por terminada su vida es lo único de que puede disponer. Puede elegir con dignidad, por lo menos, la forma de morir. Se destaca, en la descripción por el almacenero, la falta de agonía en lo que, según Jaspers, debería de ser una situación límite:

> Asustarlo, pensaba yo; habría que inventar otro mundo, otros seres, otros peligros. La muerte no era bastante, la clase de susto

149

que él mostraba con los ojos y los movimientos de las manos no podía ser aumentado por la idea de la muerte ni adormecido con proyectos de curación. (p. 24)

En *Juntacadáveres,* las viejas y gastadas prostitutas llamadas cadáveres personifican la muerte en vida. Aunque ninguna muere definitivamente su condición se contrasta con el propósito aparente de un prostíbulo. Jorge Malabia se enfrenta en esta novela con la muerte en dos circunstancias muy distintas. En el caso de su hermano mayor Federico, Jorge piensa: «... lo que había muerto en realidad era mi tiempo con él, una cosa mía, una parte inmodificable, ajena para siempre a las explicaciones, intocables para la buena intención de los remordimientos.» (p. 109) Jorge se resigna ante la otra muerte que ocurre en la obra, el suicidio de Julita al encontrar que la locura no era suficiente como evasión: «Julita estaba muerta. Era como una de tantas tradiciones sanmarianas, falsas o no, heredadas por los supervivientes. No mucho más que eso.» (p. 255) Jorge no veía más que un cuerpo muerto ya que no hay trascendencia posible a través de la muerte:

> No me impresionaba por muerta; la había visto así muchas veces. Me disgustaba su vejez repentina y creciente. ... Asquerosamente muerta era por fin mía, amiga sin límites. Estábamos entendiéndonos, se iba formando un pacto indestructible, cierta complicidad en la broma. Se movía lenta y aburrida mientras yo le rezaba una vieja canción:
>
> Las marionetas dan, dan
> dan tres veces y se van. (p. 257)

La muerte de Rita en *Para una tumba sin nombre* tampoco tiene trascendencia, solamente sirve para dar ímpetu a Jorge y a Tito en la creación de una historia que explique su vida. Se destaca la importancia de la forma de la muerte en términos de las dos empresas funerarias de Santa María. Cuenta Díaz Grey:

> Prefieren al viejo Grimm por motivos raciales, esto puede verlo cualquiera; pero yo he visto además que agradecen su falta de hipocresía, el alivio que les proporciona enfrentando a la muerte como un negocio, considerando al cadáver como un simple bulto transportable. (p. 167)

En *El astillero,* la vuelta de Larsen tiene que terminar como el regreso de Napoleón, con su muerte. Según el existencialismo, el ser carece de esencia hasta la muerte que en el caso de Larsen significa concretamente la mención de su nombre en el hospital de El

Rosario. Pero su esencia es, aun aquí, dudosa, puesto que se postulan varias otras muertes que pueden haber sido suyas.

Risso, en «El infierno tan temido», termina su vida con un suicidio que es convencional porque representa la única manera de dejar de torturarse con las fotos que le manda Gracia. Cuenta el narrador:

> Porque ya me había dicho que iba a matarse y ya me había convencido de que era inútil y también grotesco y otra vez inútil argumentar para salvarlo. ... Se había equivocado, insistía; él y no la maldita arrastrada que le mandó la fotografía a la pequeña, al Colegio de Hermanas. (p. 115)

Risso no puede soportar el infierno —que en términos sartreanos son los demás— y su única salida es la muerte.

En *Tan triste como ella,* la mujer también se suicida por una razón convencional ya que no puede enfrentarse con su vida. Lo más importante es la forma que elige para su muerte, pues el acto mismo carece de sentido como toda su vida. En una noche de luna se mata con el revólver en la boca.

Michael Ian Adams señala que la mayoría de los suicidas onettianos tiene de común la elección de éste al encontrar insuficiente la evasión. Elena Sala y la mujer de *Tan triste como ella* no intentan evadirse y terminan suicidándose al no poder soportar la vida: Julita se suicida cuando la evasión de la locura ya no le basta; Risso no tiene posibilidad de evadirse y tiene que suicidarse; Gálvez, en *El astillero,* acaba con su vida cuando ve que la farsa absurda se está derrumbiendo a su alrededor.[8]

Se presentan dos enfoques de la muerte de la misma persona en el caso de la muchacha de *La cara de la desgracia.* Para el hombre acusado de haberla matado la acusación y aun la muerte misma de ella no tienen nada que ver con lo más importante, la felicidad que le había proporcionado. Para los detectives su muerte se reduce al aspecto frío e impersonal de las características del cuerpo: —La faz está manchada por un líquido azulado y sanguinolento ... un líquido turbio, oscuro, no espumoso, mezclado con arena. (pp. 173-174) A semejanza de la Queca en *La vida breve* o el amigo del prisionero en «El obstáculo» el cuerpo está totalmente disociado de la persona que antes había sido. La muerte del turco en «Jacob y el otro» también está tratada en términos de las partes desligadas de su cuerpo en el hospital.

Si no hay salvación por el sendero de lo posible en la vida y

---

[8] Michael Ian Adams, *Alienation in Selected Works of Three Contemporary Latin American Authors,* Tesis doctoral inédita, University of Texas at Austin, 1972, pp. 113-118.

si la muerte misma carece de significado persiste la pregunta: ¿hay algo que posibilite una apertura hacia la salvación en el mundo de Onetti? El siguiente ejemplo de *Voyage au bout de la nuit* de Céline dará una indicación. Robinson, el amigo de Bardamu, elige que su propia novia lo asesine. Al elegir la forma de morir puede guardar una especie de dignidad a semejanza del deportista de *Los adioses*. Aunque el acto mismo carece de significado, la manera de ejecutarlo pueda conferirlo valor. La forma también importa en otro aspecto de la obra de Céline en términos del ideal de perfección física que Bardamu aprecia en la prostituta Molly.[9]

A diferencia del culto de la forma en la perfección física o en el arte que se observa en la narrativa de Céline, en la obra de Onetti la forma se limita simplemente al molde. Eladio Linacero dice en *El pozo:* «Porque los hechos son siempre vacíos; son recipientes que tomarán la forma del sentido que los llene.» (p. 31) La idea de la forma estática cabe bien en el mundo antifenomenológico de Onetti porque no depende del trato en un mundo donde nada vale la pena ser hecho. Se puede considerar, así, a la forma como un posible valor del tipo que el hombre debe crearse según el existencialismo. El mundo onettiano resulta ser en ese sentido una serie de formas desprovistas de contenido tanto en los actos de la vida como en los de la muerte.

Eladio Linacero encuentra la variedad de los hechos al intentar revestir a Cecilia como la Ceci que jamás podría volver a ser. Toda la generación de personajes de indiferencia moral en *Tierra de nadie* demuestra lo inútil que resulta ser cualquier intento de encontrar valores en un mundo donde no las hay. En *Para esta noche,* cuando todo el asunto de vida o muerte está pendiente en una trampa sin salida lo importante es elegir una forma de la muerte que la confiera significado. Morasán piensa «... que toda su vida se reducía a la preparación de aquel instante ...». (p. 171) Es lo único a que se puede todavía intentar dar valor. Brausen, en *La vida breve,* estima el valor de la forma de los actos en la vida y por eso busca varias vidas que serán las formas de llenar esta única alma que tiene. En *El astillero,* Larsen y Díaz Grey hablan del juego jugado por todos, la vida, y aluden a lo único que importa, la manera de jugar. Larsen, al darse cuenta de que el juego del astillero mismo está por terminar, resume bien la importancia de la forma:

> —Eso podía preocuparme antes. Pero desde que llegó esta carta, desde el mismo momento en que fue escrita, todo cambió. Esto ya se acabó o se está acabando; lo único que puede hacerse es elegir que se acabe de una manera o de otra. (p. 162)

---

[9] Ostrovsky, *op. cit.,* pp. 122, 125, 146 y 147.

Además de la forma estática en que se pueden cuajar los actos de la vida o de la muerte hay otro tipo de forma que puede conferir algún valor a un mundo que parece no tener ninguno. Se trata de la escritura, el acto mismo de crear, que puede servir de salida o de salvación en el mundo onettiano. La literatura resulta ser en las palabras de Manuel Durán, «... como definidora del caos ...».[10] Otra función salvadora de la literatura surge de su papel como único compromiso de autor quien escribe por necesidad. El propio Onetti lo describe en unas reflexiones literarias:

> Hay un solo camino. El que hubo siempre. Que el creador de verdad tenga la fuerza de vivir solitario y mire dentro suyo. Que comprenda que no tenemos huellas para seguir, que el camino habrá de hacérselo cada uno, tenaz y alegremente, cortando la sombra del monte y los arbustos enanos.[11]

Onetti denomina su postura con relación a la creación literaria como una tarea necesariamente solitaria como el «... compromiso esencial del escritor con la condición humana ...».[12]

Onetti afirma que *La náusea* es la mejor novela de Sartre porque en ella no existe el compromiso político, únicamente se compromete con la literatura.[13] La vida del personaje Roquentin confirma esta indagación de Onetti. Al principio de la novela intenta un compromiso postizo, al tratar de escribir la vida del señor de Rollebon, pero descubre la imposibilidad de captar la esencia de otro, terminando por postular otro libro; se trata de de *La náusea* misma. La creación salva a Roquentin de dos maneras. La melodía de jazz que le inspira representa la salvación por la creación musical. El nuevo libro que se propone escribir posibilita la salvación por la literatura.

En la obra de Céline, la escritura también tiene gran importancia como describe Erika Ostrovsky: «Céline, el destructor, no construye templos al arte. ... Así, el único edificio a que admitirá no es un monumento sin movimiento. Consiste más bien en la estructura del rito mismo: el acto de escribir, un ritual ... tan excitante

---

10 Manuel Durán, «Los definidores del caos», *Diálogos* (México), Vol. I, N.º 6 (septiembre-octubre de 1965), p. 11.

11 Juan Carlos Onetti, «La piedra en el charco», *Marcha* (Montevideo), Año I, N.º 11 (1 de septiembre de 1939), p. 2. [Firmado: «Periquito el Aguador».]

12 Eduardo H. Galeano, «Onetti el áspero», *Marcha* (Montevideo), Año XXIII, N.º 1.091 (12 de enero de 1962), p. 11. [Contestación a un reportaje.]

13 María Ester Gilio, «Onetti y sus demonios interiores», *Marcha* (Montevideo), Año XXVIII, N.º 1.310 (1 de julio de 1966), p. 25. [Contestación a un reportaje.]

como la creación.»[14] A semejanza de la narrativa de Onetti la de Céline postula dos clases de la forma que puedan servir de salvación. La primera, estática, está representada en la obra de Céline por la perfección física; en la obra de Onetti aparece como una posibilidad en la forma —la manera— de llevar a cabo los actos en la vida y en la muerte. La otra es más bien todo un edificio de la forma que acciona en el proceso mismo de crear, en el acto de la creación literaria.

Una variante de la posible salvación por la escritura es el yo confesional utilizado por Eladio Linacero. A semejanza del personaje de Dostowsky en *Memorias del subsuelo* se dirige a sus lectores, aunque piensa que nunca los tendrá. Lo que importa no es la veracidad de lo que escribe sino su necesidad de escribir al llegar a los cuarenta años aun sabiendo que no tiene hechos valiosos que contar. Linacero desea escribir la historia de un alma pura que no se mezcla con los sucesos exteriores y no le importa que lo que escribe sea interesante. Dice: «Es cierto que no sé escribir, pero escribo de mí mismo.» (p. 8)

Casal el artista burgués de *Tierra de nadie* comprueba el hecho de que toda persona de profesión creadora no procura salvarse a través de su arte. El prefiere fincarse en las comodidades de la clase media. Llarvi sí intenta salvarse por la escritura. Utiliza su diario en un intento de autoconocimiento:

> Todo lo que se ha escrito y charlado sobre el autoconocimiento. Cuando llega esto es de una manera sorpresiva, a traición. Tengo treinta y cinco años y he estado siempre, desde la adolescencia, movido por esa preocupación de conocerse a uno mismo, ni por curiosidad ni por afán de perfeccionarse y tanta otra idiotez. Era una cosa aceptada, una obligación a cumplir. ... Hace meses que estoy en Rosario y no he escrito una línea. No creo que haya en este momento hombre más desnudo que yo y no necesito emplear el cerebro ni asediarme mediante frases para saber quién soy. Esto se siente y es terriblemente desconsolador. (pp. 118-119)

Llarvi explica los tres movimientos en el proceso del autoconocimiento son: se despoja de lo que se es ante los otros, se desnuda de todas las características humanas y con lo último que se queda es con uno mismo. Llarvi resume lo que subsiste en la persona desnuda de todo en una palabra: nada. De ahí que opta por suicidarse.

En *Para esta noche,* el intento de salvarse escribiendo se refleja

---

[14] Ostrovsky, *op. cit.,* pp. 205-206. Traducción de:
Céline the destroyer builds no temples to art. ... Thus, the only edifice he will admit to is not a motionless monument. It consists rather of the structure of the rite itself: the act of writing, a ritual... as exhilarating as creation.

directamente a través del autor. En el Prólogo a la primera edición, escribe Onetti: «Este libro se escribió por la necesidad —satisfecha en forma mezquina y no comprometedora— de participar en dolores, angustias y heroísmos ajenos. Es, pues, un cínico intento de liberación.» (p. 7) El propio Onetti demuestra que no sólo vierte en sus personajes la necesidad de escribir sino que en su propio caso también representa la única estructura de una liberación.

Juan María Brausen se encontraba todopoderoso en la escritura: «Cualquier cosa repentina y simple iba a suceder y yo podría salvarme escribiendo.» *(La vida breve,* p. 33) Ostensiblemente lo que escribe es un argumento cinematográfico, pero en realidad se trata de la creación de otras formas en las que pueda cuajar su vida. El producto final de este proceso creador es la ciudad entera de Santa María, testimonio de la inmortalidad de la creación.

El almacenero de *Los adioses* también se siente todopoderoso en el acto de la creación retórica que posibilita todo un mundo falso que atribuye al deportista. En *Para una tumba sin nombre* se observa también la omnipotencia de la creación. Además de las muchas variantes sugeridas de la historia de Rita, se duda del todo de que haya ocurrido. Sumada a las posibles mentiras de Jorge y Tito existe la confesión por parte de Díaz Grey del proceso de la creación de la historia:

> La hice con algunas deliberadas mentiras; no trataría de defenderme si Jorge o Tito negaran exactitud a las entrevistas. ... Lo único que cuenta es que al terminar de escribirla me sentí en paz, seguro de haber logrado lo más importante que puede escaparse de esta clase de tarea: había aceptado un desafío, había convertido en victoria por lo menos una de las derrotas cotidianas. (p. 235)

La obra queda abierta sin una solución definitiva.

Díaz Grey afirma que el acto de escribir la historia de Rita lo libera. También se siente liberado al contar su único recuerdo de importancia en el cuento «La casa en la arena». Muchas veces su papel en la narrativa onettiana es más amplia:

> Desde hacía muchos años su memoria era impersonal; evocaba seres y circunstancias, significados transparentes para su intuición, antiguos errores y premoniciones, con el puro placer de entregarse a sueños elegidos por absurdos. (*Juntacadáveres,* p. 31)

Ahora sirve como memoria impersonal, tranmisor del mundo onettiano, aunque había empezado como un sueño o una transmutación de Juan María Brausen. Díaz Grey narra con desinterés porque ya no hay conexión entre él y los recuerdos. Al referirse a la escritura sigue confirmando «... que hay algo en esta tarea, algo de deber, algo de salvación.» *(Juntacadáveres,* p. 172)

La relación entre creador y creación que se destaca entre Brausen y Díaz Grey también puede aplicarse al papel del propio Onetti en su narrativa. En varias ocasiones se ha incluido a sí mismo en una obra. En *La vida breve,* por ejemplo, Brausen hace referencia a su empresa de «Brausen publicidad»: «... el hombre que me había alquilado la mitad de la oficina —se llamaba Onetti, no sonreía, usaba anteojos, dejaba adivinar que sólo podía ser simpático a mujeres fantasiosas o amigos íntimos— ...». (p. 188) Brausen confiesa haber creado la visita al obispo de la Sierra al mirar las espaldas de Onetti en la oficina. En «La novia robada», el narrador, Díaz Grey, afirma: «Porque es fácil la pereza del paraguas de un seudónimo, de firmar sin firma: J. C. O. Yo lo hice muchas veces.» (p. 9) Con esto no se quiere atribuir a Onetti ninguna correspondencia específica intencionada con respecto a los personajes de sus obras. No es un autor omnisciente quien mueve a sus personajes como si fueran marionetas o títeres; más bien deja que los personajes se ahoguen por su cuenta en un mundo donde la derrota resulta fatalmente. Pero el hecho de que Onetti desea incluirse en su propia obra implica que, tanto como sus personajes, él también busca la salvación a través de la literatura. Así, vuelve a insistir en la literatura como un cínico intento —sería mejor decir retórico intento— de liberación.

CONCLUSION

No cabe duda de que Juan Carlos Onetti escribe literatura de la existencia pues su centro de interés es el hombre viviente. Aunque no es filósofo Onetti ha desarrollado una visión del hombre en el mundo contemporáneo que tiene enormes puntos de contacto con el pensamiento denominado existencialista. No se ha intentado describir la obra de Onetti en términos de puro escritor existencialista pues tal interpretación no sería lícita porque entre los propios pensadores existencialistas hay diferencias y hasta contradicciones. Sin embargo, Juan Carlos Onetti, de una manera general, comparte con todo escritor existencialista una preocupación, un enfoque, una captación del hombre que ha padecido el clima de las dos guerras mundiales.

Las consideraciones exclusivas de la existencia del hombre en la narrativa de Juan Carlos Onetti no se ajustan a una teorización. Sin embargo se funden en una visión abarcadora del ser humano. Otra de las diferencias evidentes entre Onetti y los más destacados escritores existencialistas franceses consiste en que para el uruguayo la ficción no es un pretexto de exposición filosófica. Sin embargo, Onetti tanto como los expositores existencialistas observan al hombre como ser circunstanciado y a la conciencia como conciencia de algo. Félix Grande ha notado, por ejemplo, la distinción particular entre la náusea sartreana y la onettiana, la que puede aplicarse también como una descripción general respecto a las diferencias entre la concepción existencialista de los dos escritores:

> Si Sartre es en ese libro el teólogo y el entomólogo del asco, Onetti es su artista. Si Sartre analiza el asco, Onetti lo expresa: el primero con perseverencia, con frialdad, quizá con una complacencia remota y despegada; el segundo con emoción, con horror y coraje. Para Sartre es un tema, para Onetti es un compromiso. Sartre lo reflexiona, lo envasa y lo entrega, ya manufacturado; Onetti lo sufre y lo contagia. Sartre lo describe como un profesor, Onetti lo cohabita como una víctima.[1]

---

[1] Félix Grande, «Con Onetti», *Plural,* revista mensual publicada por *Excélsior* (México), Vol. I, N.° 2 (noviembre de 1971), p. 14.

De la misma manera que se habla de un existencialismo sartreano existe un existencialismo onettiano. Onetti es existencialista a lo Onetti. El escritor uruguayo ha afirmado que *La náusea* de Sartre es su mejor novela porque no existe en ella el compromiso político que se verá con el correr del tiempo. De donde se desprende que Onetti mismo da a entender que para él la literatura vale por sí misma sin compromiso extraliterario.

La visión onettiana del mundo excluye la posibilidad de la existencia auténtica, la cual es una meta fundamental del existencialismo sartreano. El personaje onettiano vive necesariamente en la soledad, soledad necesaria para hallar un sentido de la vida, aunque se vea en última instancia imposibilitado por una carencia de libertad o de convicción que le conduzca al ser auténtico. De ahí que todos los personajes de Onetti se hunden inevitable e irremediablemente.

El desajuste del personaje con relación al medioambiente es total. El hombre queda aprisionado en la gran urbe cosmopolita e impersonal y no encuentra identificación con los elementos nacionales que le permitirían arraigarse o por lo menos autoafirmarse. El ambiente espiritual no le proporciona consuelo tanto como el físico o geográfico. Ni la ética, ni la religión, ni la verdad existen como valores superiores en cuyo seno el hombre pudiera descansar seguro, encontrar alguna estabilidad. Esa actitud inicial de coincidencia entre Onetti y algunos existencialistas consistirá en una diferencia primordial pues el hombre onettiano no crea sus propios valores. La muerte no es el último acto absurdo ni el encuentro con la esencia. Lo mismo podría decirse respecto a la relación con otro ser humano donde la comunicación para Onetti es siempre una negación extrema.

El hombre, como ser circunstanciado, tiene que asumir alguna postura en el mundo, ya sea por medio de la evasión o el enfrentamiento. Además de un escape, la evasión representa un esfuerzo por parte del hombre de crear otra dimensión de la realidad que sea mejor que la existencia cotidiana. La vuelta brusca y necesaria a la realidad corrompida del mundo circundante testimonia el fracaso de toda huida en mundo de Onetti. Ello se confirma cuando el personaje onettiano sale igualmente derrotado al enfrentarse con el mundo: toda resignación es un inútil esfuerzo porque carece de valor; toda acción es siempre un fracaso. Cualquiera que sea su elección siempre está acompañada de un fatalismo derrotista —mano a mano con la corrosión que conlleva el tiempo— donde ni siquiera existe una remota posibilidad de victoria.

Todo acto humano carece de significado inclusive la muerte misma. Vacío el contenido de la existencia, sólo se visualiza una posibilidad de salvación: la forma estática en que cuajan los actos o la forma en movimiento que puede describirse en términos del acto creador. La primera forma, la estática, es un testimonio horrendo del sin sentido de la vida pues únicamente consiste en la manera de frustrarse. La segunda representa una posible apertura, una razón de continuarse. El propio Onetti describe la fe instintiva, única, que le posibilita el arte de crear:

> Durar en una ciega, gozosa y absurda fe en el arte, como en una tarea sin sentido explicable, pero que debe ser aceptada virilmente porque sí, como se acepta el destino. Todo lo demás es duración fisiológica, un poco fatigosa, virtud común a las tortugas, las encinas y los errores.[2]

En su narrativa es recurrente el intento de hallar la salvación por la literatura, por la escritura. Existe por lo menos un enlace de comunicación con el lector que pueda posibilitar la salvación, el no hundirse definitivamente.

La narrativa de Juan Carlos Onetti representa la reiteración y la inmersión cada vez más profundas en un mundo idéntico. Esto es evidente en una obra que está determinada por círculos concéntricos antes que por una evolución rectilínea.

La insistencia por la falta de un camino seguro hacia la salvación, con todo lo que esto puede implicar, confirma una concepción del hombre y del mundo fiel a sí misma en lo esencial. Toda la narrativa onettiana es una única extensa novela que, aplicada en términos musicales, podría denominarse un tema con variaciones. A lo largo de toda esta trayectoria, sólo le resta al hombre una única posibilidad, un círculo obsesivo y final: la forma misma.

---

[2] Juan Carlos Onetti, «La piedra en el charco», *Marcha* (Montevideo), Año I, N.º 6 (28 de julio de 1939), p. 2. [Firmado: «Periquito el Aguador».]

BIBLIOGRAFIA

I.—Bibliografía cronológica directa

P: El pozo
T: Tierra de nadie
PN: Para esta noche
VB: La vida breve
SR: Un sueño realizado y otros cuentos
A: Los adioses
PTN: Para una tumba sin nombre
CD: La cara de la desgracia
AST: El astillero
IT: El infierno tan temido
TT: Tan triste como ella (Relatos)
JSR: Jacob y el otro. Un sueño realizado y otros cuentos
JC: Juntacadáveres
C: Cuentos completos (1967)
TN: Tres novelas
NR: La novia robada
NRO: La novia robada y otros cuentos
CC: Cuentos completos (1968)
NC: Novelas cortas completas
M: Las máscaras del amor
OC: Obras completas
MN: La muerte y la niña
TA: Tiempo de abrazar y los cuentos de 1933 a 1950

«Avenida de Mayo-Diagonal-Avenida de Mayo.» *La Prensa* (Buenos Aires), Año LXIV, N.º 22.958 (1 de enero de 1933), 8.ª sección, p. 4. Reproducido en *Marcha* (Montevideo), Año XI, N.º 519 (17 de marzo de 1950), p. 14. [Colec.: *TA*.]

«El obstáculo.» *La Nación* (Buenos Aires), Año LXVI, N.º 23.050 (6 de octubre de 1935), 2.ª sección, p. 3. [Colec.: *TA*.]

«El posible Baldi.» *La Nación* (Buenos Aires), Año LXVII, N.º 23.398 (20 de septiembre de 1936), 5.ª sección, p. 2. [Colec.: *TA*.]

«Señal.» *Marcha* (Montevideo), Año I, N.º 1 (23 de junio de 1939), p. 2. [Sin firma.] [Artículo.]

«Una voz que no ha sonado.» *Marcha* (Montevideo), Año I, N.º 2 (30 de junio de 1939), p. 2. [Firmado: «Uno».] [Artículo.]

«La piedra en el charco.» *Marcha* (Montevideo), Año I, N.º 6 (28 de julio de 1939), p. 2. [Firmado: «Periquito el Aguador».] [Artículo.]

«La piedra en el charco.» *Marcha* (Montevideo), Año I, N.º 7 (4 de agosto de 1939), p. 2. [Firmado: «Periquito el Aguador».] [Artículo.]

«La piedra en el charco: Katherine y ellas.» *Marcha* (Montevideo), Año I, N.º 9 (18 de agosto de 1939), p. 2. [Firmado: «Periquito el Aguador».] [Artículo.]

«La piedra en el charco.» *Marcha* (Montevideo), Año I, N.º 10 (25 de agosto de 1939), p. 2. [Firmado: «Periquito el Aguador».] [Artículo.]

«La piedra en el charco.» *Marcha* (Montevideo), Año I, N.º 11 (1 de septiembre de 1939), p. 2. [Firmado: «Periquito el Aguador».] [Artículo.]

«La piedra en el charco.» *Marcha* (Montevideo), Año I, N.º 19 (27 de octubre de 1939), p. 2. [Firmado: «Periquito el Aguador».] [Artículo.]

«Nueva edición de *Sombras sobre la tierra*.» *Marcha* (Montevideo), Año I, N.º 23 (24 de noviembre de 1939), p. 3. [Firmado: «Periquito el Aguador».] [Artículo.]

«La piedra en el charco.» *Marcha* (Montevideo), Año I, N.º 26 (15 de diciembre de 1939), p. 3. [Firmado: «Periquito el Aguador».] [Artículo.]

«La piedra en el charco: Propósitos de Año Nuevo.» *Marcha* (Montevideo), Año I, N.º 28 (30 de diciembre de 1939), p. 4. [Firmado: «Periquito el Aguador».] [Artículo.]

El pozo. Montevideo: Ediciones Signo, diciembre de 1939. 2.ª ed. Montevideo: Editorial Arca, mayo de 1965. 3.ª ed. Montevideo: Editorial Arca, diciembre de 1965. 4.ª ed. Montevideo: Editorial Arca, 1967. 5.ª ed. Montevideo: Editorial Arca, 1969. Seguido de: Angel Rama, «Origen de un novelista y de una generación literaria» en la 2.ª, 3.ª, 4.ª y 5.ª ed. [Colec.: *NC* y *OC*.]

«Convalescencia.» *Marcha* (Montevideo), Año II, N.º 34 (10 de febrero de 1940), Suplemento Literario (N.º 4), [pp. 3-5]. [Firmado: «H. C. Ramos».] Reproducido en *Latinoamérica* (Buenos Aires), Año I, N.º 1 (diciembre de 1972), pp. 51-56. [Colec.: *TA*.]

Faulkner, William. «Todos los aviadores muertos.» Traducción de Juan Carlos Onetti. *Marcha* (Montevideo), Año II, N.º 52 (21 de junio de 1940), pp. 20-21 y Año II, N.º 53 (28 de junio de 1940), pp. 22-23. [Sin firma.] [Traducción.]

«El corso a contramano: Se regala una idea.» *Marcha* (Montevideo), Año II, N.º 75 (29 de noviembre de 1940), p. 5. [Firmado: «Grucho Marx».] [Artículo.]

«La piedra en el charco: Regreso de la guerra locuaz.» *Marcha* (Montevideo), Año II, N.º 75 (29 de noviembre de 1940), p. 23. [Firmado: «Periquito el Aguador».] [Artículo.]

«El corso a contramano: Churchill-Marx.» *Marcha* (Montevideo), Año II, Número 76 (6 de diciembre de 1940), p. 5. [Firmado: «Grucho Marx».] [Artículo.]

«La piedra en el charco: Mr. Philo Vance, detective.» *Marcha* (Montevideo), Año II, N.º 76 (6 de diciembre de 1940), p. 23. [Firmado: «Periquito el Aguador».] [Artículo.]

«El corso a contramano: Como me lo contaron.» *Marcha* (Montevideo), Año II, N.º 77 (13 de diciembre de 1940), p. 5 [Firmado: «Grucho Marx».] [Artículo.]

«La piedra en el charco: Un jueves literario.» *Marcha* (Montevideo), Año II, N.º 77 (13 de diciembre de 1940), p. 22. [Firmado: «Periquito el Aguador».] [Artículo.]

«La piedra en el charco: Jóvenes, se necesitan.» *Marcha* (Montevideo), Año II, N.º 78 (20 de diciembre de 1940), p. 14. [Firmado: «Periquito el Aguador».] [Artículo.]

«Sin tema.» *Marcha* (Montevideo), Año II, N.º 78 (20 de diciembre de 1940), p. 5. [Firmado: «Grucho Marx».] [Artículo.]

«La guerra permanente.» *Marcha* (Montevideo), Año III, N.º 80 (10 de enero de 1941), p. 5. [Firmado: «Grucho Marx».] [Artículo.]

«La piedra en el charco.» *Marcha* (Montevideo), Año III, N.º 80 (10 de enero de 1941), p. 22. [Firmado: «Periquito el Aguador».] [Artículo.]

«La piedra en el charco.» *Marcha* (Montevideo), Año III, N.º 82 (31 de enero de 1941), p. 19. [Firmado: «Periquito el Aguador».] [Artículo.]

«Ruderico I de Borgoña.» *Marcha* (Montevideo), Año III, N.º 82 (31 de enero de 1941), p. 5. [Firmado: «Grucho Marx».] [Artículo.]

«Autobrulote.» *Marcha* (Montevideo), Año III, N.º 84 (14 de febrero de 1941), p. 5. [Firmado: «Grucho Marx».] [Artículo.]

«Estilo gráfico.» *Marcha* (Montevideo), Año III, N.º 85 (21 de febrero de 1941), pp. 5 y 12. [Firmado: «Grucho Marx».] [Artículo.]

«¡Ay de los tibios!» *Marcha* (Montevideo), Año III, N.º 86 (28 de febrero de 1941), p. 5. [Firmado: «Grucho Marx».] [Artículo.]

«Llamado al país.» *Marcha* (Montevideo), Año III, N.º 87 (7 de marzo de 1941), p. 5. [Firmado: «Grucho Marx».] [Artículo.]

«Se llama Andresillo.» *Marcha* (Montevideo), Año III N.º 88 (14 de marzo de 1941), p. 5. [Firmado: «Grucho Marx».] [Artículo.]

«Dejad que los niños…» *Marcha* (Montevideo), Año III, N.º 89 (21 de marzo de 1941), p. 4. [Firmado: «Grucho Marx».] [Artículo.]

«Salud al primer cruzado.» *Marcha* (Montevideo), Año III, N.º 90 (28 de marzo de 1941), p. 5. [Firmado: «Grucho Marx».] [Artículo.]

«¿Xenofabias a mí?» *Marcha* (Montevideo), Año III, N.º 91 (4 de abril de 1941), p. 5. [Firmado: «Grucho Marx».] [Artículo.]

«Inútil para sordos.» Marcha (Montevideo), Año III, N.º 93 (25 de abril de 1941), p. 5. [Firmado: «Grucho Marx».] [Artículo.]

Tierra de nadie. Buenos Aires: Editorial Losada, S. A., junio de 1941. 2.ª ed., corregida por el autor. Montevideo: Ediciones de la Banda Oriental, 1965. 3.ª ed. Montevideo: Ediciones de la Banda Oriental, 1968. [Otra ed.] Xalapa, México: Ediciones Universidad Veracruzana, 1967. [Colec.: *OC.*]

«Un sueño realizado.» *La Nación* (Buenos Aires), Año LXXII, N.º 25.143 (6 de julio de 1941), 2.ª sección, pp. 3-4. Reproducido en *Marcha*

(Montevideo), Año X, N.º 435 (2 de julio de 1948), pp. 14-15 y
Año X, N.º 436 (9 de julio de 1948), pp. 14-15. [Colec.: *SR, JSR,
C, NRO, OC, CC* y *TA.*]

«Mascarada.» *Apex* (Montevideo), N.º 2 (febrero de 1943), pp. 4-7.
Reproducido en *La Nación* (Buenos Aires), Año LXXIV, N.º 25.778
(4 de abril de 1943), 2.ª sección, p. 2. También reproducido en
Marcha (Montevideo), Año VI, N.º 250 (15 de septiembre de 1944),
p. 14-15. [Colec.: *IT, C, NRO, CC, OC* y *TA.*]

«Excursión.» *Marcha* (Montevideo), Año V, N.º 176 (19 de marzo de
1943), p. 14. [Fragmento de *Tiempo de abrazar.*]

«Tiempo de abrazar.» Capítulos XI y XIX. *Marcha* (Montevideo), Año VI,
N.º 189 (25 de junio de 1943), 2.ª sección, pp. 4-5. Capítulo XI
reproducido en *Crisis* (Buenos Aires), N.º 2 (junio de 1973), pp. 36-37.
[Fragmento de *Tiempo de abrazar.*]

Para esta noche. Buenos Aires: Editorial Poseidón, noviembre de 1943.
2.ª ed. corregida. Montevideo: Editorial Arca, 1966. 3.ª ed. Montevideo: Arca Editorial S.R.L., 1967. 4.ª ed. Montevideo: Editorial
Arca, 1971. [Colec.: *OC.*]

«Tiempo de abrazar.» *Marcha* (Montevideo), Año VI, N.º 216 (31 de
diciembre de 1943), pp. 18-19. [Fragmento de *Tiempo de abrazar.*]

«Bienvenido, Bob.» *La Nación* (Buenos Aires), Año LXXV, N.º 26.365
(12 de noviembre de 1944), 2.ª sección, pp. 2 y 4. [Colec.: *SR, JSR,
C, NRO, CC, OC* y *TA.*]

«La larga historia.» *Alfar* (Montevideo), Año XXII, N.º 84 (1944),
[p. 59-64]. [Colec.: *TA.*]

«Polvo enamorado.» *Marcha* (Montevideo), Año VI, N.º 279 (27 de
abril de 1945), p. 15. [Fragmento de *PN.*]

«Nueve de Julio.» *Marcha* (Montevideo), Año VII, N.º 314 (28 de diciembre de 1945), p. 14 [Colec.: *TA.*]

«Regreso al sur.» *La Nación* (Buenos Aires), Año LXXVII, N.º 26.894
(28 de abril de 1946), 2.ª sección, p. 2. [Colec.: *TA.*]

«Esbjerg, en la costa.» *La Nación* (Buenos Aires), Año LXXVII, Número 27.095 (17 de noviembre de 1946), 2.ª sección, p. 2. [Colec.:
SR, JSR, C, NRO, CC, OC y *TA.*]

«Fragmento.» *Marcha* (Montevideo), Año X, N.º 440 (6 de agosto
de 1948), p. 14. [Fragmento de *TN.*]

«La casa en la arena.» *La Nación* (Buenos Aires), Año LXXX, N.º 27.922
(3 de abril de 1949), 2.ª sección, p. 4. [Colec.: *SR, JSR, C, NRO,
CC, OC* y *TA.*]

«El señor Albano.» *Número* (Montevideo), Año I, N.º 2 (mayo-junio-
julio de 1949), pp. 91-109. [Fragmento de *VB.*]

La vida breve. Buenos Aires: Editorial Sudamericana, noviembre de
1950. 2.ª ed. Buenos Aires: Editorial Sudamericana, S. A., 1968.
[Colec.: *CC.*]

«Naturaleza muerta.» *Asir* (Mercedes, Uruguay), N.º 21 (abril de 1951),
p. 41-45. [Precede una nota de A(rturo) S(ergio) V(isca).] [Frag-
mento de *VB.*]

Un sueño realizado y otros cuentos. Montevideo: Ediciones Número,
diciembre de 1951. Prólogo: Mario Benedetti. [Incluye: «Un sueño

realizado», «Bienvenido, Bob», «Esbjerg, en la costa» y «La casa en la arena».] [Colec.: *C, NRO, CC, OC* y *TA.*]

«María Bonita.» *Marcha* (Montevideo), Año XIV, N.º 628 (27 de junio de 1952), p. 27. [Fragmento de *JC.*]

«El álbum.» *Sur* (Buenos Aires), N.os 219-220 (enero-febrero de 1953), p. 66-79. [Colec.: *IT, C, NRO, CC* y *OC.*]

«Greene visto por un lector.» *Letra y Línea* (Buenos Aires), octubre de 1953. Reproducido en *Marcha* (Montevideo), Año XV, N.º 700 (11 de diciembre de 1953), p. 15. [Artículo.]

Los adioses. Buenos Aires: Editorial Sur S.R.L., junio de 1954. 2.ª ed. Montevideo: Editorial Arca, 1966. 3.ª ed. Montevideo: Arca Editorial S.R.L., 1967. 4.ª ed. Montevideo: Arca Editorial, 1970. Seguido de: Wolfgang Luchting. «El lector como protagonista de la novela» en la 2.ª, 3.ª y 4.ª ed. [Colec.: *NC* y *OC.*]

«La glorieta.» *Marcha* (Montevideo), Año XVIII, N.º 845 (28 de diciembre de 1956), 2.ª sección, pp. 27-28. [Fragmento de *AST.*]

«Historia del Caballero de la Rosa y de la Virgen encinta que vino de Liliput.» *Entregas de la Licorne* (Montevideo), N.º 8 (1956), pp. 45-63. [Colec.: *IT, C, NRO, CC* y *OC.*]

«El infierno tan temido.» *Ficción* (Buenos Aires), N.º 5 (enero-febrero de 1957), pp. 60-71. [Colec.: *IT, C, NRO, CC* y *OC.*]

«Nada más importante que el existencialismo.» *Acción* (Montevideo), 22 de octubre de 1957, Suplemento Aniversario, p. 6. [Artículo.]

Una tumba sin nombre. Montevideo: Ediciones Marcha, marzo de 1959. 2.ª ed. *Para una tumba sin nombre.* [Nuevo título.] Montevideo: Editorial Arca, 1967. 3.ª ed. Montevideo: Editorial Arca, 1968. [Colec.: *NC* y *OC.*]

«Otra vez 'Lolita'.» *Marcha* (Montevideo), Año XX, N.º 961 (29 de mayo de 1959), p. 20. [Artículo.]

«El entierro del chivo.» *Marcha* (Montevideo), Año XXI, N.º 977 (18 de septiembre de 1959), 2.ª sección, pp. 6 y 16. [Precede una nota de T.J.D.] [Fragmento de *PTN.*]

«La trampa.» *Marcha* (Montevideo), Año XXI, N.º 992 (31 de diciembre de 1959), 4.ª sección, pp. 8-9. [Fragmento de *AST.*]

«Encuesta literaria de *Marcha:* Contesta J. C. Onetti.» *Marcha* (Montevideo), Año XXI, N.º 1010 (27 de mayo de 1960), p. 23. [Respuesta a una encuesta anónima.]

La cara de la desgracia. Montevideo: Editorial Alfa, agosto de 1960. [Colec.: *IT, C, TN, NC* y *OC.*]

El astillero. Buenos Aires: Compañía General Fabril Editora, mayo de 1961. 2.ª ed. Montevideo: Arca Editorial, S.R.L., 1967. 3.ª ed. La Habana: Casa de las Américas, 1968. Prólogo: Mario Benedetti. Apéndice: «Juan Carlos Onetti y su época.» 4.ª ed. Buenos Aires: Compañía General Fabril Editora, 1969. 5.ª ed. Madrid: Salvat Editores, S. A., con la colaboración de Alianza Editorial, S. A., 1970. Prólogo: José Donoso. [Colec.: *OC.*]

«Para Destouches, Para Céline.» *Marcha* (Montevideo), Año XXIII, N.º 1086 (1 de diciembre de 1961), p. 31. [Sin firma.] [Artículo.]

«Jacob y el otro», en *Ceremonia secreta y otros cuentos de América*

Latina. Garden City, New York: Ediciones Interamericanas, Double-
day and Company, Inc., 1961, pp. 349-389. [Colec.: *C, TN, CC*
y *OC.*]

[Contestación a] Galeano, Eduardo H. «Onetti el áspero.» *Marcha*
(Montevideo), Año XXIII, N.º 1091 (12 de enero de 1961),
p. 11.

«Encuesta entre escritores nacionales: 'la creación lleva implícita —se
quiera o no— la denuncia...'.» *El Popular* (Montevideo), Año V,
N.º 1742 (26 de enero de 1962), Suplemento de Cultura, p. 4.
[Respuesta a una encuesta anónima.]

[Contestación a] C[astillo], G[uido]. «Juan Carlos Onetti.» *El País*
(Montevideo), Año XLIV, N.º 14.024 (28 de enero de 1962),
p. 6.

«De *La vida breve.*» El País (Montevideo), Año XLIV, N.º 14.024
(28 de enero de 1962), p. 6. [Fragmento de *VB.*]

«Un fragmento de *El astillero.*» *El País* (Montevideo), año XLIV,
N.º 14.024 (28 de enero de 1962), pp. 6 y 10. [Fragmento de
AST.]

El infierno tan temido. Montevideo: Ediciones Asir, abril de 1962.
Incluye: «Mascarada», «El álbum», «Historia del caballero de la
Fosa y de la Virgen encinta que vino de Liliput» y «El infierno tan
temido». [Colec.: *C, NRO, CC* y *OC.*]

«Réquiem por Faulkner.» *Marcha* (Montevideo), Año XXIV, N.º 1115
(13 de julio de 1962), p. 31. [Artículo.]

«William Faulkner a través de hombres del Uruguay.» *Acción* (Montevideo), Año XIV, N.º 4826 (15 de julio de 1962), p. 5. [Respuesta
a una encuesta anónima.]

«De Juan Carlos Onetti.» *Acción* (Montevideo), Año XIV, N.º 4839
(29 de julio de 1962), p. 5. [Artículo.]

«Raul Artagaveytia.» *Acción* (Montevideo), Año XIV, N.º 4839 (29 de
julio de 1962), p. 5. [Artículo.]

«Resoplando y lustroso.» *Marcha* (Montevideo), Año XXIV, N.º 1139
(28 de diciembre de 1962), 2.ª sección, pp. 31-32. [Fragmento
de *JC.*]

Tan triste como ella (Relatos). Montevideo: Editorial Alfa, diciembre
de 1963. [Incluye: *Tan triste como ella* y *CD.*] [Colec.: *C, CC*
y *OC.*]

«Justo el treintaiuno.» *Marcha* (Montevideo), Año XXVI, N.º 1220
(28 de agosto de 1964), 2.ª sección, pp. 23-24. [Colec.: *C, CC*
y *OC.*]

Juntacadáveres. Montevideo: Editorial Alfa, diciembre de 1964. 2.ª ed.
Montevideo: Editorial Alfa, 1966. 3.ª ed. Montevideo: Editorial
Alfa, 1968. 4.ª ed. Editorial Revista de Occidente, S. A., 1969.
5.ª ed. Montevideo: Editorial Alfa, 1970. [Colec.: *OC.*]

[Contestación a] Zitarrosa, Alfredo. «Onetti y la magia de El Mago.»
Marcha (Montevideo), Año XXVII, N.º 1260 (25 de junio de 1965),
2.ª sección, pp. 1 y 6.

Jacob y el otro. Un sueño realizado y otros cuentos. Montevideo: Ediciones de la Banda Oriental, noviembre de 1965. Prólogo: Gabriel
Saad. [Incluye: «Jacob y el otro» y *SR.*] [Colec.: *OC.*]

[Contestación a] Gilio, María Ester. «Onetti y sus demonios interiores.» *Marcha* (Montevideo), Año XXVIII, N.º 1310 (1 de julio de 1966), pp. 24-25.

Cuentos completos. Buenos Aires: Centro Editor de América Latina, S. A., julio de 1967. [Incluye: *SR, IT, TT, TN* y «Justo el treintaiuno».] [Colec.: *OC.*]

[Contestación a] Anónimo. «Juan Carlos Onetti.» *Imagen* (Caracas), N.º 6 (1-15 de agosto de 1967), pp. 3-4. [Recogido en: García Ramos, *Recopilación.*]

«Prólogo» en Molina, Carlos Denis. *Lloverá siempre.* Montevideo: Arca Editorial, S.R.L., septiembre de 1967, pp. 7-8.

[Contestación a] Cousté, Alberto. «Onetti: Historia en dos ciudades.» *Primera Plana* (Buenos Aires), Año V, N.º 251 (17-23 de octubre de 1967), pp. 52-54.

[Contestación a] J. G. «Siempre Onetti.» *Confirmado* (Buenos Aires), N.º 125 (9 de noviembre de 1967), pp. 49-50.

Tres novelas. Montevideo: Editorial Alfa, noviembre de 1967. [Incluye: «Jacob y el otro» y *TT.*] [Colec.: *OC.*]

«Mercado viejo.» *Acción* (Montevideo), N.º 6606 (10 de diciembre de 1967), p. 8. [Precede una nota de D.T.F.] [Fragmento de novela todavía no publicada.]

La novia robada y otros cuentos. Buenos Aires: Centro Editor de América Latina, abril de 1968. Incluye: *NR, SR* e *IT.* [Colec.: *OC.*]

«La novia robada.» *Papeles. Revista del Ateneo de Caracas* (Caracas), N.º 6 (abril-mayo-junio de 1968), pp. 7-23. Reproducido en *La novia robada.* Buenos Aires: Siglo Veintiuno Editores, S. A., enero de 1973. Precede: Ricardo Piglia, «Onetti por Onetti». [Colec.: *NRO* y *OC.*]

Novelas cortas completas. Caracas: Monte Avila Editores C.A., julio de 1968. Incluye: *P, A, PTN* y *TT.* [Colec.: *OC.*]

«Usted perdone, Guevara.» *Marcha* (Montevideo), Año XXX, N.º 1420 (11 de octubre de 1968), p. 31. [Artículo.]

Cuentos completos. Caracas: Monte Avila Editores C.A., octubre de 1968. [Incluye: *SR, IT,* «Jacob y el otro» y «Justo el treintaiuno».] [Colec.: *OC.*]

«Onetti explica a 'Periquito el Aguador'» en «El humorismo y la crónica». *Capítulo Oriental 30: la historia de la literatura uruguaya.* Danubio Torres Fierro, preparador. Montevideo: Centro Editor de América Latina, octubre de 1968, p. 467. [Artículo.]

Las máscaras del amor. Buenos Aires: Centro Editor de América Latina, 1968. Selección y Presentación: Emir Rodríguez Monegal. [Antología de fragmentos de: *P, TN, PN, VB, A, PTN, AST, JC* y *CD.*]

[Diálogo.] Rodríguez Monegal, Emir. «Conversación con Juan Carlos Onetti.» *Eco* (Bogotá), Tomo XX/5, N.º 119 (marzo de 1970), pp. 442-475. [Recogido en Ruffinelli, *Onetti.*]

«De cómo Juan Carlos Onetti y Carlos Martínez Moreno se entrevistaron mutuamente en el nido de Cormorán.» *Cormorán* (Santiago de Chile), Año I, N.º 7 (abril de 1970), pp. 8-11.

Obras completas. México: M. Aguilar, Editor, S. A., abril de 1970.

Prólogo: Emir Rodríguez Monegal. [Incluye: *P, TN, PN, VB, A, PTN, AST, TT, JC, SR, IT, OC* y *NR.*]

«Bibliotecas municipales: Doble cuestionario a Juan Carlos Onetti.» *Marcha* (Montevideo), Año XXXII, N.º 1513 (2 de octubre de 1970), p. 11. [Respuesta a una encuesta anónima.]

«Matías el telegrafista.» *Macedonio* (Buenos Aires), N.º 8 (1970), pp. 37-52. [Sin autorización del autor.] Publicado en *Marcha* (Montevideo), Año XXXIII, N.º 1560 (10 de septiembre de 1971), pp. 30-31. Reproducido en *La otra mitad del amor contada por ocho hombres.* 2.ª ed. aumentada. Montevideo: Arca Editorial, 1972, pp. 81-97. [Cuento. No colec.]

«Consulta al pueblo sobre el Frente Amplio.» *Marcha* (Montevideo), Año XXXIII, N.º 1527 (8 de enero de 1971), p. 6. [Respuesta a una encuesta anónima.]

«Prólogo» en Arlt, Roberto. *I sette pazzi.* Milano: Bompiani Editores, 1971. Reproducido [con el título] «Arlt por Onetti: Semblanza de un genio rioplatense» en *Marcha* (Montevideo), Año XXXII, N.º 1545 (28 de mayo de 1971), pp. 12-13. También reproducido [con el título] «Semblanza de un genio rioplatense» en *Nueva novela hispanoamericana II.* Jorge Lafforgue, compilador. Buenos Aires: Editorial Paidós, 1972, pp. 363-377.

«Opiniones sobre el decreto de censura.» *Marcha* (Montevideo), Año XXXIII, N.º 1576 (30 de diciembre de 1971), p. 31. [Respuesta a una encuesta anónima.]

[Contestación a] Piglia, Ricardo. «Onetti por Onetti.» Incluido en *NR,* pp. 9-17. [Fechada el 31 de mayo de 1970.]

«Tres textos de Onetti.» [Incluye: «Autorretrato» (de *VB*), «Infancia» (inédito) y «Credo» (inédito)] en *Onetti* Jorge Ruffinelli, preparador. Montevideo: Biblioteca de Marcha, marzo de 1973, pp. 7-8.

[Contestación a] Soriano, Osvaldo. «Reportaje al gran escritor uruguayo: Juan Carlos Onetti o la espera de la obra redonda.» *La Opinión Cultural* (Buenos Aires), 29 de abril de 1973, pp. 8-9.

[Contestación a] Anónimo. «Juan Carlos Onetti: 'Un acto de amor'.» *Crisis* (Buenos Aires), Año I, N.º 2 (junio de 1973), pp. 30-31.

«Las mellizas» (Primera versión abreviada). *Crisis* (Buenos Aires), Año I, N.º 2 (junio de 1973), pp. 32-35. [Cuento. No colec.]

«Diálogo con Juan Carlos Onetti.» *La cultura en México,* Suplemento de *Siempre* (México), Vol. VI, N.º 1053 (agosto de 1973).

La muerte y la niña. Buenos Aires: Ediciones Corregidor, noviembre de 1973.

Tiempo de abrazar y los cuentos de 1933 a 1950. Montevideo: Arca Editorial S.R.L., enero de 1974. [Incluye: «Avenida de Mayo-Diagonal-Avenida de Mayo», «El obstáculo», «El posible Baldi», «Convalescencia», «Un sueño realizado», «Mascarada», «Bienvenido, Bob», «La larga historia», «Nueve de Julio», «Regreso al sur», «Esbjerg, en la costa», «La casa en la arena», «Los niños en el bosque» y *Tiempo de abrazar.*] [Precede: Jorge Ruffinelli, «Onetti antes de Onetti».]

«Por culpa de Fantomas.» *Cuadernos Hispanoamericanos* (Madrid), N.º 284 (febrero de 1974), pp. 221-228. [Conferencia.]

II.—Bibliografía indirecta

R: García Ramos, Reinaldo, seleccionador de materiales. *Recopilación de textos Sobre Juan Carlos Onetti*
ETA: Gómez Mango, Lídice, editor. *En torno a Juan Carlos Onetti: Notas críticas*
O: Ruffinelli, Jorge, preparador. *Onetti*

Adams, Michael Ian. *Alienation in Selected Works of Three Contemporary Latin American Authors.* Tesis doctoral inédita, University of Texas at Austin, 1972, pp. 67-128.

Aínsa, Fernando. «Onetti: un 'outsider' resignado.» *Cuadernos Hispanoamericanos* (Madrid), N.º 243 (marzo de 1970), pp. 612-638. [Incluido en *Las trampas de Onetti.*]

—. «Los mecanismos de evasión en la obra de Juan Carlos Onetti.» *Amaru* (Lima), N.º 12 (junio de 1970), pp. 82-88. [Incluido en *Las trampas de Onetti.*]

—. *Las trampas de Onetti.* Montevideo: Editorial Alfa, junio de 1970.

Alegría, Fernando. «Juan Carlos Onetti» en *Historia de la novela hispanoamericana.* 3.ª ed. México: Ediciones de Andrea, 1966, pp. 231-233. [Recogido parcialmente en «Otras opiniones» de *R,* p. 185.]

Alsina Thevenet, Homero. «Una novela uruguaya: Juan Carlos Onetti. *La vida breve.*» *Marcha* (Montevideo), Año XIII, N.º 590 (24 de agosto de 1951), pp. 14-15.

—, et al. «*El pozo* de Juan Carlos Onetti veinticinco años después.» *Marcha* (Montevideo), Año XXVI, N.º 1225 (21 de mayo de 1965), [p. 18]. [Los otros autores: Eduardo H. Galeano, Clara Silva, Alberto Orregioni, Carlos Maggi y Mario C. Fernández.]

Amorós, Andrés. «Juan Carlos Onetti» en *Introducción a la novela hispanoamericana actual.* Madrid: Ediciones Anaya, 1971, pp. 76-88.

Anderson Imbert, Enrique. «Juan Carlos Onetti» en *Historia de la literatura hispanoamericana.* Vol. II. 5.ª ed. México: Fondo de Cultura Económica, 1966, pp. 276-278. [Recogido parcialmente en «Otras opiniones» de *R,* pp. 188-189.]

Anónimo. «*Tierra de nadie* por J. Carlos Onetti.» *La Nación* (Buenos Aires), Año LXXII, N.º 25.150 (13 de julio de 1941), 2.ª sección, p. 5.

—. «El acabóse: *Juntacadáveres* por Juan Carlos Onetti.» *Primera Plana* (Buenos Aires), Año III, N.º 120 (23 de febrero de 1965), p. 44 y 46.

—. «El nacimiento de la odisea: *El pozo,* por Juan Carlos Onetti.» *Primera Plana* (Buenos Aires), Año III, N.º 136 (15 de junio de 1965), pp. 75-76.

—. «Southern Crosses.» *The Times Literary Supplement* (London), N.º 3318 (September 30, 1965), pp. 867-868.

—. «Juan Carlos Onetti.» *Imagen* (Caracas), N.º 6 (1-15 de agosto de 1967), pp. 3-4. [Recogido con el título «Onetti en Caracas» en *R,* pp. 21-23.] [Reportaje.]

Anónimo. «Cuentos completos por Juan Carlos Onetti.» *La Nación* (Buenos Aires), Año XCVIII, N.º 34.493 (22 de octubre de 1967), 3.ª sección, p. 5.

—. «Onetti, Juan Carlos. *The Shipyard.*» *The Kirkus Service* (Virginia), Vol. XXXVI, N.º 5 (March 1, 1968), pp. 288-289.

—. «*The Shipyard.* Juan Carlos Onetti.» *Publisher's Weekly* (New York), Vol. 193, N.º 12 (March 18, 1968), p. 48.

—. «La fortuna de Onetti.» *Mundo Nuevo* (París). N.º 24 (junio de 1968), p. 95.

—. «*Cuentos completos,* de Juan Carlos Onetti.» *Semana* (Caracas), Año I, N.º 39 (28 de noviembre-5 de diciembre de 1968), p. 51.

—. «Onetti: triste, fané y descangayado.» *Semana* (Caracas), Año I, N.º 40 (5-12 de diciembre de 1968), p. 28.

—. «Juan Carlos Onetti y su época.» «Apéndice» en *AST.* 3.ª ed., pp. 231-245.

—. «Juan Carlos Onetti: *Cuentos completos.*» *Confirmado* (Buenos Aires), N.º 191 (13 de febrero de 1969), p. 45.

—. «De cómo Juan Carlos Onetti y Carlos Martínez Moreno se entrevistaron mutuamente en el nido de Cormorán.» *Cormorán* (Santiago de Chile), Año I, N.º 7 (abril de 1970), pp. 8-11. [Reportaje de la revista *Cormorán.*]

—. «Juan Carlos Onetti: *Juntacadáveres.*» *Cuadernos para el Diálogo* (Madrid), N.º 80 (mayo de 1970), p. 49.

—. «Las palabras de amor: *Juntacadáveres,* por Juan Carlos Onetti.» *Análisis* (Buenos Aires), Año X, N.º 490 (4-10 de agosto de 1970), p. 51.

—. «The Santa María Saga.» *The Times Literary Supplement* (London), N.º 3591 (December 25, 1970), p. 1509.

—. «Juan Carlos Onetti: 'Un acto de amor'.» *Crisis* (Buenos Aires), Año I, N.º 2 (junio de 1973), pp. 30-31. [Reportaje.]

—. «Diálogo con Juan Carlos Onetti.» *La Cultura en México,* Suplemento de *Siempre* (México), Vol. VI, N.º 1053 (agosto de 1973).

—. «Juan Carlos Onetti: *La muerte y la niña.*» *Marcha* (Montevideo), Año XXXV, N.º 1665 (21 de diciembre de 1973), p. 30.

—. «Presencia de Onetti en Madrid.» *Mundo Hispánico* (Madrid), Año XXVII, N.º 310 (enero de 1974), pp. 54-55.

—. «A Leading Writer Is Held in Uruguay.» *The New York Times* (New York), Vol. CXXIII, N.º 42,402 (February 26, 1974), p. 8.

—. «Uruguay in Decline, Awaits Full Military Takeover.» *The New York Times* (New York), Vol. CXXIII, N.º 42,417 (March 13, 1974), p. 2.

—. «El caso Onetti.» *Cosmos* (Xalapa, México), N.º 7 (1974), pp. 1-7.

Barisani, Blas. «El realismo materialista de Juan Carlos Onetti.» *Cuadernos del Sur* (Buenos Aires), Año VI, N.º 63 (octubre de 1969), pp. 853-854.

Bejareno, Mariano. «Onetti: la identidad perdida.» *Imagen* (Caracas), N.º 65 (1-15 de enero de 1970), Suplemento, pp. 9-15.

Benedetti, Mario. «Prólogo» en *SR,* pp. 7-14. [Incluido en «Juan Carlos Onetti y la aventura del hombre».]

Benedetti, Mario. «*Juntacadáveres:* una nueva apertura.» *Casa de las Américas* (La Habana), Año VI, N.º 39 (noviembre-diciembre de 1966), pp. 143-145. [Incluido en «Juan Carlos Onetti y la aventura del hombre».]

—. «Prólogo» en *AST*, 3.ª ed., pp. VII-XX. [Incluido en «Juan Carlos Onetti y la aventura del hombre».]

—. «La literatura uruguaya cambia de voz» y «Juan Carlos Onetti y la aventura del hombre» en *Literatura uruguaya siglo XX*. 2.ª ed. ampliada. Montevideo: Editorial Alfa, 1969, pp. 9-45 y 120-151. [Recogido en *R*, pp. 67-90 y con el título «La aventura del hombre» en *O*, pp. 21-47.]

—. «Juan Carlos Onetti y la aventura del hombre *(El astillero y Juntacadáveres)*» en *La novela hispanoamericana actual*. Angel Flores y Raúl Silva Cáceres, compiladores. New York: Las Américas Publishing Co., 1971, pp. 73-90. [Reproduce en parte «Juan Carlos Onetti y la aventura del hombre».]

Blanco Amor, José. «Revaloración de Onetti.» *La Nación* (Buenos Aires), Año C, N.º 34.957 (9 de rebrero de 1969), 3.ª sección, p. 5.

Bollo, Sarah. «Juan Carlos Onetti» en *Literatura uruguaya 1807-1965*. Tomo II. Montevideo: Ediciones Orfeo, 1965, pp. 151-153.

Bonnefoy, Claude. «Une ville toute rouillée.» *Le Nouvei Observateur* (Paris), Vol. 18, N.º 161 (13 décembre 1967), p. 38.

Bordelois, Yvonne A. «Juan Carlos Onetti: *Tan triste como ella*.» *Cuadernos* (París), N.º 98 (julio de 1965), pp. 85-86.

Bosco, María Angélica. «*El astillero*, por Juan Carlos Onetti.» *Ficción* (Buenos Aires), N.ºs 33-34 (septiembre-octubre de 1961), p. 202.

B[riante], M[iguel]. «Onetti o el ritual de la maestría.» *Confirmado* (Buenos Aires), N.º 172 (3 de octubre de 1968), p. 52.

Brughetti, Romualdo. «Una nueva generación literaria argentina 1940-1950.» *Cuadernos Americanos* (México), Año XI, Vol. LXIII N.º 3 (mayo-junio de 1951), pp. 261-281.

Bueno, Salvador. «Onetti, Juan Carlos. *Juntacadáveres*.» *Sin Nombre* (San Juan, Puerto Rico), Vol. 2, N.º 3 (enero-marzo de 1972), pp. 99-93. Reproducido [con el título] «*Juntacadáveres*, ¿novela social?» en *Indice* (Madrid), Año XXVI, N.ºs 284-285 (1-15 de febrero de 1971), pp. 61-62.

Campos, Jorge. «Letras de América: Juan Carlos Onetti y su *Juntacadáveres*.» *Insula* (Madrid), Año XXV, N.º 286 (septiembre de 1970), p. 11.

—. «Letras de América: Los mundos de Onetti.» *Insula* (Madrid), Año XXVI, N.º 299 (octubre de 1971), p. 11.

Cano Gaviria, Ricardo. «De Brausen a Onetti.» *Cuadernos para el Diálogo* (Madrid), N.º 69 (junio de 1969), pp. 43-44.

Carney, Edmund Jeremiah. *The Short Story in Contemporary Iatin American Literature*. Tesis doctoral inédita, University of Illinois at Urbana-Champaign, 1971, pp. 121-128.

Carrillo, Bert Bono. *The Alienated Hero in Four Contemporary Spanish American Novels*. Tesis doctoral inédita, University of Arizona, 1970, pp. 1-6 y 48-81.

Casey, Calvert. «Juan Carlos Onetti y *El astillero*.» *Casa de las Amé-*

ricas (La Habana), Año IV, N.º 26 (octubre-noviembre de 1964), pp. 117-119.

Castiel, Daniel. «Onetti, Juan Carlos. *Juntacadáveres.*» *Hispania* (Appleton, Wisconsin), Vol. 54, N.º 1 (March, 1964), pp. 209-210.

C[astillo], G[uido]. «Juan Carlos Onetti.» *El País* (Montevideo), Año XLIV, N.º 14.024 (28 de enero de 1962), p. 6. [Reportaje.]

—. «Muerte y salvación en Santa María.» *El País* (Montevideo), Año XLIV, N.º 14.024 (28 de enero de 1962), p. 6. [Recogido en *ETA,* pp. 65-73.]

—. «Imagen de Juan Carlos Onetti.» *Mundo Hispánico* (Madrid), Año XXVII, N.º 310 (enero de 1974), p. 54.

Concha, Jaime. «Juan Carlos: *El pozo.*» *Anales de la Universidad de Chile* (Santiago de Chile), Año CXXIV, N.º 139 (julio-septiembre de 1966), pp. 238-239.

—. «Juan C. Onetti: *Para esta noche.*» *Anales de la Universidad de Chile* (Santiago de Chile), Año CXXIV, N.º 140 (octubre-diciembre de 1966), pp. 248-252.

—. «Sobre *Tierra de nadie* de Juan Carlos Onetti.» *Atenea* (Santiago de Chile), Año XLIV, Tomo CLXVI, N.º 417 (julio-septiembre de 1967), pp. 173-197. [Recogido con el título «Sobre *Tierra de nadie*» en *O,* pp. 120-155.]

—. «Un tema de Juan Carlos Onetti.» *Revista Iberoamericana* (Pittsburgh), Vol. XXXV, N.º 68 (mayo-agosto de 1969), pp. 351-363.

—. «Conciencia y subjetividad en *El pozo* de J. C. Onetti.» Separata de *Estudios Filológicos de la Universidad Austral de Chile* (Valdivia), N.º 5 (1969), pp. 197-228. [Recogido con el título «Conciencia y subjetividad en *El pozo*» en *O,* pp. 76-119.]

Cotelo, Ruben. «Realidad y creación en la última novela de Onetti.» *El País* (Montevideo), Año XLII, N.º 13.330 (18 de octubre de 1959), p. 6. [Recogido con el título «Realidad y creación en *Una tumba sin nombre*» en *ETA,* pp. 25-30 y como parte de «Cinco lecturas de Onetti» en *O,* pp. 48-54.]

—. «El guardián de su hermano.» *El País* (Montevideo), Año XLIII, Número 13.629 (12 de diciembre de 1960), p. 28. [Recogido en *ETA,* pp. 39-44 y como parte de «Cinco lecturas de Onetti» en *O,* pp. 54-58.]

—. «Humor y desesperación en Juan Carlos Onetti.» *El País* (Montevideo), Año XLIV, N.º 14.230 (27 de agosto de 1962), p. 12. [Recogido en *ETA,* pp. 77-81 y como parte de «Cinco lecturas de Onetti» en *O,* pp. 66-70.]

—. «Muchacha y mujer.» *El País* (Montevideo), Año XLVI, N.º 14.569 (16 de febrero de 1964), p. 7. [Recogido en *ETA,* pp. 45-53 y como parte de «Cinco lecturas de Onetti» en *O,* pp. 59-66.]

—. «El *pozo,* justo ahora.» *El País* (Montevideo), Año XLVII, N.º 15.161 (29 de agosto de 1965), p. 8. [Reproduce una parte de «Muchacha y mujer».]

—. «Arquetipo de la pareja viril.» *El País* (Montevideo), Año XLVII, N.º 15.489 (14 de agosto de 1966), p. 6. [Recogido en *ETA,* pp. 85-90 y como parte de «Cinco lecturas de Onetti» en *O*, pp. 70-75.]

Cotelo, Ruben, preparador. «El invierno de nuestro descontento» en «Los contemporáneos». *Capítulo Oriental 2: la historia de la literatura uruguaya.* Montevideo: Centro Editor de América Latina, 1968, p. 25.

Cousté, Alberto. «Onetti: Historia en dos ciudades.» *Primera Plana* (Buenos Aires), Año V, N.º 251 (17-23 de octubre de 1967), pp. 52-54. [Reportaje.]

Cresta de Leguizamón, María Luisa. «Una novela uruguaya.» *Libros Selectos* (México), Vol. 7, N.º 24 (15 de enero de 1965), pp. 13-20.

Chrzanowski, Joseph Adolph. *Alienation in the Novels of Juan Carlos Onetti.* Tesis doctoral inédita, The Pennsylvania State University, 1971.

D. T. F. Nota que precede a «Mercado viejo» de Juan Carlos Onetti. *Acción* (Montevideo), N.º 1606 (10 de diciembre de 1967), p. 8.

Darino, Eduardo. «El submundo existencial.» *Comentarios Bibliográficos Americanos* (Montevideo), Vol. II, N.º 9 (septiembre-octubre de 1970), pp. 25-26.

Davalos, Bárbara. «La ciudad creada en el peligro: *Juntacadáveres*. Novela de Juan Carlos Onetti.» *Zona Francia* (Caracas), Año III, N.º 44 (abril de 1967), pp. 51-53.

Deredita, John. «Fernando Aínsa. *Las trampas de Onetti.*» *Books Abroad* (Norman, Oklahoma), Vol. 45, N.º 3 (Summer, 1971), p. 482.

—. «The Shorter Works of Juan Carlos Onetti.» *Studies in Short Fiction* (Newberry, South Carolina), Vol. VIII, N.º 1 (Winter, 1971), pp. 112-122.

—. «El lenguaje de la desintegración: Notas sobre *El astillero* de Onetti.» *Revista Iberoamericana* (Pittsburgh), Vol. XXXVII, N.ºˢ 76-77 (julio-diciembre de 1971), pp. 651-665. [Recogido con el título «El lenguaje de la desintegración. Notas sobre *El astillero*» en *O*, pp. 220-237.]

—. *Disintegration and Dream Patterns in the Fiction of Juan Carlos Onetti.* Tesis doctoral inédita, Yale University, 1973.

Díaz, José Pedro. «De su mejor narrativa.» *Marcha* (Montevideo), Año XXII, N.º 1030 (14 de octubre de 1960), p. 23. [Recogido en *ETA*, pp. 33-37.]

—. «Juan Carlos Onetti: un ciclo onírico.» *Marcha* (Montevideo), Año XXIII, N.º 1077 (29 de septiembre de 1961), p. 21. [Recogido con el título «Un ciclo onírico» en *ETA*, pp. 57-64.]

—. «Otros prosistas de hoy: Juan C. Onetti, L. S. Garini, R. Ipuche Riva.» *Marcha* (Montevideo), Año XXV, N.º 1196 (6 de marzo de 1964), pp. 22 y 29. [Recogido parcialmente con el título *«Tan triste como ella»* en *R*, pp. 178-181.]

Díez, Luis Alfonso. «Aproximación a Juan Carlos Onetti.» *Revista de Occidente* (Madrid), N.º 93 (diciembre de 1970), pp. 367-377.

—. «Prefacio» en *The Formal Expression of Meaning in Juan Carlos Onetti's Narrative Art* de Yvonne Perier Jones. Cuernavaca: Centro Internacional de Documentación, marzo de 1971, pp. 3-7.

—. «'La novia robada', relato inédito de J. C. Onetti.» *Nueva Narrativa*

Hispanoamericana (Garden City, New York), Vol. I, N.º 2 (septiembre de 1971), pp. 185-195.

Donoso, José. «Prólogo» en *AST*. 5.ª ed., pp. 11-15.

E. del C. «Viñetas y anotaciones.» *Revista Mexicana de Cultura,* Suplemento de *El Nacional* (México), 11 de marzo de 1973, p. 2.

Eyzaguirre, Luis B. *El héroe en la novela hispanoamericana.* Tesis doctoral inédita, Yale University, 1971, pp. 359-398.

—. «*Rayuela, Sobre héroes y tumbas* y *El astillero:* Búsqueda de la identidad en la novela hispanoamericana contemporánea.» *Nueva Narrativa Hispanoamericana* (Garden City, New York), Vol. II, N.º 2 (septiembre de 1972), pp. 101-118. [Reproduce en parte *El héroe en la novela hispanoamericana.*]

Figuiera, Gastón. «Juan Carlos Onetti. *Tierra de nadie.*» *Books Abroad* (Norman, Oklahoma), Vol. 17, N.º 3 (Summer, 1943), pp. 265-266.

Forastieri Braschi, Eduardo. «Juan Carlos Onetti y la perfecta imperfección.» *Sin Nombre* (San Juan, Puerto Rico), Vol. II, N.º 2 (octubre-diciembre de 1971), pp. 72-81.

Foster, David Wm. «Juan Carlos Onetti. *Cuentos completos.*» *Books Abroad* (Norman, Oklahoma), Vol. 42, N.º 2 (Spring, 1968), pp. 244-245.

Franco, Jean. *La cultura moderna en América Latina.* México: Editorial Joaquín Mortiz, S. A., 1971, pp. 209, 210, 228, 235, 245, 261 y 268. [Recogido parcialmente en «Otras opiniones» de *R,* pp. 186-187.]

Frankenthaler, Marilyn. «On the Fate of a Novelist: To the Editor.» *The New York Times* (New York), Vol. CXXIII, N.º 42,416 (March 12, 1974), p. 36.

—. «Complemento a la bibliografía de y sobre Juan Carlos Onetti.» *Revista Iberoamericana* (Pittsburgh), Vol. XLI, N.º 91 (abril-junio de 1975), pp. 355-365.

Fressard, Jacques. «Onetti en Francia.» *Marcha* (Montevideo), Año XXIX, N.º 1381 (1 de diciembre de 1967), p. 29. [Recogido con el título «Onetti desde Francia» en *R,* pp. 167-169.]

Fuente, Alberto de la. «La estructura de la novela de Juan Carlos Onetti: *Juntacadáveres.*» *Revista Iberoamericana* (Pittsburgh), Vol. XXXVIII, N.º 79 (abril-junio de 1972), pp. 263-277.

Galeano, Eduardo H. «Onetti el áspero.» *Marcha* (Montevideo), Año XXIII, N.º 1091 (12 de enero de 1962), p. 11. [Reportaje.]

Gallagher, David. «The Exact Shade of Gray: *The Snipyard.* By Juan Carlos Onetti.» *The New York Times Book Review* (New York), Vol. LXXIII, N.º 24 (June 16, 1968), pp. 4-5.

Gándara, Carmen. «Vicisitudes de la novela.» *Realidad* (Buenos Aires), Vol. 5, N.º 13 (enero-febrero de 1949), pp. 32-41.

García, Germán. *La novela argentina: un itinerario.* Buenos Aires: Editorial Sudamericana, S. A., 1952, pp. 213-214.

García Ramos, Reinaldo, seleccionador de materiales. *Recopilación de textos sobre Juan Carlos Onetti.* La Habana: Centro de Investigaciones Literarias, Casa de las Américas, 1969. [Incluye: Reinaldo García Ramos, «Nota». Carlos Maggi, «Onetti: una rebelión sin rebelión». María Ester Gilio, «Un monstruo sagrado y su cara de bondad». Anónimo (reportaje de la revista *Imagen*), Onetti en Caracas». Angel Rama, «Origen de un novelista y de una generación literaria». Mario Benedetti, «Juan Carlos Onetti y la aventura del hombre». Emir Rodríguez Monegal, «La fortuna de Onetti». Arturo Sergio Visca, «Trayectoria narrativa de Onetti». Juan Carlos Ghiano, «Onetti, novelista de la ciudad». Nelson Marra, «Santa María, ciudadmito». Luis Harss, «Las sombras en la pared». Manuel Martínez Carril, «Onetti, acaso la liberación». Ricardo Latcham, *«Una tumba sin nombre»*. Jacques Fressard, «Onetti desde Francia». Lucien Mercier, «Juan Carlos Onetti en busca del infierno». José Pedro Díaz, *«Tan triste como ella»*. Elisa Lerner, *«Juntacadáveres»*. Fernando Alegría, José Carlos Alvarez, José Emilio Pacheco, Enrique Anderson Imbert, Jean Franco y Ricardo Latcham, «Otras opiniones».]

Gasca, Argelio. «Breves y harapientas notas sobre Juan Carlos Onetti.» *Diorama de la Cultura,* Suplemento de *Excélsior* (México), 23 de agosto de 1970, p. 14.

Gertel, Zunilda. «La novela personal existencial» en *La novela hispanoamericana contemporánea.* Buenos Aires: Editorial Columba, 1970, páginas 83-88.

Ghiano, Juan Carlos. «Juan Carlos Onetti y la novela.» *Ficción* (Buenos Aires), N.º 5 (enero-febrero de 1957), pp. 247-253. [Recogido con el título «Onetti, novelista de la ciudad» en *R,* pp. 130-137.]

—. «El mundo narrativo de Onetti.» *La Nación* (Buenos Aires), Año 102, N.º 35.726 (11 de abril de 1971), 3.ª sección, p. 2.

Gibbs, Beverly J. «Ambiguity in Onetti's *El astillero.*» Hispania (Appleton, Wisconsin), Vol. 56, Special Issue (April, 1973), pp. 260-269.

Gilio, María Ester. «Onetti y sus demonios interiores.» *Marcha* (Montevideo), Año XXVIII, N.º 1310 (1 de julio de 1966), pp. 24-25. [Reportaje.]

Goió, Cedomil. *Historia de la novela hispanoamericana.* Santiago de Chile: Ediciones Universitarias de Valparaíso, 1972, pp. 217-222 y 229-235.

Gómez Mango, Lídice, editor. *En torno a Juan Carlos Onetti: Notas críticas.* Montevideo: Fundación de Cultura Universitaria, Cuadernos de Literatura, N.º 15, 1970. [Incluye: Esteban Otero, «La obra Juan Carlos Onetti: Temática y evolución». Lucien Mercier, «Juan Carlos Onetti 'En busca del infierno'». Ruben Cotelo, «Realidad y creación en *Una tumba sin nombre*». José Pedro Díaz, «De su mejor narrativa». Ruben Cotelo, «El guardián de su hermano». Ruben Cotelo, «Muchacha y mujer». José Pedro Díaz, «Un ciclo onírico». Guido Castillo, «Muerte y salvación en Santa María». Ruben Cotelo, «Humor y desesperación en Juan C. Onetti». Ruben Cotelo, «Arquetipo de la pareja viril». Gabriel Saad, «Jacob y el otro o las señales de la victoria».]

Grande, Félix. «Juan Carlos Onetti y una escenografía de obsesiones» *Cuadernos Hispanoamericanos* (Madrid), N.º 234 (junio de 1969), pp. 710-722.

—. «Con Onetti.» *Plural.* Revista mensual publicada por *Excélsior* (México), Vol. I, N.º 2 (noviembre de 1971), pp. 13-16.

Gregorich, Luis. «Juan Carlos Onetti» en *Cuentos de dos orillas.* B. Sarlo Sabejanes, seleccionador. Buenos Aires: Centro Editor de América Latina, 1971, p. 127.

Guille-Bataillón, Laure. «*La vie brève:* piedra angular de la literatura.» *Marcha* (Montevideo), Año XXXIII, N.º 1587 (7 de abril de 1972), p. 31.

Guillén Tapia, Orlando. «Los libros nuevos: Juan Carlos Onetti. *Tierra de nadie.*» *La Palabra y el Hombre* (México), II época, N.º 45 (enero-marzo de 1968), pp. 197-198.

Gutiérrez-Baumann, Yolanda. *Contribución al estudio de la realidad en la narrativa de Juan Carlos Onetti.* Tesis doctoral inédita, The Ohio State University, 1974.

Gutiérrez Girardot, Rafael. «Modernidad y trivialización: sobre la nueva narrativa hispanoamericana.» *La Nación* (Buenos Aires), Año CI, N.º 35.466 (28 de junio de 1970), 4.ª sección, pp. 1 y 4.

Haldeman, Gary A. *Juan Carlos Onetti y la evasión de la realidad.* Tesis inédita «Master's», University of Oklahoma, 1970.

Hancock, Joel C. «Psychopathic Point of View: Juan Carlos Onetti's *Los Adioses [The Goodbyes].*» *Latin American Literary Review* (Pittsburgh), Vol. II, N.º 3 (Fall-Winter, 1973), pp. 19-29.

Harss, Luis y Barbara Dohmann. «Juan Carlos Onetti, o las sombras en la pared» en *Los nuestros.* 4.ª ed. Buenos Aires. Editorial Sudamericana, 1971, pp. 214-251. [Reproducido parcialmente con el título «Las sombras en la pared» en *R,* pp. 144-155.]

Hernández, Caracé. «Juan Carlos Onetti: pistas para sus laberintos.» *Mundo Nuevo* (París), N.º 34 (abril de 1969), pp. 65-72.

Irby, James East. *La influencia de William Faulkner en cuatro narradores hispanoamericanos.* Tesis para el grado de maestro en letras hispanas, Escuela de Verano, Universidad Nacional Autónoma de México, 1956, pp. 75-109.

—. «Aspectos formales de *La vida breve* de Juan Carlos Onetti» en *Actas del tercer congreso internacional de hispanistas.* Carlos H. Magis, editor. México: El Colegio de México, 1970, pp. 453-460.

J. G. «Siempre Onetti.» *Confirmado* (Buenos Aires), N.º 125 (9 de noviembre de 1957), pp. 49-50. [Reportaje.]

Jaramillo Levi, Enrique. «Ambigüedades temáticas en el cuento 'Bienvenido, Bob', de J. C. Onetti.» *Nueva Narrativa Hispanoamericana* (Garden City, New York), Vol. IV, N.º doble (enero y septiembre de 1974), pp. 357-360.

Jones, Yvonne Perier. *Form and Content in Juan Carlos Onetti's El astillero.* Tesis inédita «Masters's», University of Washington (Seattle), 1966.

—. *The Formal Expression of Meaning in Juan Carlos Onetti's Narrative Art.* Tesis doctoral inédita, University of Washington, 1970. Publicado en Cuernavaca: Centro Intercultural de Documentación, 1971. Prefacio: Luis Alfonso Díez.

Kadir II, Djelal. *The Aesthetics of Juan Carlos Onetti's Novel.* Tesis doctoral inédita, The University of New Mexico, 1972.

Krebs, Albin. «Notes on People.» *The New York Times* (New York), Vol. CXXIII, N.º 42,490 (May 25, 1974), p. 23.

L[ancelotti], M[ario] A. «Juan Carlos Onetti: *El astillero.*» *Sur* (Buenos Aires), N.º 275 (marzo-abril de 1962), pp. 101-102.

Latcham, Ricardo A. «Perspectivas de literatura hispanoamericana contemporánea.» *Atenea* (Santiago de Chile), Año XXXV, Tomo CXXXI, N.ºˢ 380-381 (abril-septiembre de 1958), pp. 305-336. [Recogido parcialmente en «Otras opiniones» de *R,* p. 187.]

—. «Nuevos cuentistas uruguayos», «*Una tumba sin nombre*» y «Narradores del Uruguay» en *Carnet crítico.* Montevideo: Editorial Alfa, marzo de 1962, pp. 117-129 y 167-169. [«*Una tumba sin nombre*» recogido en *R,* pp. 162-166.]

—. «Juan Carlos Onetti» en *Antología del cuento hispanoamericano contemporáneo.* 2.ª ed. Santiago de Chile: Empresa Zig-Zag, S. A., 1962, pp. 56-57.

Leal, Luis. «Juan Carlos Onetti» en *Historia del cuento hispanoamericano.* México: Ediciones de Andrea, 1968, p. 126.

Lerner, Elisa. «*Juntacadáveres.*» *Revista Nacional de Cultura* (Caracas), Año XXIX, N.º 180 (abril-mayo-junio de 1967), pp. 87-88. [Recogido en *R,* pp. 182-184.]

Levine, Suzanne Jill. «Last Battle for a Free Press in Uruguay.» *The New York Times Book Review* (New York), Vol. CXXIII, N.º 42,477 (May 12, 1974), p. 47.

Lewald, H. Ernest. «The 1965 Literary Scene in Argentina and Uruguay.» *Books Abroad* (Norman, Oklahoma), Vol. 40, N.º 2 (Spring, 1966), pp. 145-148.

López Ruiz, Juvenal. «Onetti, un novelista del sino.» *Imagen* (Caracas), N.º 35 (15-30 de octubre de 1968), p. 4.

Luchting, Wolfgang A. «El lector como protagonista de la novela.» «Apéndice» en *A,* 4.ª ed., pp. 77-90. [Recogido en *O,* pp. 204-219.]

M. T. «Onetti: un sueño realizado.» *Confirmado* (Buenos Aires), N.º 104 (15 de junio de 1967), pp. 66-68.

Magallanes, Juan Mario. «Sobre el concurso de novelas.» *Marcha* (Montevideo), Año III, N.º 88 (14 de marzo de 1941), p. 5.

Maggi, Carlos. «Juan Carlos Onetti» en *Gardel, Onetti y algo más.* 2.ª ed. Montevideo: Editorial Alfa, 1967, pp. 95-100. [Recogido con el título «Onetti: una rebelión sin rebelión» en *R,* pp. 9-12.]

Mallea Abarca, Enrique. «Dos novelistas jóvenes.» *Nosotros* (Buenos Aires), Año VI, Tomo XIV, N.º 66 (septiembre de 1941), pp. 307-317.

Manjárrez, Héctor. «Onetti: el infierno son los demás que soy yo mismo.» *La Cultura en México.* Suplemento de *Siempre* (México), N.º 538 (31 de mayo de 1972), pp. VI-VIII.

Márquez, Carmen. «Análisis crítico de un cuento de Juan Carlos Onetti: Esbjerg, es la soledad.» *Imagen* (Caracas), Año II, N.º 71 (31 de octubre-7 de noviembre de 1972), 2.º cuerpo, p. 5.

Marra, Nelson. «Santa María, ciudad-mito, en la literatura de Onetti.» *Temas* (Montevideo), N.º 6 (abril-mayo de 1966), pp. 32-34. [Recogido con el título «Santa María, ciudad-mito» en *R,* pp. 138-143.]

M[artínez], T[omás] E[loy]. «El jardín de las desdichas. Juan Carlos Onetti: *Cuentos completos.*» *Primera Plana* (Buenos Aires), Año V, N.º 251 (17-23 de octubre de 1967), pp. 54-55.

Martínez Moreno, Carlos. «Una novela rioplatense.» *Tierre de nadie* de J. Carlos Onetti.» *Alfar* (Montevideo), Año XX, N.º 80 (1942), [pp. 49-52].

Mercier, Lucien. «Juan Carlos Onetti en busca del ininfierno.» *Marcha* (Montevideo), Año XXIV, N.º 1129 (19 de octubre de 1962), pp. 30-31. [Recogido en *ETA,* pp. 11-21 y en *R,* pp. 170-177.]

Mondéjar, Publio L. «Juan Carlos Onetti o la salvación por la literatura.» *Artes y Letras* (España), N.º 12 (29 de agosto de 1970), p. 10.

Montaner, Carlos Alberto. «Onetti, figura de las letras de Hispanoamérica.» *ABC* (Madrid-edición aérea), Año XXV, N.º 1262 (7 de marzo de 1974), [pp. 11-12].

Ortega, Julio. «Modernidad narrativa.» *Nueva Narrativa Hispanoamericana* (Garden City, New York), Vol. II, N.º 1 (enero de 1972), pp. 205-207.

Otero, Esteban. «Culminación de un narrador.» *Marcha* (Montevideo), Año XXI, N.º 990 (18 de diciembre de 1959), p. 30.

Paganini, Alberto, Alejandro Paternain y Gabriel Saad. «Onetti, Juan Carlos» en *Cien autores del Uruguay.* Buenos Aires: Centro Editor de América Latina, 1969, pp. 56-58.

Palacios, Antonia. «Juan Carlos Onetti: *Los adioses.*» *Imagen* (Caracas), Suplemento N.º 2 (1-15 de junio de 1967), p. 19.

Piglia, Ricardo. «Onetti por Onetti» en *NR,* pp. 9-17. [Reportaje.]

Pollmann, Leo. *La «nueva novela» en Francia y en Iberoamérica.* Traducción de Julio Linares. Madrid: Editorial Gredos, S. A., 1971, pp. 83-89, 133-139 y 228.

Prior, Aldo. «Juan Carlos Onetti: *Los adioses.*» *Sur* (Buenos Aires), N.º 230 (septiembre-octubre de 1954), pp. 110-111.

Rama, Angel. «Testimonio, confesión y enjuiciamiento de 20 años de historia literaria y de nueva literatura uruguaya.» *Marcha* (Montevideo), Año XXI, N.º 966 (3 de julio de 1959), 2.ª sección, pp. 16-B-21-B y 30-B. [Incluido en *La generación crítica.*]

—. «El largo viaje de Juan Carlos Onetti.» *Marcha* (Montevideo), Año XXIII, N.º 1073 (1 de septiembre de 1961), pp. 22-23.

—. Gonzalo de Freitas y Mario Traytenberg. «Los premios literarios 1960.» *Marcha* (Montevideo), Año XXIII, N.º 1083 (10 de noviembre de 1961), p. 29.

—. «Lo que va de ayer a hoy.» *Marcha* (Montevideo), Año XXVI, N.º 1220 (28 de agosto de 1964), 2.ª sección, pp. 2-9. [Incluido en *La generación crítica.*]

—. «*Juntacadáveres* de Onetti: Con sus mejores páginas.» *Marcha* (Montevideo), Año XXVI, N.º 1251 (23 de abril de 1965), p. 31.

—. «Origen de un novelista y de una generación literaria.» «Apéndice» en *P. 5.*ª ed., pp. 53-107. [Recogido en *R,* pp. 24-66.]

—. *La generación crítica: 1939-1969. 1. Panoramas.* Montevideo: Arca Editorial, S.R.L., 1972, pp. 33-39, 93 y 120-129.

Rodríguez Monegal, Emir. «*Para esta noche,* Juan C. Onetti.» *Marcha* (Montevideo), Año VI, N.º 222 (18 de febrero de 1944), p. 14.

R[odríguez] M[onegal], E[mir]. «Los cuentos de Onetti.» *Marcha* (Montevideo), Año XIV, N.º 646 (7 de noviembre de 1952), p. 15.

—. «Juan Carlos Onetti. *Los adioses*.» *Número* (Montevideo), Año VI, N.º 26 (marzo de 1955), pp. 107-109.

—. «Situación del cuento uruguayo en 1956.» *Marcha* (Montevideo), Año XVIII, N.º 845 (28 de diciembre de 1956), 2.ª sección, pp. 26-28.

R[odríguez] M[onegal], E[mir]. «Juan Carlos Onetti y la novela rioplatense», «Una o dos historias del amor: *Los adioses* de J. C. Onetti» y *El astillero*: fragmento de un mundo propio» en *Narradores de esta América*. Montevideo: Editorial Alfa, 1961, pp. 155-195. [Incluido en «La fortuna de Onetti».]

—. «Los psicodramas de Juan Carlos Onetti.» *El País* (Montevideo), Año XIV, N.º 14.458 (7 de enero de 1963), p. 7.

—. «Una forma del fragmentarismo.» *El País* (Montevideo), Año XLVII, N.º 15.060 (16 de mayo de 1965), [p. 21].

—. «The New Novelists.» *Encounter* (London), Vol. XXV, N.º 3 (September, 1965), pp. 98-109.

—. «La fortuna de Onetti» en *Literatura uruguaya del medio siglo*. Montevideo: Editorial Alfa, 1966, pp. 22-1260. [Recogido en *R*, pp. 91-123.]

—, preparador. «Onetti o el descubrimiento de la ciudad.» *Capítulo Oriental 28: la historia de la literatura uruguaya*. Montevideo: Centro Editor de América Latina, octubre de 1968, pp. 433-448.

—. «Presentación» en *M*, p. 7.

—. «Conversación con Juan Carlos Onetti.» *Eco* (Bogotá), Tomo XX/5, N.º 119 (marzo de 1970), pp. 442-475. [Recogido con el título «Conversación con Onetti» en *O*, pp. 238-266.]

—. «Prólogo» en *CC*, pp. 9-41.

—. «On the Fate of a Novelist: To the Editor.» *The York Times* (New York), Vol. CXXIII, N.º 42,416 (March 12, 1974), p. 36.

— and Seventeen Others. «Suppression in Uruguay: To the Editors.» *The New York Review of Books* (New York), Vol. XXI, N.º 5 (April 4, 1974), p. 23.

Ruffinelli, Jorge. «Onetti en cuatro tiempos.» *Marcha* (Montevideo), Año XXXII, N.º 1524 (18 de diciembre de 1970), p. 31.

—. «Un cuento secreto de Juan Carlos Onetti.» *Latinoamérica* (Buenos Aires), Año I, N.º 1 (diciembre de 1972), pp. 47-50.

—. «La ocultación de la historia en *Para esta noche* de Juan Carlos Onetti.» *Nuevos Aires* (Buenos Aires), Año 3, N.º 9 (diciembre de 1972-enero-febrero de 1973), pp. 23-38. Reproducido en *Nueva Narrativa Hispanoamericana* (Garden City, New York), Vol. III, N.º 2 (septiembre de 1973), pp. 145-159. [Recogido con el título «La historia secreta de *Para esta noche*» en *O*, pp. 156-179.]

—, preparador. *Onetti*. Montevideo: Biblioteca de Marcha, marzo de 1973. [Incluye: Jorge Ruffinelli, «Cronología». Mario Benedetti, «La aventura del hombre». Ruben Cotelo, «Cinco lecturas de Onetti». Jaime Concha, «Conciencia y subjetividad en *El pozo*». Jaime Concha, «Sobre *Tierra de nadie*». Jorge Ruffinelli, «La historia secreta de *Para esta noche*». Hugo J. Verani, «En torno a *Los adioses*».

Wolfgang A. Luchting, «El lector como protagonista de la novela». John Deredita, «El lenguaje de la desintegración. Notas sobre *El astillero*». Emir Rodríguez Monegal, «Conversación con Onetti». Hugo J. Verani, «Contribución a la bibliografía de Onetti».] [También incluye «Tres textos de Onetti».]

Ruffinelli, Jorge. «De la violencia y otras enajenaciones.» *Marcha* (Montevideo), Año XXXIV, N.º 1639 (13 de abril de 1973), p. 29.

—. «Onetti al cine.» Marcha (Montevideo), Año XXXIV, N.º 1647 (15 de junio de 1973), p. 29. [Reportaje a Julio Jaimes.]

—. «Onetti antes de Onetti» en *TA,* pp. XI-LIV.

Saad, Gabriel. «Prólogo» en *JSR,* pp. 7-14.

Sánchez, Luis Alberto. *Proceso y contenido de la novela hispanoamericana.* 2.ª ed. Madrid: Editorial Gredos, S. A., 1968, pp. 257-259 y 543.

Schoijet, Mauricio. «Suppression in Uruguay: To the Editors.» *The New York Review of Books* (New York), Vol. XXI, N.º 5 (April 4, 1974), p. 23.

Schwartz, Kessel. «Themes, Trends and Textures: The 1960's and the Spanish American Novel.» *Hispania* (Appleton, Wisconsin), Vol. 55, N.º 4 (December, 1972), pp. 817-831.

Solero, F. J. «Juan Carlos Onetti: *La vida breve.*» *Sur* (Buenos Aires), N.º 199 (mayo de 1951), pp. 67-71.

Sorel, Andrés. «La nueva novela latinoamericana, I: Uruguay, Bolivia, Chile.» *Cuadernos Hispanoamericanos* (Madrid), N.º 191 (noviembre de 1965), pp. 221-238.

Soriano, Osvaldo. «Reportaje al gran escritor uruguayo: Juan Carlos Onetti o la espera de la obra redonda.» *La Opinión Cultural* (Buenos Aires), 29 de abril de 1973, pp. 8-9 [Reportaje.]

Sosnowski, Saul. «Onetti, Juan Carlos. *The Shipyard.*» *Best Sellers* (University of Scranton, Pennsylvania) Vol. 28. N.º 5 (June 1, 1968), pp. 103-104.

T. J. D. Nota que precede a «El entierro del chivo» de Juan Carlos Onetti. *Marcha* (Montevideo), Año XXI, N.º 977 (8 de septiembre de 1959), 2.ª sección, pp. 6 y 16.

Thompson, Laurence J. «Onetti, Juan Carlos. *The Shipyard.*» *Library Journal* (New York), Vol. 93, N.º 14 (August, 1968), p. 2898.

Trillo Pays, Dionisio. «*Tierra de nadie* por J. Carlos Onetti.» *Marcha* (Montevideo), Año III, N.º 109 (15 de agosto de 1941), p. 2.

Umbral, Francisco. «Juan Carlos Onetti.» *Ya* (Madrid), Año XXXVI, N.º 9.954 (13 de junio de 1970), p. 85.

Vanasco, Alberto. «Juan Carlos Onetti, *Los adioses.*» *Histonium* (Buenos Aires), Año 16, N.º 188 (enero de 1955), p. 61.

Verani, Hugo J. «En torno a *Los adioses* de Juan Carlos Onetti.» *Anales de la Universidad de Chile* (Santiago de Chile), Año CXXIV, N.º 145 (enero-marzo de 1968), pp. 35-37. [Recogido con el título «En torno a *Los adioses*» en *O,* pp. 180-203.]

—. «Contribución a la bibliografía de Juan Carlos Onetti.» *Revista Iberoamericana* (Pittsburgh), Vol. XXXVIII, N.º 80 (julio-septiembre de 1972), pp. 523-548. [Recogido con el título «Contribución a la bibliografía de Onetti» en *O,* pp. 267-291.]

Verani, Hugo J. «Los comienzos: Tres cuentos de Juan Carlos Onetti anteriores a *El pozo*.» *Hispanoamérica* (Buenos Aires), Año I, N.º 2 (diciembre de 1972), pp. 27-34.

—. «Juan Carlos Onetti y la creación literaria.» Ponencia leída en el XVI Congreso del Instituto Internacional de Literatura Iberoamericana, Michigan State University (East Lansing, Michigan), 26-31 de agosto de 1973, pp. 1-6.

Verani, Hugo J. *La obra narrativa de Juan Carlos Onetti: Estructura y significación*. Tesis doctoral inédita, University of Wisconsin, 1973.

V[isca], A[rturo] S[ergio]. Nota que precede a «Naturaleza muerta» de Juan Carlos Onetti. *Asir* (Mercedes, Uruguay), N.º 21 (abril de 1951), pp. 41-42.

Visca, Arturo Sergio. «Soledades rioplatenses.» *Asir* (Mercedes, Uruguay), N.º 36 (octubre de 1954), pp. 21-29.

—. «Panorama de la actual narrativa uruguaya.» *Ficción* (Buenos Aires), N.º 5 (enero-febrero de 1957), pp. 120-126.

—. «Juan Carlos Onetti (1909).» *Antología del cuento uruguayo contemporáneo*. Montevideo: Universidad de la República, 1962, pp. 243-248. [Recogido con el título «Trayectoria narrativa de Onetti» en *R*, pp. 124-129.]

—. «Desarraigo.» *El País* (Montevideo), Año XLVI, N.º 14.445 (29 de septiembre de 1963), p. 6.

—. «Onetti, Jacob y el otro.» *El País* (Montevideo), Año L, N.º 15.925 (3 de diciembre de 1967), p. 2 y Año L, N.º 15.932 (10 de diciembre de 1967), p. 2

—. «Juan Carlos Onetti» en *Alborada cuentos de hoy*. Montevideo: Editorial Cisplatina, [s. f.], pp. 49-50.

Vitale, Ida. «Cuando los premios unen.» *Marcha* (Montevideo), Año XXIII, N.º 1091 (12 de enero de 1962), p. 30.

Walker, John. «Aínsa, Fernando: *Las trampas de Onetti*.» *Hispania* (Appleton, Wisconsin), Vol. 54, N.º 4 (December, 1971), pp. 976-977.

Webb, Kenneth. «Juan Carlos Onetti. *Los adioses*.» *Books Abroad* (Norman, Oklahoma), Vol. XXIX, N.º 2 (Spring, 1955), p. 212.

Yankas, Lautaro. «Uruguay» en «Valores de la narrativa hispanoamericana actual.» *Cuadernos Hispanoamericanos* (Madrid), N.º 236 (agosto de 1969), pp. 344-347.

Zitarrosa, Alfredo. «Onetti y la magia de El Mago.» *Marcha* (Montevideo), Año XXVII, N.º 1260 (25 de junio de 1965), 2.ª sección, pp. 1 y 6. [Reportaje.]

Zum Felde, Alberto. *Indice crítico de la literatura hispanoamericana*. Tomo II. México: Editorial Guarania, 1959, pp. 463-468.

—. «Narradores uruguayos. Aparición de J. C. Onetti.» *Marcha* (Montevideo), Año XXI, N.º 997 (12 de febrero de 1960), p. 23. [Reproduce en parte *Indice crítico de la literatura hispanoamericana*.]

—. *La narrativa en Hispanoamérica*. Madrid: Aguilar, 1964, pp. 347-353. [Reproduce en parte *Indice crítico de la literatura hispanoamericana*.]

III.—Libros y artículos consultados

Alegría, Fernando. *Historia de la novela hispanoamericana.* 3.ª ed. México: Ediciones de Andrea, 1966.

Anderson Imbert, Enrique. *Historia de la literatura hispanoamericana.* Vols. I y II. 5.ª ed. México: Fondo de Cultura Económica, 1966.

Arlt, Roberto. *Los siete locos.* Buenos Aires: Compañía General Fabril Editora, S. A., 1968. Presentación: Mirta Arlt.

—. *Los lanzallamas.* Buenos Aires: Compañía General Fabril Editora, S. A., 1968. Presentación: Mirta Arlt.

—. *El amor brujo.* Buenos Aires: Compañía General Fabril Editora, S. A., 1968. Presentación: Mirta Arlt.

Avellaneda, Andrés y Noé Jitrik, preparadores. «El naturalismo y el ciclo de *La bolsa.*» *Capítulo 22: la historia de la literatura argentina.* Buenos Aires: Centro Editor de América Latina, S. A., 1967.

Barret, William. *What is Existentialism?* 9th printing. New York: Grove Press, Inc., 1964.

Bellán, José Pedro. *Doñarramona.* Montevideo: Biblioteca Artigas, 1954. Prólogo: José Pedro Díaz.

Blackham, H. J. *Six Existentialist Thinkers.* New York: Harper and Row, 1959.

Blasi, Alberto Oscar. *Los fundadores.* Buenos Aires: Ediciones Culturales Argentinas, 1962.

Borello, Rodolfo. «Los escritores del 80.» *Revista de Literatura Argentina e Iberoamericana* (Universidad Nacional de Cuyo, Mendoza), Año I, N.º 1 (1959), pp. 32-46.

Cambaceres, Eugenio. *Sin rumbo.* Madrid: Anaya, S. A., 1971. Introducción: María Luisa Bastos.

Camus, Albert. *El extranjero.* Traducción de Bonifacio del Carril. 29.ª ed. Buenos Aires: Emecé Editores, S. A., 1973.

—. *El mito de Sísifo.* Traducción de Luis Echávarri. 7.ª ed. Buenos Aires: Editorial Losada, S. A., 1973.

Carpentier, Alejo. *Tientos y diferencias.* 2.ª ed. ampliada. Montevideo: Arca Editorial S.R.L., 1970.

Castro, Manuel de. *Historia de un pequeño funcionario.* 2.ª ed. Montevideo: Banda Oriental, 1930. Prólogo: Eduardo Dieste.

Contat, Michel. *Archives des Lettres Modernes. N.º 89. Explication des Séquestrés d'Altona de Jean-Paul Sartre.* Paris: Lettres Modernes, 1968.

Destouches, Louis-Ferdinand. *Voyage au bout de la nuit.* Paris: Editions Denoël et Steele, 1932. [Firmado: «Louis-Ferdinand Céline».]

Dos Passos, John. *Manhattan Transfer.* 7th printing. Boston: Houghton Mifflin Co., 1953.

Durán, Manuel. «Los definidores del caos.» *Diálogos* (México), Vol. I, N.º 6 (septiembre-octubre de 1965), pp. 11-14.

Fatone, Vicente. *Introducción al existencialismo.* 4.ª ed. Buenos Aires: Editorial Columba, 1962.

Fernández Moreno, César. «Leon Pierre-Quint: *Marcel Proust. Juventud-obra-tiempo.*» *Sur* (Buenos Aires), Año XIV, N.º 122 (diciembre de 1944), pp. 60-64.

Gálvez, Manuel. *La Argentina en nuestros libros*. Santiago de Chile: Editorial Ercilla, 1935.
—. *Hombres en soledad*. Buenos Aires: Editorial Losada, S. A., 1957.
—. *Nacha Regules*. Buenos Aires: Centro Editor de América Latina, S. A., 1968.
García, Germán. *La novela argentina: un itinerario*. Buenos Aires: Editorial Sudamericana, S. A., 1952.
García-Gómez, Jorge. «La estructura imaginativa de Juan Pablo Castel.» *Revista Hispánica Moderna* (New York), Año XXXIII, N.ᵒˢ 3-4 (julio-octubre de 1967), pp. 232-240.
Giordano, Jaime. «El espacio en la narrativa de Roberto Arlt.» *Nueva Narrativa Hispanoamericana* (Garden City, New York), Vol. 2, N.º 2 (septiembre de 1972), pp. 119-148.
González, Santiago, et al. *El 80. I. Visión del mundo*. Buenos Aires: Centro Editor de América Latina, S. A., 1968. [Los otros autores: Hortensia Lemos, Abel Posadas, Nannina Rivarola y Marta Speroni.]
Hoffman, Frederick J. y Olga W. Vickery, editores. *William Faulkner: Three Decades of Criticism*. New York: Harcourt, Brace and World, Inc., 1960.
Kafka, Franz. *The Metamorphosis*. Traducción de Stanley Corngold. New York: Bantam Books, 1972.
Kauffmann, Walter, editor. *Existentialism From Dostoevsky to Sartre*. 21st printing. Cleveland: The World Publishing Co., 1965.
Lamana, Manuel. *Existencialismo y literatura*. Buenos Aires: Centro Editor de América Latina, S. A., 1967.
Lenz, Joseph. *El moderno existencialismo alemán y francés*. Traducción de José Pérez Rioseco. Madrid: Editorial Gredos, 1955.
López, Lucio. *La gran aldea*. Buenos Aires: Centro Editor de América Latina, S. A., 1967.
Loveluck, Juan, seleccionador. *La novela hispanoamericana*. 4.ª ed. Santiago de Chile: Editorial Universitaria, 1972.
Masotta, Oscar. *Sexo y tradición en Roberto Arlt*. Buenos Aires: Jorge Alvarez Editor, 1965.
Miró, José María. *La Bolsa*. Buenos Aires: Ediciones Estrada, 1955. Prólogo: Adolfo Mitre. [Firmado: «Julián Martel».]
Mounier, Emmanuel. *Introducción a los existencialismos*. Traducción de Daniel D. Montserrat. Revisada por Fernando Vela. Madrid: Ediciones Guadarrama, S. A., 1967.
Ostrovsky, Erika. *Céline and His Vision*. New York: New York University Press, 1967.
Pagés Larraya, Antonio. «Buenos Aires en la novela.» *Revista de la Universidad de Buenos Aires* (Buenos Aires), Tercera época, Año IV, N.º 2 (abril-junio de 1946), pp. 253-275.
Pollmann, Leo. *La «nueva novela» en Francia y en Iberoamérica*. Traducción de Julio Linares. Madrid: Editorial Gredos, S. A., 1971.
—. *Sartre y Camus: Literatura de la existencia*. Traducción de Isidro Gómez Romero. Madrid: Editorial Gredos, S. A., 1973.
Rama, Angel. *La generación crítica: 1939-1969. I. Panoramas*. Montevideo: Arca Editorial, S.R.L., 1972.

Rodríguez Monegal, Emir. *Literatura uruguaya del medio siglo.* Montevideo: Editorial Alfa, 1966.

Sánchez, Luis Alberto. *Proceso y contenido de la novela hispanoamericana.* 2.ª ed. Madrid: Editorial Gredos, S. A., 1968.

Sartre, Jean-Paul. *La náusea.* Traducción de Aurora Bernárdez. México: Editorial Epoca, S. A., 1970.

—. *I'Imaginaire: Psychologie phénoménologique de l'imagination.* 6ème ed. Paris: Librairie Gallimard, 1948.

—. *El ser y la nada.* Traducción de Juan Valmar. 3.ª ed. Buenos Aires: Editorial Losada, S. A., 1972.

—. *A puerta cerrada* en *Teatro 1.* Traducción de Aurora Bernárdez. 8.ª ed. Buenos Aires: Editorial Losada, S. A., 1971.

—. «El existencialismo es un humanismo.» Traducción de Victoria Prati de Fernández. *Sur* (Buenos Aires), Año XVI, N.ºs 147-148-149 (enero-febrero-marzo de 1947), pp. 246-288.

—. *Situaciones I.* Paris: Editions Gallimard, 1968.

—. *Los secuestrados de Altona.* Traducción de Miguel Angel Asturias y Blanca de Asturias. 2.ª ed. Buenos Aires: Editorial Losada, S. A., 1968.

Sicardi, Francisco. *Libro extraño.* Tomos I y II. Barcelona: F. Granada y Ca. Editores, 1910.

Sypher, Wylie. *Loss of the Self in Modern Literature and Art.* New York: Alfred A. Knopf, Inc., Vintage Books, 1962.

Uhlír, Kamel. «Cuatro problemas fundamentales en la obra de Eugenio Cambaceres.» *Philologica Pragensie Praha,* VI, N.º 3 (1963), pp. 225-245.

Wallraff, Charles F. *Karl Jaspers: An Introduction to His Philosophy.* Princeton: Princeton University Press, 1970.

Wrenn, John H. *John Dos Passos.* New Haven: College and University Press, 1961.

Zum Felde, Alberto. *Indice crítico de la literatura hispanoamericana.* Tomo II. México: Editorial Guarania. 1959.